귀환
혹은 순환

귀환 혹은 순환: 아주 특별하고 불평등한 동포들

발행일 초판1쇄 2013년 4월 15일 • **엮은이** 신현준

펴낸이 유재건 • **펴낸곳** (주)그린비출판사 • **주소** 서울 마포구 동교로17길 7, 4층(서교동, 은혜빌딩)

전화 02-702-2717 • **이메일** editor@greenbee.co.kr • **등록번호** 제313-1990-32호

ISBN 978-89-7682-775-3 93300

이 도서의 국립중앙도서관 출판시도서목록(CIP)은 서지정보유통지원시스템 홈페이지(http://seoji.nl.go.kr)와

국가자료공동목록시스템(http://www.nl.go.kr/kolisnet)에서 이용하실 수 있습니다.(CIP제어번호: CIP2013001865)

이 저서는 2007년 정부(교육과학기술부)의 재원으로 한국연구재단의 지원을 받아 수행된 연구임(NRF-2007-361-AM0005).

나를 바꾸는 책, 세상을 바꾸는 책 www.greenbee.co.kr

아이아 총서 105

귀환 혹은 순환

아주 특별하고 불평등한 동포들

성공회대학교 동아시아연구소 기획
신현준 엮음

gB
그린비

서문

이 책의 제목인 '귀환 혹은 순환: 아주 특별하고 불평등한 동포들'에 해당하는 조선족, 고려인, 자이니치는 정확히 말하면 각각 중국조선족, CIS 고려인, 조선적(籍) 자이니치다. 이들은 왜 '특별'하고, 왜 '불평등'한가. 뒤에 나오는 이론적 논의와 사례연구들이 그 해답을 제공해 줄 것이라고 믿지만, 서문에서는 최근 몇 년 동안 발생한 두 가지 에피소드를 소개하고 평주하면서 밑그림을 그려 보자.

2008년 2월, 이른바 'BBK사건'을 수사한 특별검사팀은 이 사건을 "검은 머리 외국인에게 대한민국이 우롱당한 사건"이라고 격앙된 어조로 발언했다. 증권가에서나 떠돌던 은어인 '검은 머리 외국인'이 국가 고위공직자의 입에서 공식적으로 나온 것이다. 그가 말한 '검은 머리 외국인'이란 김경준과 에리카 김 등을 말한다. 이 사건이 대중에게 알려진 것은 제17대 대통령 선거를 앞둔 2007년부터이지만, 그 기원은 더 멀리 거슬러 올라간다. 김경준의 BBK 설립은 1999년이고, 이명박과 함께 LKe 뱅크를 설립한 것은 2000년이고, BBK 등록 취소 하루 전 설립한 옵셔널 벤처스코리아는 2001년에 설립되었다. 이 옵셔널벤처스코리아에는 김경준과 에리카 김을 포함한 여덟 명의 이사진 전원이 검은 머리 외국인들, 이른바 미국 시민권자들인 '한인들'이라는 점이 오래전에 밝혀졌다.

BBK사건에 따른 진실 공방을 여기서 하는 것은 전혀 적절치 않고, 법률적 판단에 대해 이의를 제기할 생각도 없다. 또한 '검은 머리 외국인'이라는 말의 공식적 발화주체를 포함하여 정치적으로 예민한 사건과 관련된 당사자들 어느 누구의 편을 드는 것도 아니다. 단지, 이 사건이 시작된 시점을 따져 보면서 이 사건의 바탕이 된 전반적 환경을 되짚어 보는 것은 무의미하지 않다. 왜냐하면 한국의 영토 내에서 재외동포들의 자유로운 활동을 법적으로 보장한 '재외동포법'이 제정되어 시행된 것이 1999년이기 때문이다. "재외동포가 대한민국 안에서 부당한 규제와 대우를 받지 아니하도록 필요한 지원을 하여야 한다"(제4조)고 규정한 이 법률은 부동산거래·금융거래·외국환거래 등의 제반 경제행위에 대하여 재외동포에게 "대한민국 국민과 동등한 권리"를 부여했다.

물론, BBK 출범과 '재외동포법'의 시행이 같은 해에 일어났다는 사실로 양자 간의 인과관계를 설정하는 것은 무리일 것이다. 그렇지만 적어도 '재외동포법'의 제정이 재외한인들이 한국에서 경제행위를 수행하는 데 유리한 환경을 제공하는 간접적 효과를 가졌다는 것은 분명하다.

이들 '검은 머리 외국인'이 이 글 및 이 책의 주요 연구 대상은 아니다. 또한 이들 모두가 도덕적으로 문제가 있다고 말하는 것은 사실과 거리가 멀고, 그 점에서 특별검사팀의 발언은 비판받아 마땅하다. 글로벌 금융자본의 작인(agency)이 되어 경계를 넘어 투기적 금융이득을 챙기는 사람들[1]은 한인들 가운데 극소수에 지나지 않을 것이기 때문이다. 즉,

---

[1] 외환은행을 인수한 론스타(Lone Star)의 경우도 실소유주는 '검은 머리 외국인'일 것이라는 루머가 있다.

이것은 지구적 차원에서의 계급 분할의 문제이지, 한국 시민권자냐 미국 시민권자냐의 분할의 문제는 아니다.

그렇지만 여기서 분명한 사실 하나가 존재한다. 그것은 미국을 비롯한 아메리카, 유럽, 오세아니아 등에 속한 나라들, 이른바 선진국의 시민권을 획득하여 그곳에 거주(혹은 제류)하는 사람들이 제반 물질적·경제적 권력을 소유할 경우, '동포임과 동시에 외국인'이라는 이중의 지위를 이용하여 국민국가의 영토를 넘나들면서 한 나라의 법체계를 유린할 가능성이 실존한다는 점일 것이다. 이럴 경우 '동포'와 '외국인' 사이의 경계를 넘나드는 공간이 존재하고 재외(在外)와 재한(在韓)의 구분도 거의 무의미하다. 천하의 대한민국 검사들은 이들 '일부의' 재미동포들이 금융 사기범이 되어 자신들의 권력을 무력화시킬지 모른다는 불안감을 가지고 있는 모양이다.

그런데 자의를 따져서 표현하자면 '검은 머리의 외국인'이라고 표현한 사람들은 '검은 머리의 미국인'이라고 하는 것이 정확할 것이다. 그런데 '외국'이라는 말을 '선진국'에 국한하여 사용하지 않는다면, 이들과는 전혀 다른 종류의 '검은 머리의 외국인'의 존재도 쉽게 관찰된다. 이들은 여러 가지 이유로 앞서 말한 보통의 동포(한인)가 가질 수 있는 권리로부터 소외되어 있다. 이른바 '조선족'이나 '고려인'이 그들인데, 이런 이름들에 대한 상세한 설명은 뒤로 미뤄야겠지만, 일단 한 인터넷 커뮤니티 게시물에서 어떤 한국인 논객이 '조선족'에 대해 평가한 글을 인용해 보자. "조선족은 우리 동포가 아닙니다. 그들은 우리를 이용하려는 박쥐 같은 놈들"이라는 평가와 더불어 "이들은 한국을 돈벌이 수단으로 보고, 심지어 가사 조선족 도우미들은 영주권 내놓으라며 협박하고 150만 원 이상 받겠다고 담합까지 합니다. 한 해 3조 원의 돈이 조선족에 의

해 중국으로 흘러갑니다"라고 주장하고 있다.[2]

　이 게시물이 실린 지 며칠 뒤인 2011년 3월 10일 서울 강북구에서 한 살인 사건이 발생했다. 사건이 발생한 지 열흘 정도가 지난 시점에서 일부 언론은 '보수단체 간부 모친 살해용의자 조선족인 듯'(『조선일보』 2010년 3월 22일자)이라는 제하의 기사를 실었다. 이 기사는, 피살자가 북한에 전단을 살포하는 보수단체 어버이연합 사무총장의 어머니라는 이유로 유족과 이 단체가 '친북·종북주의자의 테러 가능성'을 제기했다는 내용과 더불어 "중국 옌볜 등지에 거주하는 조선족 가운데 북한과 연관된 사람들이 많으며, 경찰도 그렇게 보는 것으로 알고 있다"는 납북자 가족모임의 발언을 인용했다. 시신에서 추출된 DNA가 2010년 4월 안산에서 발생한 강도 사건 용의자의 DNA와 같다는 근거로 경찰은 조선족이 밀집한 대림동 일대를 탐문 수사하면서 조선족을 포함한 내·외국인 90여 명의 DNA를 채취해 국립과학수사원에 감식을 의뢰하기까지 했다. 3일 뒤 진범이 잡혔지만 그는 조선족도 외국인도 아닌 것으로 판명되었고, 이 사건은 '면식범에 의한 단순강도'로 종결되었다. 이로써 이 사건은 하나의 해프닝으로 끝난 것처럼 보였지만, 이 사건은 한국 사회의 일각에서 '조선족'과 '다문화'에 대해 갖는 불만의 목소리의 한 단면을 노골적으로 보여 주었다. 부끄럽게도 몇몇 내국인들은 일부의 조선족들을 '강력범죄자' 정도로 보고 있었던 모양이다. 이에 대해 '조선족'들은 쓰

---

2) 이 게시물의 제목은 '폐지하라 다문화, 추방하라 조선족, 반대한다 외국인 노동자, 한국인은 범죄대상이 아니다'이다. 이 게시물은 조선족뿐만 아니라 이주노동자들에 대해서도 "외국인 노동자들은 안산 등지에서 엄청난 강력사건, 강간, 강도 사건을 저지르면서 시민, 인권단체의 보호, 비호하에 처벌도 면하고 있습니다"라고 비판하고 있다(출처: '다문화 정책반대, 불법체류자 조선족 추방' 다음카페, http://cafe.daum.net/anticrimes).

라린 반응을 보였다. 재한조선족 단체인 재한동포연합총회 회원들은 뉴스를 지켜보며 "소설을 쓰냐?"며 분노했고, "범죄가 드러난 후에 공표해도 늦지 않으며 조선족이라 추정하는 것이 수사에 꼭 도움이 되는 것도 아닐 터인데, 특정 집단을 공개 지목하는 이유는 무엇인가?"라고 반문했다. 이 단체의 회장인 김숙자는 뒤이어 아래처럼 덧붙였다.

> 국내에 입국한 40여만 중국동포(같은 취급을 받는 귀화인 포함)들은 고국에서 이런저런 편견과 미흡한 중국동포정책으로 인하여, 내국인으로부터도 소외당할 뿐 아니라 그렇다고 정부의 다문화가정 지원대상에도 들지 못하여 받는 서러움이 이만저만이 아니다. 위와 같이 언론에 오도되어 벙어리 냉가슴 앓을 때도 많다. 때문에 다시는 상처받고 있는 우리 중국동포들의 가슴에 소금을 뿌리지 말았으면 하는 바람이다.

위 인용문에서 짚고 넘어갈 사실 하나는 그녀가 '조선족'이라는 말을 사용하지 않고 '중국동포'라는 말을 사용하고 있다는 점이다. 그녀의 말을 믿는다면(믿지 않을 이유는 없다) 이 '동포'들은 내국인으로부터 '소외'되고, 다문화 지원으로부터도 '배제'된다는 사회적 지위를 가지고 있다. 이들에게 '외국인'과 '동포' 사이의 공간은 문화정치학의 경합(contestation)의 대상이 되었다. 나의 요점은 이들이 '특별하고 불평등한 동포'가 되는 것은 한국이라는 공간으로 '돌아오면서' 발생한다는 것이다. 그들은 이제 더 이상 '저 밖에'(out there) 있는 존재가 아니라 '이 안에'(in here) 있는 존재가 되었다. 아니, 저 밖과 이 안을 왕복하면서 이동하는 존재가 되었다.

이렇게 '동포로서 불완전하고, 다문화에도 해당되지 않는' 주체성에 대한 탐구가 이 책 전체의 주제다. 이런 복잡한 주체성을 가진 사람들은 모두 한국의 서울이라는 도시공간에 거주(reside) 혹은 체류(sojourn)하고 있지만, 이들 각각을 위한 장소는 다르다. 비행기로 태평양을 건너온 '동포'들은 비즈니스 시설이 밀집해 있는 강남(혹은 여의도) 지역에 거주하는 경우가 많고, 앞서 언급한 LKe뱅크의 사무실도 한때 서초동에 소재했다. 반면 배를 타고 황해를 건너온 '동포'들은 구로구와 성동구에 거주하거나 그곳에서 일을 한다. 이 두 장소들 사이의 물리적 거리는 대중교통으로 30분 내외지만, 그 상징적 거리는 매우 크다.

마지막으로 하나 더. 2009년 2월 5일 재외국민의 참정권을 허용하는 법안이 통과되면서 2012년부터 240만 재외국민이 총선과 대선에 투표를 할 수 있게 되었다. 1972년 박정희가 재외교포들이 자신의 독재정치를 반대할 것을 두려워해 부재자투표를 폐지한 지 20년 만에 한국 국적을 가진 교포들이 참정권을 행사할 수 있게 된 것이다. 그런데 2011년 8월 일부 언론에서는 친북 재외국민의 선거권을 제한하는 방안을 검토한다는 뉴스가 흘러나왔고, 그 초점은 재일본조선인총연합회(조총련)계 재일동포였다.

이른바 '무국적' 재외동포, 정확히 말하면 '조선적' 재일동포가 재외국민 등록을 거치면 대한민국의 여권을 발급해 주는 것이 현재의 관례적 절차다. 그런데 북한을 추종하는 재외동포가 한국 국적을 취득하여 2012년의 선거에 개입하려고 한다는 당시 정부의 불안감이 표출된 것이다. 한 언론의 보도에 따르면 정부 관계자 한 명이 "북한이 총련 사람들을 포함해 전 세계의 북한 국적자와 관련 단체에 지시만 내리면 이들은 그대로 따르게 돼 있다"라는 발언과 더불어 "5만 명에 이르는 총련계 한국 국적자가 이런 지침을 받아 모두 투표권을 행사할 경우 선거 판세가 바뀔 수 있다"라고 말했다고 한다.[3] 이런 발언을 하는 사람들은 재일동포 일부가 '체제전복'을 기도할 것이라는 불안감에 사로잡힌 모양이다. 이 경우는 '이동하지 않는' 동포들의 정치적 시민권이 골칫거리인 모양이다.

중간중간 내가 했던 표현을 떠올린다면 '금융사기', '강력범죄', '체제전복'이라는 상이한 종류의 불안감이 상이한 종류의 '동포들'과 연관되어 한국의 지배세력을 불편하게 만들고 있다. '한민족공동체'를 호기롭게 이야기한 지 20년이 지난 지금 한국의 지배세력은 이동하는 동포들 때문에 불안감을 느끼고 있는 모양이다.

이제 이 책의 범위를 한정해 보자. 간단히 말하면, 이 책은 한국이라는 공간의 상이한 장소들로 돌아와서 체류하고 있는 상이한 동포들에 대한 연구다. 그 가운데 보통의 평등한 동포들이 아니라, '특별하고 불평등한' 동포들에 대한 사례연구를 수행할 것이다. 이들은 각각 조선족, 고려인, 자이니치라는 이름으로 불리고 있고, 그 앞에는 다소 어색하게 '재한'(在韓)이라는 명칭이 붙기도 한다. 이 어색한 '재한동포'라는 이름은 지난 20년 동안 한국 사회의 변화 과정에서 하나의 민감한 코드를 만들어 왔다는 것이 이 분야의 '전문가'들이 아닌 네 명의 연구자들이 이 연구를 시작한 출발이었다.

이 프로젝트의 밑그림은 한반도, 중국 둥베이(東北), 극동 러시아, 일본 열도로 구성된 동아시아의 하위권역(subregion)에서 지난 20년 동안 발생했고 현재 가속화되어 진행되고 있는 이동성(mobility)을 총체적으로 조명하려는 큰 기획이다. 단지 이동의 현상을 추적하고 기술하는

---

3) 「'재외국민투표' 北 개입 시도 잇달아」, 『동아일보』 2011년 10월 21일자.

것이 아니라 이 이동을 통하여 아시아라는 권역이 어떻게 재편되고 있는가에 대한 새로운 시각을 던지고자 하는 것이다. 이런 시도가 권태에 빠져 있는 '동아시아 담론'에 생기를 불어넣으려는 야심이 없다고 말하지는 않겠다. 아주 함축적으로 말한다면 '한-중-일 국제관계'로 동아시아에 대해 말하려는 15년 넘는 관행 그 자체가 재정향(reorientation)되기를 바란다.

그렇지만 이 책에서 포괄하는 대상은 한국으로 이동하여 한국의 상이한 장소들에서 상이한 형태로 거주하고 있는 이동하는 주체들에 대한 연구로 한정한다. 더 좁혀서 말하면, 특히 '한민족'(ethnic Korean)이라는 범주로 표현되는 주체들의 '귀환'(return)에 초점을 맞추는 것이다. 이는 현시점에서 연구진의 역량상의 한계라고 말할 수도 있지만, 하나의 책에서 다루는 주제가 산만해지는 것을 피하기 위한 전략이라고 이해되기를 바라는 마음도 있다.

1장에서 동북아시아에서 사람들의 물리적 이동(이른바 '인구 이동')의 동기, 양상, 패턴을 역사적·시계열적으로 추적하고, 2장에서는 그 이동이 한국이라는 공간에서 권장됨과 동시에 조절(규제)되는 과정, 장치, 효과들을 분석한다. 이 두 개의 장은 이후 세 개의 장에서 이루어질 케이스 스터디를 위한 일반적 입론의 성격을 갖는다. 3장부터 5장까지는 심층면접과 참여관찰을 통한 현장조사를 통해 조선족, 고려인, 재일조선인이라는 세 종류의 '코리안'들이 남한의 공간으로 이동하는 과정, 상이한 장소들에서 영위하는 상이한 생활세계의 형성을 케이스 스터디로 분석한다. 마지막 장인 6장에서는 이상의 분석을 종합하고 새로운 연구 어젠다를 제시할 것이다.

이를 통해 이른바 '후냉전'(냉전 이후)시대에서 한국이라는 시공간에서 이른바 민족적 정경(ethnoscape)이 어떻게 변화되어 왔고, 이를 통해 한국의 문화적 형성/변환(tormation/transformation)이 이렇게 이루어질 것인지를 전망할 수 있을 것이다. 이런 성과가 '한국의 사회문화적 변화'로 좁혀지는 것이 아니라, 이런 변화가 아시아 및 아시아의 하위권역의 변환이라는 더 큰 규모에서의 변화를 고찰하는 작업으로 승수화되기를 바라는 욕망을 전달한다.

이 책은 성공회대학교 동아시아연구소 HK(인문한국)사업단의 2단계(2010.9~2011.8) 연구사업인 '20세기 아시아의 이동을 통한 문화로서의 아시아 구성'의 1차년도 연구 성과들 세 종 가운데 하나로 제출되는 것이다. 다른 두 종과 구분되는 이 기획의 특징은 그 시간적 범위가 1990년대 이후 현재에 이르는 '당대'(當代)라는 점이다. 1945년 이전의 제국주의/식민지 시대에 대한 연구와 1945년 이후 1980년에 이르는 냉전시대에 대한 연구는 별도의 단행본으로 출간되었다.

이 책에 한정하여 말한다면, 이 책은 1년여 동안 '당대1팀'이라는 약칭으로 불린 출판 프로젝트 팀의 공동연구의 성과다. 1장, 4장, 6장은 신현준이, 2장, 3장, 5장은 각각 윤영도, 이정은, 조경희가 책임을 맡아 집필했지만, 그 과정에서 서로의 의견을 충실히 교환했다. 여러 사정상 필자로 참여하지는 못했지만, 방미화, 장이리나, 김예림 등이 모임에 참여하여 좋은 의견을 제시해 주었다. 각 장들 가운데 일부는 학술지에 논문으로 발표되었지만, 이 책의 전체적 일관성을 기하는 과정에서 근본적으로 수정되었다. 내용상 중복되는 부분이 다소 있겠지만, 이는 하나의 장이 완결된 논문으로 읽히기 위한 의도이므로 독자들의 관대함을 바란다.

이 기회를 빌려서 이 연구를 위해 수행한 심층면접에 응해 준 다수의 면접자들에게 감사를 전하고 싶다. 그들의 발언을 통해 '동포'의 삶에 대한 연구자들의 이해가 더 깊어질 수 있었다는 것은 두말할 필요가 없다. 혹시라도 이 글의 내용이 그들의 삶에 누가 되는 일이 있다면 전적으로 필자들의 책임이겠지만, 그런 의도는 추호도 없었음을 밝혀 둔다. 많은 대화들을 통해 '영토적 한국인'이었던 필자들은 '탈영토화된 코리안'에 어느 정도 가까워질 수 있었다고 생각한다. 그들의 이름을 실명 그대로 거론하지 않는 이유는 그들을 연구 대상으로 타자화하지 않으려는 조심스러움 이외에 다른 이유는 없다.

서문을 마무리하면서, 성공회대학교의 독특한 학풍이 자율적 연구환경을 제공해 준다는 사실을 다른 학교들과 비교하기 전에는 잘 느끼지 못한다는 점을 이 자리를 빌려 다시 한번 강조하고 싶다. 성공회대학교 동아시아연구소의 백원담 소장과 권혁태 부소장의 리더십은 언제나 우리의 연구에 힘을 실어 주었다. 다른 연구진들은 정기학술토론회와 워크숍을 비롯한 모임들에서 우리의 성과에 대해 좋은 평주를 해주었다. 또한, 연구소의 직원들과 조교들의 간접적 지원이 없이는 이 책이 나올 수 없었음은 물론이다. 박순기, 김현정 편집자를 포함한 그린비출판사의 노고에 대한 언급을 빠뜨리는 것은 매우 큰 결례일 것이다.

2013년 4월 1일, 항동에서

공동집필자를 대표하여 신현준

차례

귀환 혹은 순환

아주 특별하고 불평등한 동포들

1장_동포와 이주자 사이의 공간, 혹은 민족과 국가에 대한 상이한 성원권

신현준

1. 돌아온, 그러나 환영받지 못한

20년 전으로 시계를 돌리면 그때 한국인들이 중국의 조선족, 구소련 (CIS)의 고려인, 일본의 조선적(籍) 재일동포를 만날 수 있으리라고 상상하기는 힘들었다. 그렇지만 시간의 힘은 강력해서 이제 마음만 먹으면 외국을 나가지 않더라도 이들을 만날 수 있다. 동포들이 '돌아온' 것이다. 그런데 이런 돌아옴, 즉 귀환(return)에 대해 이론적으로 접근하는 것은 간단하지 않다. "한국 국적을 가진 경험이 있는 사람이라면 '돌아왔다'고 말할 수 있지만, 외국 국적을 가진 사람들을 왜 '돌아온' 것이라고 하느냐?"고 항의할 사람도 있을 것이다. 그렇지만 나는 이들이 '귀환이동(return migration)을 수행했다'고 표현할 것이다.[1] 이 동포들의 귀환을 설명하기 위해서는 14년 전의 시점으로 돌아가 보자.

---

1) 미리 밝혀 두면 설동훈과 존 스크렌트니는 조선족의 한국으로의 이동에 대하여 '민족적 귀환이동'(ethnic return migration)이라는 표현을 사용했다(Seol and Skrentny, 2009). 박현옥 역시 조선족에 대해 '귀환자'(returnee)라는 표현을 사용한다(Park, 2005). 물론 '귀환'이라는 용어와 담론 자체가 경합적이며, 합의된 사용이 존재하는 것은 아니다.

1998년 6월 14일 당시 김대중 대통령은 미국 방문을 마치고 돌아오는 길에 수행비서에게 "재외동포에 관한 법령을 기초하라"는 지시를 내렸다고 한다. 그의 방미의 주요 목적은 1997년 말 한국을 강타한 금융위기에 관한 국제개입에 대해 관련자들 및 관계 기관들과 이런저런 협상을 하고, 위기로부터 탈출하기 위해 재미동포 커뮤니티의 지원을 호소하기 위한 것이었다. 이런 정황하에 1999년 3월 '재외동포의 출입국과 법적 지위에 관한 법률'(이하 '재외동포법')이 공포되었다. '재외동포법'은 재외동포들에게 거주권과 사회권을 부여하면서 이들이 국민국가의 성원이 될 법적 권리를 부여했다. 재미학자들인 박정선(Jung-sun Park)과 폴 장(Paul Y. Chang)은 이 권리를 "준시민권"(quasi-citizenship)이라고 부를 정도였다(Park and Chang, 2005). 그런데 이 법은 석연치 않은 이유로 중국과 구소련에 거주하는 동포들 및 재일조선인 가운데 조선적 보유자를 배제했고, 이는 국내외에서 거대한 논란을 일으켰다. 전체 숫자에서 절반을 넘는 동포들이 법률의 적용 대상에서 배제되자, 당사자들로부터 항의가 빗발쳤다. 특히 한국의 시민운동단체의 지원을 받은 조선족들은 '재외동포법'에 반대하는 투쟁을 조직했고, 이 오랜 투쟁이 무용하지는 않았다. 헌법재판소가 헌법상에 명시된 '평등 원칙'을 위반한다는 이유로 2001년 11월 '재외동포법'의 헌법 불합치 판정을 내리면서, 2004년 2월 마침내 법이 최종적으로 개정되었다.

이 과정의 상세한 전개는 여러 글들을 통해 잘 정리되어 있으므로 반복할 필요는 없을 것이다. 또한 동포들 사이의 '차별'이 아직 완전히 해소된 것은 아니라는 점도 지적해 두고자 한다. 단, 1999년부터 2004년까지의 과정의 저변에 흐르는 정책과 그 정서에 대해서는 다시 한번 되짚어 볼 여지가 있다. 1990년대 이후 한국 정부의 공식적 담론은 한국이 이제 인력의 순(純) 송출국에서 순(純) 수입국으로 이행하고 있고, 그 래서 지구화된 세계에 스스로를 개방하여 단일민족사회에서 다문화사 회로 변화해야 한다는 어조를 취해 왔다. 이 말을 신뢰한다면 '재외동포 법'은, 한 재미학자의 말을 따르면, "초(hyper)민족주의적인 입법적 속 임수"(Samuel Kim, 2000; Shin, 2003: 6에서 재인용)라고 할 수 있다. 이 는 지구화, 1990년대의 공식 용어로 '세계화' 및 다문화 프로젝트에 모 순되기 때문이다. 새뮤얼 김은 한국이 추구하는 지구화는 그 자체 민족 주의적 어젠다이며, 민족정체성의 강화 혹은 "민족성을 두껍게 하기" (Comaroff and Comaroff, 2009: 92)가 한국의 '역설적 지구화'의 특징이 라고 평하고 있다. 초국적 민족공동체를 건설하는 것은 지구화에 대한 수동적 반작용이 아니라, 냉전 이데올로기로부터 신유주의적 협치로 이 행하는 과정에서 국가와 민족을 재정의하는 도구라는 것이 새뮤얼 김을 포함한 몇몇 비판적 재미학자들의 견해였다(Shin, 2003).

이 책 전체는 재외동포의 이동성과 성원권(membership)에 대한 조 절을 연구하면서 한국 정부의 '역설적 지구화'의 논리를 들추어 볼 것이 고, 그 조절 가운데 동포들 '일부'의 배제에 초점을 맞출 것이다. 이 과정 은 여러 글에서 자세히 묘사되었는데(Lee, 2003; Park and Chang, 2005; Shin, 2006; Seol and Skrentny, 2009), 아직까지 그들의 '귀환'의 의미와 실천에 대한 질문과 답변은 충분하게 이루어진 것 같지는 않다. 이 역사 적인 귀환이 이루어지기까지의 역사적 과정을 살펴보는 것이 이 첫번째 장의 주제다.

'재외동포법'이 재외동포에게 '준시민권'을 부여하고 있음에도 불 구하고, 이 법은 '귀환'이라는 말을 명시적으로 사용하지 않으며 재외한 인을 '귀환자'(returnee)라고 부르지 않는다. 그들이 한국에서 머무는 것은 "체류"(10조)라고 표현된다. 귀환이라는 언어가 왜 공식적으로 사용되지 않는지, 귀환 행위가 어떻게 조절되고 작동되는지에 대답하기 위해서는 '코리안 디아스포라'를 동포로 포함시키는 것 자체가 한국의 공식적 민족주의의 산물이었다고 답변해야만 한다. 또한 민족주의가 한 종류가 아니며 공식적 민족주의는 여타 종류의 민족주의에 의해 경합되고 제한된다는 것을 보여 준다. 이런 경합과 제한이 '한국'과 '코리안 디아스포라'의 관계를 설정하고, 나아가 한국이 착수한 지구화의 길 그 자체의 성격을 규정해 온 것이다.

2004년 이전의 '재외동포법'에서 조선족과 고려인을 배제한 것은 한국의 국가가 상이한 '코리안 디아스포라'와 상이한 관계를 설정하려고 했다는 것을 의미한다. '재외동포법'은 '재외동포분류법'이고, 재외동포를 크게 두 범주들로 분류했다. 하나는 북아메리카, 일본, 유럽 등 '자본주의 선진국'의 동포들이고, 다른 하나는 '사회주의(혹은 포스트사회주의) 개발도상국'의 동포들이다. 설동훈과 스크렌트니는 이를 '계서화된 민족'(hierarchial nationhood)이라고 불렀는데(Seol and Skrentny, 2009), 이를 달리 표현하면 '바람직한 동포'와 '바람직하지 않은 동포'의 부분적이고 선별적인 주체화라고 할 수 있다.

이 전반적 과정과 효과는 2장의 윤영도의 글에서 상세하게 다룰 것이므로 여기서는 이 정도의 논의로 그치고자 한다. 그런데 2004년 이전의 '재외동포법'에서 재외동포를 분류하는 기준은 위에서 말한 '합리적' 기준과는 판이했다는 점을 다시 한번 강조할 필요는 있다. 그 기준은 해외(국외)로 이주한 시점이 '1948년 정부수립 이전이냐 이후냐'라는 역사와 관련된 언어를 사용했고, 그 결과 '1948년 대한민국 정부수립 이전에 해외로 이주한 자 및 그 직계비속'을 재외동포의 범주에서 제외한 것이다. 이는 동포들을 '돈'을 기준으로 분류하는 것을 노골적으로 표현하기 쑥스러워서 사용한 궁여지책이었을까, 아니면 간단치 않은 역사의 무게가 입법자들의 마음을 무겁게 짓누른 것이었을까.

이에 대해 확실하게 답할 수는 없지만, 상이한 동포들 사이의 분류와 위계를 거부한다고 해도 이 동포들 사이에 환원할 수 없는 차이들이 존재한다는 것을 부정할 수는 없고, 따라서 이 차이들을 위계적이지 않은 방식으로 다룰 필요가 있다. 이를 위해 상이한 동포들의 이산(dispersion, diaspora)부터 귀환에 이르는 역사적 과정을 논하는 일은 불가피하다. 또한 이산된 동포의 귀환을 어떻게 개념화할지를 고민하면서 추상적 수준의 이론적 프레임을 설정하는 작업도 필수적이다. 마지막으로 이들이 한국에서 어떻게 불리고 있고 그 호칭의 의미는 무엇인가에 대해서도 점검할 필요가 있다. 이하의 절들에서 이를 각각 다루고자 한다.

2. 이동하는 코리안들: 뿌리, 경로 그리고 귀환

1) 역사적 뿌리들

이미 언급했듯 2004년 이전의 '재외동포법'에서 상이한 동포들 사이에 '차별'이 발생했던 형식적 이유는 '어떤' 동포들이 대한민국이 수립된 1948년 이전에 이주했기 때문에 대한민국 국적을 보유했던 적이 없다는 것이었다. 이런 논리가 동포들의 차별을 정당화하는 것으로 사용되는 것은 혈연을 강조하는 공식 민족주의와 모순될 뿐만 아니라 정치적으로도 올바르지 않다. 그렇지만 상이한 두 범주의 동포들이 역사적으로 형성된 뿌리들과 과정들에 서로 환원할 수 없는 차이가 존재한다는 것은 엄연한 역사적 사실이다. 중국조선족, CIS고려인, 재일조선인의 경우 이동의 장소가 아시아 내부였고 그 역사가 대한민국이 성립하기 훨씬 이전으로 거슬러 올라간다는 점에서, 아메리카, 서유럽, 오스트레일리아 등으로 이동한 경우들과는 구분된다. 즉, 후자의 대부분은 냉전시대 자본주의 진영에 속했던 장소들로의 국제적 이동이고 '대한민국'이라는 영토주권을 가진 국가에 의해 매개되었지만, 전자는 그 뿌리와 경로 면에서 상이하다.[2]

한 세기를 훌쩍 넘긴 시점부터 시작된 그 역사적 과정에 대해서는 역사학자들의 전문적 연구가 진행되어 왔고, 따라서 이를 모두 소개하고 평가하는 것은 불가능하다. 그럼에도 불구하고 이를 요약해서 소개하려는 이유는 이들의 현재의 정체성의 재현에서 이 역사가 지금도 중요하게 작용하기 때문이다. 이는 학문적 엄정성의 문제일 뿐만 아니라 대중적 신념(popular belief)의 문제이기도 하다. 또한 기존의 연구가 '중국으로의 이주', '러시아로의 이주', '일본으로의 이주'식으로 양국 사이의 인구 이동으로 구분하여 설명하는 관습과 경향에 대해 더 큰 그림을 그려 보려는 의미가 존재한다. 앞으로 상술하겠지만, 이 시기의 이동, 특히 1940년대까지의 이동은 현재 못지 않게 과국적(跨國的, transnational) 성격이 강했다.

조선반도에 속했던 장소들에서 그 외부의 장소들로 사람들이 물리적으로 이동하는 현상은 근대 이전의 시기로 소급할 수 있다. 그렇지만

---

2) 이 점에서 '한인'이라는 범주는 '동포' 전체를 포괄하기에는 무리가 있다. '한인'이라는 범주가 '한국'을 전제로 하고 한국이 '남한'을 의미한다면 중국, (구)소련, 일본에 있는 '동포'들의 역사와는 깊은 관련을 갖지 않기 때문이다.

현시점에서 중요한 것은 근대 이후의 이동일 것이고, 그 결정적 전기는 1860년대다. 1860년 청 제국이 서양 열강의 침략에 굴복하여 체결한 베이징조약이 그 기점이다. 베이징조약은 1940년 난징조약으로 홍콩 섬이 영국에 할양된 데 이어 주룽반도까지 영국에게 할양하게 된 역사적 사건으로 널리 알려져 있지만, 조약 체결 과정에서 러시아 제국이 개입하면서 아무르강(흑룡강) 동쪽이 러시아의 영토로 편입되었다는 점을 지나칠 수는 없다. 그 결과 조선은 자신도 모르는 채 러시아와 이웃나라가 되어, 두만강 하구에서 동해에 이르는 18km의 국경이 만들어졌다. 그 결과 1860년대 조선반도 북부에서 월강(越江)을 통해 이주하는 조선인들의 이동이 시작되었다. 청 제국과 러시아 제국이 자신들의 영토에서 가장 주변적인 이곳의 영토의 인구를 효과적으로 조절하는 것은 현실적으로 불가능했다.[3]

　　2000년대 이후 '한인 이주사'(대표적으로 김 게르만, 2005)나 '코리안 디아스포라'의 역사(대표적으로 윤인진, 2004) 등의 이름으로 이미 상당한 성과가 축적되어 있다. 나는 단지 이 현상에 대한 전반적 특징들 몇 가지만을 지적하고자 한다. 무엇보다 먼저 조선인들의 이동 경로가 한반도로부터 그 북향의 방향을 취했다는 점, 그리고 그 장소들은 두 제국과 조선왕조 사이의 변경(邊境)에 위치했다는 점을 지적해야 한다. 이동의 주체들 대부분이 생계를 해결하기 위한 농민들이었다는 사실 역시 기억해 둘 필요가 있다. 근대적 교통수단이 발달하지 않은 시기의 이

---

3) 청 제국은 봉금령(封禁令)을, 조선 정부는 월강금지령(越江禁止令)을 각각 시행하여 자국인들의 이동을 규제하려고 했다. 그렇지만 봉금령은 1881년에, 월강금지령은 1883년에 각각 폐지되었고, 1885년에 청 제국의 조선인에 대한 만주 이주 금지령도 철폐되었다.

동은 기껏해야 우마차를 이용하는 느리고 힘겨운 과정이었다는 점은 두말할 필요가 없을 것이다. 마지막으로 19세기 말~20세기 초 중국과 러시아 사이의 국경, 즉, 만주와 연해주의 경계를 넘나드는 것은 자유로운 편이었고, 따라서 이 공간은 조선인 이주자들에게는 월경의 초국적 공간이었고, 이들의 '정착' 여부는 모호한 것이었다.[4] 이런 주체, 경로, 패턴은 1905년 러일전쟁의 종전 이후 조선이 일본 제국의 보호령이 되고 1910년에는 공식적으로 식민지로 전락하면서 새로운 단계로 접어들게 되었다. 이 시기에는 과거와 같은 '생계형' 이동이라는 오래된 형태 외에도 정치적 망명이라는 새로운 형태의 이동이 이전보다 더 큰 규모로 이루어졌다. 1911년 중국의 신해혁명, 1917년 러시아의 볼셰비키혁명으로 중국과 러시아에서 차례로 제국이 붕괴됨에 따라 조선의 지식층들에게 중국(만주)과 러시아(연해주)의 각지는 조선의 독립을 위한 정치운동의 거점이라는 역할을 하게 되었고, 그 과정에서 여러 가지 혁명의 사상 및 운동과 접속되었다. '민족의 독립'을 위한 것이든, '가족의 생계'를 위한 것이든, 조선인들의 만주와 연해주로의 비공식적 이동은 압록강과 두만강 월강을 통해 여전히 육로로 수행되었지만, 철도라는 새로운 교통수단을 통한 이동도 점차 증가하기 시작했다. 1905년 경부선과 경의선이 개통되고 1911년에는 압록강 철교를 가설하여 신의주와 단둥(당시 이름은

---

4) 이고르 사벨리에프(Igor R. Saveliev)는 러시아의 아카이브를 뒤져서 이 시기 연해주로 들어온 중국인의 수를 추적하고 있다. 그가 제시한 표로 계산하면 조선인의 러시아 이동이 공식적으로 처음 확인된 1863년 이전(김 게르만, 2005: 154) 시기인 1802년부터 1862년 사이에 700명 이상의 국경통과자가 확인되고 있다(Saveliev, 2002: 37~38). 사벨리에프는 이 통계수치의 정확함을 의심하고 있지만, 중국인이 조선인보다 먼저 이주했다는 점, 그리고 만주(청제국)와 연해주(러시아 제국) 사이의 경계가 '구멍 뚫린'(porous) 것을 보여 주는 자료로서는 충분하다. 이광인(1992)도 러시아로부터 중국 둥베이 지방으로의 재이주 과정을 묘사해 주고 있다.

안둥) 사이의 철로가 개통되면서, 조선반도는 일본 열도와 중국 대륙을 연결하는 근대적 교통 네트워크의 일부가 되었다.

이런 변화로 인해 이 시기 조선인들은 육로를 통한 아시아 대륙으로의 북향 이동 외에 해로를 통한 일본 열도로의 동향 이동이라는 또 하나의 경로를 밟게 되었다. 1905년 부산과 시모노세키 사이를 오가는 관부연락선(關釜連絡船)이 개통되고, 이어 제주와 오사카 사이, 여수와 시모노세키 사이에도 연락선이 개통되면서 해로를 통한 이동과 육로를 통한 이동은 상호보완적이 되었다. 연락선이란 정확히 말하면 '철도연락선'인데, 관부연락선의 경우 일본의 산요철도회사가 일본의 도카이도선(東海道線)과 규슈선(九州線) 철도를 조선의 경부선 철도와 '연락'해 준 것이었다. 한 예로 경성부터 도쿄까지 기차표 한 장만 있으면 여행할 수 있는 경로가 형성된 것이다.

조선반도와 일본 열도 사이의 이동은 1910년 이후에는 공식적으로도 제국 내부에서의 이동, 이른바 외지와 내지 사이의 이동이 되었다. 이는 이 시기의 이동이 이전과 비교할 수 없을 만큼 대량의 규모로 일상적으로 전개되었다는 의미 외에도 일본 제국 정부의 지휘 아래 관리되고 조절되었다는 것을 의미한다. 북방 대륙으로 이주했던 조선인들 대부분이 전근대적 농민이었던 것과 달리 일본 열도로 이주하는 조선인들은 근대적 노동자로 변환되었던 것이다. 또한 조선인의 일본 열도로의 이주는 일본인의 조선반도로의 이동과 병행하는 현상이었는데, 이러한 제국과 식민지 사이의 인구 이동의 기본 패턴은 1945년까지 지속되었다고 할 수 있다.

그렇지만 1930년대부터 1945년까지의 시기는 별도의 시기로 설정할 수 있다. 이 시기는 그 이전과의 연속성이 존재하지만, 불연속성도 존재한다. 그 결정적 전기는 1931년의 만주사변과 1932년 만주국의 수립을 계기로 이른바 '대동아공영권'의 영토적 확대가 가속화된 것이다. 만주사변은 권역(region)의 차원에서는 1945년까지 이어진 중일전쟁의 서막이 되었고 세계의 차원에서는 제2차 세계대전의 일부가 되었다. 이때부터 조선인들의 이동은 일본, 소련, 중국의 전시정책과 연관하여 조절되었다. 조선인들의 만주로의 이동은 일본 제국의 정책에 따라 장려되었고, 그 결과 이동의 목적지는 전통적으로 조선인이 이주했던 간도 지역뿐 아니라 만주 전역으로 확대되었고, 이주자들의 출신지는 북부 지방뿐만 아니라 남부 지방으로 확대되었다. 이와는 반대로 일본 제국의 팽창을 우려한 소련[5]은 1930년 조선 및 중국과의 국경을 폐쇄했고, 이때부터 연해주로의 합법적 이동은 불가능하게 되었다. 그리고 1937년 연해주의 '고려인(들)'은 일본과의 전쟁 가능성을 우려한 스탈린의 시책으로 중앙아시아로 비극적 강제이주를 당하면서 이후 오랫동안 낯선 기후와 환경에서 생존해야 했다.

소련에 의한 고려인의 강제이주가 이루어진 지 1년 뒤에는 일본에 의한 강제동원이 시작되었다. '1938년 4월 1일부터 1945년 8월 15일' 사이 조선인들은 총력전하의 전시동원체제하에서 일본 제국의 확장된 영토 각지로 이동해야 했다. 따라서 이 시기 이동하는 조선인들은 광산, 철도 건설현장, 군수공장 등에서 노동자로 일했고, 이런 시설들이 북방으로 전진 배치됨에 따라 북향의 이동이 계속되었다. 이때 일본 제국의 북

---

5) 1930년대 일본 제국은 "아시아는 황색 대륙", "아시아는 아시아인을 위해", "야쿠티아까지 모든 땅은 황인종에게 속한다"는 선전을 수행했고, 러시아는 일본 제국의 일부로 편입된 만주 및 조선과의 국경을 폐쇄했다. 자세한 사실은 란코프(Ланьков, 2002) 참조.

방의 범위에는 만주국뿐만 아니라 사할린(樺太, 가라후토)도 포함되었다는 점도 기억되어야 하는데, 북위 50도 이남의 남사할린(미나미가라후토)는 1905년 러일전쟁 이후 일본에 병합된 후 1942년부터는 형식적으로 내지(內地)로 편입되었다.

요약한다면, 조선반도에 살았던 조선인들은 1860년부터 1945년에 이르는 시기 동안 제국주의, 혁명, 전쟁이라는 범상치 않은 역사적 과정을 거치면서 조선반도 외부로 이동을 계속한 것이다. 이런 복잡한 상황은 1945년 일본 제국주의가 패망하여 조선이 독립을 달성한 것처럼 보였던 시점 이후에도 결코 단순화되지 않았다.

2) 냉전기의 이산

1945년부터 1950년대 어떤 시점까지는 각국에서 국가 형성(state formation)과 국민 건설(nation building)의 과정이 수행되었다. '어떤 시점'이라고 모호하게 표현한 이유는 국민국가의 형성 혹은 변환이 어느 정도 완료되었다고 말할 수 있는 시점이 각각 다르기 때문이다. 결론부터 미리 말한다면, 이 시기 동안 이동하는 조선인의 후예들은 자신들이 체류하던 장소들이 어느 국가의 지리적 영토에 속하고 어떤 성격의 국가주권(state sovereignty)에 의해 통치되는가에 따라서 상이한 형태의 시민권 혹은 성원권을 부여받았다. 이는 제2차 세계대전이 끝나고 일본 제국이 붕괴된 이후, 조선반도를 떠났던 조선인 대부분이 자신들의 조상이 살던 장소로 돌아와서 안정된 생활을 영위한 것이 결코 아니었다는 것을 말한다.

많은 수의 조선인들이 조선반도로 귀국했지만, 상당수의 조선인들은 이런저런 이유로 현지에 잔류해야 했고, 이들이 잔류했던 공간들 가운데 만주는 중국으로, 사할린은 소련으로 귀속되면서 국가 주권이 바뀌는 현실에 직면했다. 그 뒤 중국에서의 국공내전(1945~1949)과 한국전쟁/조선전쟁(1950~1953)[6]의 전개, 그리고 이를 전기로 하는 냉전의 전개라는 불가항력적인 조건들로 인해 그 체류가 당분간 영구적이 된 사람들이 많았다. 1953년 조선반도에서의 휴전 이후 이 권역에서의 열전은 형식적으로 종언을 고했지만, 이는 조선반도의 분단을 넘어 동아시아의 분단으로 이어졌고(예를 들어 중국과 타이완, 사할린과 일본 열도), 이는 상이한 '진영'에서 상이한 삶을 살아가야 했던 사람들의 이동에 절대적인 제약으로 작용했다.

1945년 이후 1950년대의 어떤 시점까지 냉전의 지리정치적 효과하에서 이루어진 동북아시아의 국가형성과 국민건설의 효과 아래 상이한 장소의 조선인들은 새로운 호명을 받아서 서로 다른 정체성을 축조하게 된 것이다. 먼저 조선반도 내부의 북쪽과 남쪽에 '우연히' 체류하게 된 사람들이 각각 '조선사람'(북한 인민)과 '한국사람'(남한 국민)이 된 과정에 대해서 여기서 길게 이야기할 필요는 없을 것이다. 양측에서 서로 '민족'을 놓고 정치적·문화적·경제적으로 경쟁했던 냉전의 역사는 불행히도 아직 끝나지 않고 있다. 다른 한편 조선인 후손들은 새로운 호칭을 부여받았다. 일본에서 이들은 여전히 '조선인'(조센진)으로 불렸지만, 중국에서는 '중국조선족'(줄여서 '조선족'), 소련에서는 '소비에트 고려사람들'(Sovietskiy Koreitsy, 줄여서 '고려인')이라는 호칭을 각각 부여받았다.

---

6) 중국에 살던 조선 사람이 '중국조선족'으로 만들어지는 과정에 대해서는 이진영(2002), 그 과정에서 한국전쟁/조선전쟁에 참전한 조선족의 역사에 대해서는 정현수(2004)를 각각 참고하라.

1950년대 후반 이후 이동하는 조선 사람이 각 나라의 부동(不動)의 시민(citizen)들 가운데 하나로 만들어지는 과정들은 '한민족의 역사'라 기보다는 각국의 국민사(國民史)를 통해 설명할 수밖에 없게 되었다. 이에 대한 상세한 비교연구를 여기서 수행할 수는 없겠지만, 이들 사이의 차이에 대해 국가 이데올로기, 제도적 시민권, 장소적 정체성의 세 가지 변수를 통해 설명할 수는 있을 것이다.

　　첫째는 국가 이데올로기의 문제다. 소련과 중국에 거주하게 된 조선인들의 후예들이 사회주의 이데올로기로 주체화되었다는 것은 자연스러운 일이다. 이데올로기가 특별히 중요했던 사회들에서 조선인들은 사회주의적 정체성을 형성하도록 교육받고 학습되었다. 이에 대해 '세뇌교육'이라고 단정하는 것만큼 문제를 단순화하는 것은 없지만, 모든 인민이 평등한 시민으로 원만하고 조화롭게 구성된 것도 역사적 현실과는 거리가 있다. 더구나 국제주의라는 수사에도 불구하고 1960년대 중소분쟁에서 보듯 사회주의권에 속하는 나라들의 공식 이데올로기의 충돌이 발생한 사실은, '소비에트 고려인'과 '중국조선족'의 상이한 정체성과 무관하지 않다. 소련에 거주하게 된 조선 사람들의 후예들이라고 하더라도 중앙아시아 대륙의 고려인과 사할린 섬의 고려인은 그 역사의 차이로 인하여 하나의 집단으로 분류하기 곤란하다. 한편 재일조선인의 경우 자본주의 진영에 거주하게 되었지만, 남북의 분단과 냉전의 전개에 따라 일본의 국가 이데올로기에 포섭되기보다는 조선(북한)과 한국(남조선)의 국가 이데올로기 각각에 가맹되었고, 그 결과 재일본조선인총연합회(이른바 '조총련')과 재일본대한민국민단(이른바 '민단')으로 분열되었다. 따라서 '재일조선인', '재일한국인', '재일코리안' 등의 복잡한 호명들은 각각 그 의미를 꼼꼼히 따져 보아야 한다.

둘째는 정치적 시민권의 문제다. 소비에트 고려인과 중국조선족을 다시 예로 들면 궁극적으로는 각 나라의 시민권을 부여받았지만, 이는 소수민족으로서의 시민권이라는 특수한 것이었다. 이는 다민족 국가인 소련과 중국의 소수민족정책이 작동하는 방식 및 효과, 그리고 하나의 소수민족이 지배민족 및 다른 소수민족들과 관계하는 방식 및 효과 전반에 대한 깊은 고찰을 요할 것이다. 이 점에서 세 동포들 사이에는 결정적 차이가 있다. 그것은 중국의 경우 자치구(옌볜조선족자치구)를 지정하여 소수민족문화에 대한 자치권을 제도적으로 허용한 반면, 소련의 경우 다른 소수민족에게는 자치공화국을 존속시키면서도 고려인들을 위해서는 문화적 자치권을 보장하지 않았다는 점이다. 일본의 경우 제국의 붕괴 이후 '국민국가'로 축소되는 과정에서 타민족에 대한 자치가 국민국가의 어젠다에 부재했기 때문에 재일조선인은 비공식적 제도, 특히 '조선학교'를 중심으로 자신들의 정체성을 유지 혹은 재형성했다. 마지막으로 일본 제국의 영토였다가 재차 소련의 영토로 편입된 사할린에 남아 있는 한인들의 경우 소비에트 고려인과 재일조선인 사이의 어딘가에 위치한다.

셋째, 소련과 중국의 경우 계획경제체제하에서의 엄격한 인구정책으로 인하여 조선인들의 후예는 특정한 지리적 장소에 계박된 정체성을 유지했다. 그 결과 조선족과 고려인의 사회문화적 정체성은 '둥베이(東北) 3성'과 '중앙아시아'라는 지리적 공간과 밀접하게 연관되어 왔다. 조선족의 역사에서 '안전농촌'이, 고려인의 역사에서 '콜호스'가 종종 언급되는 것은 이 때문이고, 실제로 이런 사회주의적 농촌 공동체들은 오랫동안 이들이 민족정체성을 유지할 수 있는 공간적 배경을 형성한다. 이후 도시화가 진척되면서 교육과 취업의 기회를 활용하여 삶의 장소를

도시공간으로 이전하여 사회적 지위의 상향 이동을 달성한 경우가 관찰되지만, 이 경우 다수민족의 문화에 동화되는 경향을 보인다. 재일조선인의 경우 지리적 이동이 상대적으로 자유로웠지만, 오사카의 쓰루하시(鶴橋)나 교토의 우토로(ウトロ) 등의 예에서 보듯 재일조선인들의 집거지구가 형성되는 것을 막지는 못했다.

3) 후냉전기 그리고 귀환

냉전이라고 부르는 시기 동안 조선인들의 후예들은 소련, 중국, 일본에서 소수민족 혹은 '민족적 소수자'(national minorities)로서 각기 특징적인 정체성을 형성하고, 서로 다른 언어의 서로 다른 이름으로 불리게 되었다. 이 정체성은 한반도에 남아 있던 사람들의 정체성과의 차이뿐만 아니라 그들 사이에도 상당한 차이를 발생시켰다. 진영 간 대립과 국민국가 간 경합으로 인해 이런 차이들은 시간이 지나면서 더욱 심화되었다. 중국과 일본, 소련과 일본, 중국과 소련 사이에는 상이한 성격의 정치적·이데올로기적 긴장과 대립이 존재했고 이는 때로 영토분쟁까지 야기했다는 것은 많이 알려진 사실이다. 여기에 북한(조선)과 남한(한국) 사이의 적대는 이들에게 '고국'(homeland)이나 '고향'(hometown)에 대한 상상을 혼탁하게 만들었고, 특히 한국의 경우 '자본주의 진영의 피투성이 독재국가'라는 상상 이상을 낳지 않았던 것 같다.

그럼에도 불구하고 이들 상이한 코리안 디아스포라에게 한국으로의 귀환의 절대적 동기가 완전히 사라진 것은 아닌데, 그것은 다름 아니라 가족적·친족적 연고였다. 1970년대 중반 시작된 '조총련계 재일동포'의 고국 방문, 1980년대 이후의 재중동포 및 재소동포 고향 방문, 1990년대 이후의 사할린동포 영구 귀국 등은 이런 연고에 기초한 한국으로의 귀환이주(return migration) 혹은 역이주(reverse migration)의 몇 가지 굵직한 사례들이다. 가족 이산의 광범한 존재는 냉전과 분단의 이데올로기를 균열시킬 수 있는 유일한 기제였다고 해도 지나친 말이 아니다.

역으로 말하면, 1980년대까지 중국조선족, 소비에트 고려인, 재일조선인들의 한국으로의 이동에 경제적 실리를 따르는 동기는 전혀 없었다고 해도 지나친 말이 아니다. 사태가 극적으로 변한 것은 1980년대 말에서 1990년대 초 사이에 사회주의 진영이 최종적으로 해체된 사건, 특히 1991년 소련이 붕괴된 이후다. 이와는 조금 다른 맥락이지만 중국이 1992년 이후 본격적인 자본주의의 길을 걷게 된 것도 또 하나의 중요한 사건이다. 약 40여 년 동안 거주 장소에 계박된 사회주의적 정체성으로부터 '해방'된 코리안들은 1세기 전 자신들의 조상이 밟았던 경로와는 반대의 경로로 다시 이동하게 된 것이다. 이 이동의 동기는 이전과는 다른 것이었다.

'냉전 이후'의 상황을 한마디로 요약한다면, 글로벌 경제의 형성과 대량이동의 일반화다. 1990년대 이후 사회주의의 현실 및 환상이 붕괴되고 이데올로기, 문화, 장소의 제약이 급격히 이완되면서, 모든 것이 '모바일'하게 된 것이다. 그 결과 한국으로 남향 이동하는 동포들의 이동은 민족의 역사의 관점에서 이산자의 귀환임과 더불어 글로벌 경제하에서 일반화된 이주라는 이중적 성격을 갖게 되었다. 이는 지구화 시대의 이동의 속성처럼 탈중심적이고, 다방향적이고, 불가측적으로 전개되고 있다. 1989년 88올림픽을 기념하여 '세계 한민족 축전'을 개최했을 때만 해도 한국을 찾는 재외동포들의 실천은 '조상의 나라를 찾는 고국 방문' 이상으로는 인식되지 않았지만, 1990년대 이후의 전개는 이를 훨씬 뛰어넘는 수준과 양상을 보이고 있다. 반복해서 말하자면, '동포'라는 특수한 행위자들의 과국적 이동이 이 책 전체의 주제다. 이에 대해 세부적으로 들어가기 앞서 이 이동의 일반적 속성에 대해 세 가지를 지적해 보자.

첫째, 이 '동포'들의 한국으로의 이동의 일차적 동기는 경제적인 것이지만, 이를 글로벌 경제의 효과로 환원시켜서 설명할 수는 없다는 점이다. 즉, '먹고살기 위해서'라는 단순한 동기만으로는 설명될 수 없고, 제국주의, 혁명, 냉전시대에 축적된 효과들이 중첩되어 나타나고 있는 것이다. 이는 이들이 한국에서 체류할 때 복잡한 문화적 충돌과 교섭으로 드러나고 있다. 근대의 역사에 실존했던 다양한 형태의 경계들은 물리적 경계를 넘나드는 것이 상대적으로 자유로워졌음에도 불구하고 한 사회의 내부에서 상징적 경계의 형태로 재생산되고 있는 것이다.

둘째, 글로벌 경제에서 자유로운 이동은 환상이라는 점이다. 이동은 그에 수반하는 조절을 동반하고, 이 조절에는 국적 관련법이나 노동 관련법 등 각종 법령들이 작동하고 있다. 글로벌 이동성이란 잠재적 가능성을 지칭하는 추상적 개념으로는 타당하지만, 현실적 실현 가능성의 수준에서는 강력한 이동조절체제(regime of regulating mobilty)가 작동하는 것을 배제하지 않는다. 자발적 이동성과 비자발적 부동성(involuntary immobility) 사이에 복잡한 매개와 작인이 작동하는 것이다.

셋째, 사람들의 장소적 이동과 치환된 일상에는 직접적 행위자들 외에 다수의 간접적 행위자들이 수행하는 복잡한 매개 과정들이 존재한다. 이 간접적 행위자들에는 한 국가의 정부에 속하는 공식적 기관들 외에도 사회운동단체, 여론형성자, 이익집단, 종교단체, 중개업자 등 공식적·비공식적 행위자들이 포함되고 이들의 활동 반경은 때로 국제적·초국적 범위를 갖는다. 이들 행위자들은 상이하고 경합적인 동기와 명분을 가지고 행동하면서, 이동하는 주체들의 삶에 개입한다. 이른바 국제적 인권

체제(international regime of human rights)(Donnelly, 1986)가 이주민들의 삶에 작용하고 있는 것이다.

3. '돌아온 동포'의 개념화를 위하여

1) 이산자 혹은 소수자

'동포'라는 주제에 접근할 때 가장 먼저 떠오르는 개념은 디아스포라고, 실제로 이 단어를 사용한 연구들이 실존한다(윤인진, 2004; 정성호, 2008). '코리안 디아스포라'는 '재외한인'과 더불어 한국 학계에서 경합적 혹은 보완적으로 사용되고 있다는 점, 그리고 이산(離散)이라는 번역어로 사용되었던 용어가 원어 그대로 표기되고 있다는 점은 징후적이다.[7]

국제학계에서는 디아스포라라는 개념 그 자체가 1990년대 이후 급격한 변환을 겪고 있다. 기존의 디아스포라, 이른바 '구(舊)디아스포라'의 지배적 통념이 강제적 분산, 망명, 상실, 추방 등의 비극적 서사와 부정적 기호와 불가분하게 연관되었다면, 이른바 '신(新)디아스포라'는 그 긍정적 함의에 주목하고 있다. 예를 들어 하치그 퇼뢸란(Tölölyan, 1991)과 제임스 클리퍼드(Clifford, 1994) 등은 이제껏 디아스포라에 수반되어 왔던 의미 대신 "매개하는 문화들"(mediating cultures)로서 디아스포라의 축조적 잠재력(constructive potential)을 강조하는 재평가를 수행해 왔다. 1991년 학술저널 『디아스포라』(*Diaspora: A Journal of*

---

7) 한 예로 윤인진의 저서의 제목은 '코리안 디아스포라'이고, 그 뒤에는 '재외한인의 이주, 적응, 정체성'이라는 부제가 붙어 있다.

Transnational Studies)가 창간된 것이 디아스포라 연구의 극적인 전환을 상징해 준다.

이후 디아스포라 연구는 이동성, 탈영토화, 과국주의 그리고 지구적 네트워크(global network) 등을 강조하는 일련의 연구를 생산해 왔다. 디아스포라의 주체성에 대해 "패러다임적 타자"(Tölölyan, 1991)라든가 "도덕적 우월"(moral better)(Clifford, 1994) 등의 용어로 찬양하는 경향이 지구화 시대 혹은 후냉전시대 지배적 연구 경향이 되었다. 디아스포라를 "과국적 연합과 연대라는 새로운 사회적 기획을 위한 하나의 시안"(Appadurai, 1996: 15)이라든가, "억압적 민족주의 이데올로기에 비판적이고 진보적인 정치적 주체의 탄생"(Ong, 1999: 9)과 연관 짓는 논의들이 20세기의 마지막 10년을 지배해 왔고, 지금도 지배적 지위를 차지하고 있다고 할 수 있다. 치환(displacement)된 장소와 주체성의 혼종성과 복수적 소속감을 가진 디아스포라는 '국민국가'의 타자로서 각광을 받아 온 것이다.

그런데 이 책의 주제와 관련해서 한 가지 질문을 피할 수 없다. 디아스포라가 초국적 이동성을 향유하고 글로벌 네트워크를 형성한다고 해도 특정 시간 동안 영토국가의 경계 내에 거주하는 존재라는 것을 피할 수는 없다. 이는 이산자의 이동뿐만 아니라 그들의 거주에 대해서도 연구할 필요가 있다는 것이고, 또한 '이산자'에 대한 연구는 '소수자'에 대한 연구와 불가분할 수밖에 없다는 것을 의미한다.[8] 더욱이 이산자가 출

---

8) 윌리엄 사프란은 디아스포라가 이제는 "은유적 지시"가 되어 "재외동포(expatriates), 추방자, 정치적 난민, 외국인 거주자, 이민자, 민족적·인종적 소수자들"(Safran, 1991: 83)을 다 포함한다고 말한 바 있다. 이는 지나치게 '넓은' 정의라서 완전히 동의할 수는 없지만, 이산자 연구가 소수자 연구와 불가분하다는 것을 지적했다는 시사점은 지금도 중요하다.

신국으로 귀환한다고 해도 소수자가 되는 경우가 많으며, 이럴 때 이산자는 둘 혹은 그 이상의 장소에서 소수자 혹은 이주자의 자격으로 살아가야 하기 때문이다.

　소수자에 대한 연구는 디아스포라 연구라기보다는 다문화연구라는 패러다임으로 전개되었다. 다문화주의란 '상호관용의 분위기에서 문화적 다양성을 동반한 동등한 기회'라는 정치적 이상을 바탕으로 현실에서는 소수자 혹은 이민자 집단들을 고유한 집단 혹은 커뮤니티들로 공적으로 인정하는 행위, 실천, 제도, 정책을 의미한다(Meinhof and Triandifyllidou, 2006: 8). 즉, 다문화연구는 국민국가라는 영토적 주권을 가진 정치적 공동체에서 소수자 및 이민자 집단들의 고정된 거주장소에서의 착근성(rootedness)과 정주 생활(sedentary life)에 관심을 기울이고, '문화적 인정'을 위한 이론적·정치적 기초를 제공해 왔다.

　즉, 다문화연구는 소수자 및 이민자의 국민국가로의 '통합'을 위한 문화정치적 함의를 도출하는 데 노력을 기울여 왔고, 소수자 연구와 시민권 연구(citizenship studies)를 결합시켜서 다문화적 시민권(multi-cultural citizenship)을 주장해 왔다(Kymlicka, 1995). 2000년대 이후에는 서유럽, 북아메리카, 오세아니아(이하 '서양')에서 발전한 자유주의적 다문화주의(liberal multiculturalism) 패러다임을 아시아에 적용하는 한계를 지적하면서 아시아의 다문화주의를 국제비교하는 연구도 제출된 바 있다(Kymlicka and He, 2005).[9]

---

9) 서양의 다문화 이론에서는 '토착민'(indigenous people), '민족적 소수자'(national minor-ities), '이민자 그룹'(immigrant group)을 구분하는 것이 관례화되어 있고, 이는 소수자 권리에 관한 국제법에도 나타나고 있다(Kymlicka and He, 2005: 11). 예를 들어 미국의 토착 아메리카인(이른바 '인디언'), 러시아에 거주하는 아르메니아인, 프랑스의 아랍계 이주민 등이

이상에서 느낄 수 있듯, 두 종의 연구 패러다임은 대상은 유사할지 언정 상이한 각도를 취하면서 마치 평행선을 그리는 듯하다. 즉, 이동과 월경을 강조하는 디아스포라 연구와 정주와 통합을 강조하는 다문화연구 사이에서 생산적 상호풍부화 과정은 의외로 발견하기 쉽지 않다. 디아스포라 연구가 코즈모폴리턴 엘리트를 낭만적으로 특권화한다는 비판으로부터 자유롭지 않다면, 다문화연구는 국가적 엘리트의 동화정책을 합리화한다는 비판(Hassan, 2007)으로부터 자유롭지 않다는 성찰이 제출되면서 두 패러다임 사이의 대비와 종합이 시작된 것은 비교적 최근으로 보인다.[10]

그런데 국제학계에서 디아스포라 연구의 대부분의 사례들은 서양(유럽 혹은 아메리카)으로 이동하는 비(非)서양 출신의 주체들에 대한 연구에 집중되어 있고, 비서양 나라들 혹은 지역들 사이에 이동하는 사례에 대한 연구는 매우 적은 편이다. 한 예로 '아시안 디아스포라'에 관한 연구서(Parreñas and Siu, 2007)는 대부분 아메리카에서의 아시안 디아스포라에 대한 사례들을 다루고 있다. 다른 한편 아시아 다문화주의에 대한 담론들은 아시아 학자들이 대거 참여하여 서양과 아시아 사이의 이론적 대화와 소통을 시도하고 있지만, 아시아 북방에서의 다문화주의와 디아스포라에 대한 연구가 많다고 볼 수는 없다. 이상은 그 자체로서 문제점이라고 할 수는 없지만, 다음 두 가지 점을 지적하지 않을 수 없다.

세 가지 예에 해당할 것이다. 이렇게 볼 때 디아스포라 연구는 오랜 역사를 갖는 민족적 소수자(national minority)에, 다문화연구는 상대적으로 최근에 대량으로 증가한 이민자 집단(immigrant group)에게 더 많은 비중을 할애한다고 할 수 있다.

10) 한 예로 유럽의 경우 마인호프와 트리안다필리두(Meinhof and Triandafyllidou, 2006), 조지우(Georgiou, 2006)의 연구를 검토할 수 있다.

하나는 아시아 역내의 이산과 이주 현상에 대한 연구는 많이 진척되지 않았다는 점이고, 다른 하나는 아시아의 '남방'에 비해 아시아의 북방에 대한 연구는 많지 않다는 점이다. 이는 '동북아시아'라고 부를 수 있는 아시아의 한 권역의 특수성에 대한 깊은 이해를 요청한다. 이 특수성을 몇 마디 말로 간략히 정리하는 것은 위험부담이 많지만, 앞의 논의를 바탕으로 두 가지로 요약해 보자. 하나는 20세기 전반기에 이 권역이 궁극적으로는 그 내부의 세력인 일본 제국주의 세력에 의해 식민화되었다는 점이다. 이는 대부분 아시아 외부의 유럽 제국의 식민 지배를 받은 남아시아, 동남아시아, 중앙아시아와는 구별된다. 다른 하나는 20세기 후반기, 정확히 말하면 1945년 이후 동북아시아 권역은 냉전의 양대 초강대국인 미국과 소련(러시아)의 직접적 영향을 받아 재편되었다는 점이다. 이렇게 제국주의와 냉전을 경험하는 특수성이 이 권역의 이산과 이주를 복잡하게 만드는 거시적 요인들로 작용한 것이다. 결국의 인터아시아(inter-Asia)적이고 역사적인 시각으로 동북아시아에서의 사람들의 이동을 바라볼 필요가 있다는 것이다.

한국에서는 1990년대 이후 국제연구의 동향과 연계하여 혹은 이와 독립적으로 디아스포라와 다문화주의가 논의되어 왔다. 이진영(2010)이 지적하듯, '재외한인연구'라는 이름으로 일종의 디아스포라 연구가 2000년대 초반까지 활발히 진행되다가 2000년대 중반 침체에 접어드는 대신, 다문화주의 연구는 2000년대 중반 이후 봇물이 터진 거대한 유행이 되는 추세를 보이고 있다. 그렇지만 다문화주의 논의에서 재외동포는 "배제"되고, 재외동포정책은 "사상"되어 있다(이진영, 2010: 32)는 주장에 동의한다면, 한국에서 디아스포라 연구와 다문화주의 연구는 평행선을 이루면서 진행되어 왔다. 함축적으로 말하면 전자는 '국외에 있는 동포'를 대상으로 연구하는 것이고 후자는 '국내에 있는 외국인'을 대상으로 연구하는 것이다. 실무적으로 말한다면, 전자는 외교통상부의 소관이고, 후자는 법무부의 소관이다.[11] 양자 사이의 업무 협조가 필요한 것처럼 디아스포라 연구와 다문화연구는 접속될 필요가 있다. 국제학계와 상황과 조건은 다르겠지만, 한국에서도 '재외한인연구'와 '다문화연구'의 접속은 이제 막 시도되고 있는 것으로 보인다.[12]

이제 문제의 핵심에 가까이 접근했다. 혼란스러운 것은 동포가 더 이상 '재외'에서 이산되어 있지 않고 '재한'(在韓)하면서 '소수자'가 되어 있을 때 이를 어떤 시좌에서 볼 것이냐는 문제다. 이들이 '외국에 체류하는 이산자 동포'와 '국내에 체류하는 외국인 소수자' 사이의 구분을 무효화하고 있다면, 이를 어떻게 개념화해야 할 것인가. 디아스포라 연구와 다문화연구를 접속하고자 한다면, 어설픈 종합을 넘어서야 한다.

2) 국제 이동/이주를 다시 생각하기

지구화 혹은 지구적 자본주의에 대해 어떻게 정의하든, 그 지구화가 국경을 넘는 사람들의 이동을 촉진하고 있다는 것은 자명하다.[13] 그런데

---

11) 동포이든 외국인이든 국내에 체류하게 될 때 노동이주의 경우 노동부의, 국제결혼의 경우 여성가족부의 소관이 된다는 것도 지적해 둔다.

12) 2009년 12월 23일 재외한인학회와 세계한상문화연구단이 공동으로 개최한 학술대회의 전체 주제가 '재외동포와 다문화'였다는 사실은 최근에야 이러한 접속이 시도된 것을 보여주는 하나의 예다.

13) 어니스트 라벤스타인(Ernest Ravenstein) 이래의 고전적인 압출-흡인 과정 모형은 송출국과 수용국 사이의 사회경제적 불균형이라는 조건하에서 개인이 압출과 흡인의 요인들을 계산하여 합리적 의사결정을 내린 결과로 국제이주 및 월경 이동이 발생한다고 본다(Ravenstein, 1885). 그렇지만 고전적 압출-흡인 모형은 국제 이동의 '비합리적' 요인들에 대한 고려가 없다는 문제점을 갖는다. 한편, 사스키아 사센(Saskia Sassen)은 오늘날의 국제 인구 이동이 지구적 자본주의의 부산물이라는 전제하에 오늘날의 국제 이동의 형태가 주

지구화는 국경을 넘는 사람들의 이동을 어떻게 개념화할 것인가라는 문제에도 심각한 도전을 던지고 있다.

첫번째는 용어법의 혼란이다. 한국에서 이주라는 용어는 '이'(移)와 '주'(住)를 더한 것인데 아무래도 방점은 '이'(이동)보다는 '주'(거주)에 있다는 인상이 강하다. 이주라는 표현은 이동의 과정보다는 그 결과로서의 거주를 강조하고 있다. 이주는 영어 단어 'migration'의 번역어로 종종 간주되지만, 번역 과정에서 발생하는 의미의 간격은 크다. 실제로 공식 용어로 'migration'에 가장 가까운 번역어는 '출입국'이고, 여기에는 국외에서의 거주가 단기인지 장기인지의 구분은 없다. 예를 들어, 1~2주 정도 국외로 관광이나 출장을 다녀온 경우 'migration'을 경험한 것이지만, 이를 '이주'라고 말하는 경우는 드물다. 실제로 법무부의 '출입국·외국인정책본부'에서 관리하는 '출입국 통계'[14]를 보면 이 점은 쉽게 알 수 있다. 따라서 통계청에서 '체류기간이 90일을 초과하는 내외국인 출입국자'를 대상으로 '국제인구이동통계'라는 별도의 통계를 산출하는 것은 충분히 이해 가능한 일이다. 그렇지만 이들에 대한 공식 호칭도 '장기이동자'일 뿐 이주자라는 표현은 등장하지 않는다. 또한 'international migration'은 '국제 이동'으로 번역되어 '국경을 넘어 거주지를 옮기는 것'으로 정의되고 있는 것이다.

정리한다면, 'migration'이 국제 이동이라는 행동 혹은 실천을 지시할 때, 이를 이주라고 표현하는 것에는 무리가 있다. 따라서 이 글에서 영

변(빈국)으로부터 중심(부국)으로의 방향을 취한다고 설명하지만, 압출 요인, 흡인 요인이라는 용어를 사용한다(Sassen, 1988).

14) 연간으로 발생하는 보고는 '출입국·외국인정책 통계연보'라는 이름으로 발간된다.

어의 'migration'에 해당하는 용어는 이주라기보다는 이동이라는 용어를 택할 것이다. 단, 장소를 이동한 이후 거주하는 행동 혹은 실천을 포함하는 경우는 이주라는 용어를 허용할 것이다. 달리 말하면, 'migration'의 과정 그 자체를 강조하는 경우로 충분한 경우에는 이동이라는 개념을 사용하고, 그 과정을 거친 이후 거주를 포함하는 경우에만 이주라는 개념을 사용할 것이다. 마지막으로 조금 추상적 차원에서 이동하는 성격혹은 성질을 지칭할 때는 영어 단어 'mobility'를 떠올리면서 이동성이라고 표기할 것이다. 이런 기본 용어나 개념의 구분이 기존 문헌들에 비해 독자들을 덜 혼란스럽게 했으면 한다.

두번째는 지구화 시대의 이동이 이전 시대와 비교하여 양적 규모와 질적 성격 모두 급격한 변화를 보이고 있다는 점이다. 위의 용어법 문제와도 연관되지만, 지구화 시대 이전의 국제적 장기이동은 목적지에서의 정주(定住)와 시민권 획득을 전제로 하는 경우가 지배적이었다. 간단히 말하면 당시의 장기 인구 이동은 이민과 거의 등치되었다. 일상의 용어에서 '이민 간다'는 말은 불귀점을 지나 '적어도 당분간 돌아오지 않는다'는 것을 전제했고, 잠시 돌아온다고 하더라도 임시로 방문하는 것에 지나지 않았다. 그렇지만 지구화 시대의 국제적 이동은 그 양적 규모가 증대했을 뿐만 아니라 양방향적 이동이 빈번해지고 있다. 사람들의 생활에 문자 그대로 이동성(mobility)의 정도가 전반적으로 증가한 것이다.

이는 '귀환'이 이동의 종언이 아니라 이동의 새로운 출발이 될 수 있다는 것을 의미한다. 최근의 하나의 극적인 예는 1997년 홍콩의 중국 반환 이후 대거 홍콩을 떠난 홍콩인들이 2000년대 중반 이후 다시 대거 홍콩으로 귀환하는 현상인데, 한 연구에 의하면 오스트레일리아로 이주한 홍콩인들의 1/3은 다시 홍콩으로 돌아왔다고 한다(Ley and Kobayashi,

2005: 115).[15] 홍콩으로 귀환한 사람들은 대체로 전문직에 해당하겠지만, 비(非)전문직 이주노동자의 경우에도 '귀환'은 1차의 '이주'와 마찬가지로 더 이상 영구적인 것이 아니다. 귀환이동 혹은 역이동은 현대 세계에서 이동의 하나의 중요한 구성요소로 자리잡고 있다.

그런데 이 주제와 연관 지어 귀환을 사고한다면 조금 더 복잡한 문제가 등장한다. 이 책에서 다룰 한국으로 이동하여 체류하는 동포들 대부분은 '본인'이 귀환한 것이 아니기 때문이다. 이 경우 귀환이동이나 역이동이라는 개념들을 적용할 수 있을지는 논란이 있을 수 있다. 그래서 이 개념들은 본인, 즉 1세가 아니더라도 친족·가족 등의 사회적 연고 혹은 사회적 자본을 가진 후세들이 이동하는 경우에도 확대해서 사용한다는 것을 밝히고자 한다. 이 책에서 다루는 대상과 성격은 다르지만, 귀환이주 개념은 영국의 캐러비언 2세의 사례연구(Reynolds, 2008)나 페루의 일본계('니케이') 3세의 사례연구(Knight, 2002) 등에서 광범하게 사용되고 있다. 이는 우즈베키스탄에 거주하는 고려인 3세가 선조의 고국인 한국으로 이동하는 실천은 우즈벡인이 한국으로 이동하는 것과는 성격과 다르다는 것을 함축한다. 이때 이동의 의사결정은 역사적·사회적 연고가 중요하게 작용하는 감정적 결정(emotional decision)이 많이 작용한다는 것을 뜻하기도 한다.

세번째는 귀환이동이 더 이상 특별하고 예외적인 것이 아니라면 순환이동(circular migration)(Duany, 2002; Jense, 2010)이나 과이동(跨移

---

15) 그 점에서 레이와 고바야시는 현재 홍콩에 거주하는 초국적 시민들의 초이동성(hyper-mobility)을 기술하는 데 귀환이동이라는 개념은 불충분하다고 말한다(Ley and Kobayashi, 2005: 123). 레이와 고바야시는 과이동(transmigration)이라는 개념을 사용하지 않지만, 이와 유사한 현실을 지적하고 있다.

動, transmigration)(Kong, 1999; Ho, 2008) 등의 개념으로 발전하는 것은 자연스럽다. 특히 노동이나 취업을 위한 이동의 경우 이런 용어들은 매력적이다. 순환이동 개념은 주로 단순직의 노동이주의 경우에 사용되고, 과이동의 경우는 전문직의 경우에 사용되는 경향이 있지만, 이를 일상의 용어로 말한다면, '한번 국외에 나가 본 사람이 다시 나간다' 정도로 표현될 것이다. 즉, 두 개의 본국(homeland)을 가진 주체들의 이동적 생계 (mobile livelihoods) 혹은 초국적 생계(transnational livelihoods)는 그 양적 규모와 무관하게 둘 혹은 그 이상의 장소 모두에 깊고 넓은 파장을 미칠 수 있다. 물론 이런 경우를 얼마나 일반화할 수 있을지는 논란의 여지가 있고, 이동 과정에서 존재하는 각종 법률적·제도적·심리적 제약을 고려하는 구체적 사례연구를 통해 검증해야 하는 것은 물론이다. 이 책에서 이런 새로운 개념들은 필요한 경우에 한해서 사용할 것이다.

역이동, 귀환이동, 순환이동, 과이동 등 어떤 개념을 선택하든, 필요한 것은 둘 혹은 그 이상의 장소를 이동하면서 생활하는 주체성을 연구하는 것이다. 그 점에서 파레냐스와 시우의 "민족특수적/과국적(ethnic-specific/transnational) 스케일과 장소특수적/교차민족적 (place-specific/cross-ethnic) 스케일이라는 두 개의 스케일의 비교분석" (Parreñas and Siu, 2007: 3)이라는 제안을 검토할 필요가 있다. 그들의 제안은 이산자를 비롯한 이동하는 주체들을 본국(고국)과 거주지의 이항 대립을 통해서만 설명하는 것을 넘어서기 위한 것이다. 한 예로 '조선족' 을 연구할 때 고국과의 민족적 연계(ethnicities)를 설정하고 그들의 과국적 생활을 연구할 것인가, 아니면 그들이 현재 거주하고 있는 장소를 전제하고 이곳에서 다른 민족집단들과 교차하는 생활을 연구할 것인가라는 문제가 제기된다.

그녀들은 이를 다부지 현장연구(multisited field work)로 해결하자고 제안한다. 이동하는 주체들이 여러 부지들(sites)에 체류하면서 자신의 주체 위치와 식별(정체화)을 수행할 뿐만 아니라 각각의 부지에 부착된 삶을 살아간다면 하나의 주체성을 형성하는 과정에 둘(혹은 그 이상)의 부지들이 개입한다는 것을 의미한다. 이는 한 개인의 한 번의 과국적 이동이 두 장소들 모두에서의 일상적 삶을 변환시킨다는 것을, 그리고 이 개인의 이동이 그/그녀와 연관된 사람들의 일상적 삶에도 영향을 준다는 것을 조사하자는 것이다.

파레냐스와 시우의 주장에 규범적으로 동의하지 않기는 곤란하지만, 이는 연구자 개인 혹은 소수의 연구자들로는 수행하기 힘들 정도로 그 스케일들이 '너무 방대하다'는 것을 부인할 수는 없다. 그래서 이 책에서 채택하는 스케일은 '민족특수적/과국적'에 가까울 것이다. 이는 이 스케일이 유일하게 올바르다는 뜻이 아니라 이 책이 포괄하는 주제의 범위와 경계가 그렇다는 뜻이다. 즉, 이 책에 수록된 글들은 한민족의 일부라고 간주되는 '동포'들이 한국으로 이동하여 체류하는 과정을 '과국적' 시각에서 고찰할 것이다. 단, 장소특수적/교차민족적 스케일은 이 연구를 진행하면서 발생한 문제의식인데, 그 본격적 탐구는 미래로 미루겠지만 사례연구들 일부에서 드문드문 발견될 것이다.

3) 디아스포라와 다문화주의를 넘어서: 과국주의와 과문화주의

앞에서 논의된 이동의 최근의 현실을 반영하여 생산된 복합어들, 즉, 역이동, 귀환이동, 순환이동, 과이동 등은 이 책의 사례들에 적절할 경우에만 사용될 것이다. 달리 말해 적절하지 않은 경우에 사용하는 것은 피하고자 한다.

이 모든 이동과 관련된 이 모든 용어들을 아우르는 추상적 개념은 '과국적 이동성'(transnational mobility)이라고 말하지 않을 수 없다. 그렇지만 '과국적'이라는 단어가 남용되는 경향이 있으므로 그 의미를 엄밀하게 규정할 필요가 있는데, 그 점에서 "경계를 가로지르는 지속적 관계과 반복적 운동"(Kokot, Tölölyan and Alfonso, 2004: 3~4)이라는 지적을 경청하고자 한다. 즉, 관계의 지속성과 운동의 반복성의 정도가 강하지 않은 경우 '과국적'이라는 표현을 쓰는 경우는 자제하고자 한다. 그렇지만 지구화의 시대에 국경을 넘어서는 이동이 지속적이고 반복적으로 발생하는 사례들은 점점 더 일반화되고 있고, 이 책들에서 다루는 '동포들'의 경우 시간이 지날수록 그 경향이 강화되고 있으므로 과국적이라는 용어는 꽤 자주 사용될 것이다. 특히 과국적 가족(transnational family)의 경우 가족 구성원이 실제로 복수의 상이한 거주장소에 분산되어 있는 경우를 말하고, 내국인과 동포를 막론하고 점차 확대되고 있으므로 '과국적'이라는 용어를 사용하는 것은 필요하고도 충분하다.

여기서 잠시 일레인 호(Ho, 2008)가 '아시아 과국적 가족'이라는 주제로 런던으로 이주한 싱가포르 가족을 분석한 사례를 원용해 보자. 참고로 그녀는 과이주자(transmigrants)라는 용어를 명시적으로 사용했다. 그녀는 한편으로 과국적 이동이 '가족을 위하여'로 시작되지만, 거주 시간이 경과하면서 수용국 사회에서 이주자의 시민권(citizenship)을 포함한 성원권의 지위가 변화되는 효과에 주목했다. 아이화 옹(Ong, 1999)이 말하는 "유연 시민권"(flexible citizenship)이 그 효과를 발휘하는 순간이다. 그렇지만, 다른 한편 가족이라는 논리 혹은 이데올로기는 고정된 지리적 및 국가적 맥락으로 이주자들을 속박하는 압력으로 작동한다고 보았다(Ho, 2008: 145, 166). 즉, 과국 이동의 특정 단계에서 '남아 있는 가족을 데리고 오든가, 가족이 있는 곳으로 돌아가든가'라는 양자택일의 의사결정에 직면하게 되는 것이 일반적이다.

일레인 호의 사례연구는 전문직을 다루고 있지만, 여기서도 가족의 연계(familial ties)가 아시아의 과국적 가족에게는 특별히 중요하다는 것을 밝혀 주고 있다. 여기에 복잡한 "체제들"(regimes), 예를 들어 아시아의 친족, 국민국가, 시장경제 등이 제도적 맥락들 및 권력의 그물망으로 작동하고 있음은 분명하고, 이를 단지 '비합리적'인 것들로 치부하기는 곤란하다(Ong, 1999: 113). 그리고 이는 종종 성별화된 동학을 낳는다는 점도 놓칠 수 없다. 간단히 말하면 남성과 여성이 이동성(혹은 부동성)의 의사결정을 수행하는 동기와 과정과 효과가 동일할 수 없다는 것이다. 싱가포르의 사례와 직접적으로 등치시킬 수는 없겠지만, 한민족의 이동에서도 부부의 유대, 부모의 봉양, 자녀의 교육과 관련된 복잡한 가족적이고 감정적인 연고들은 중요하게 부각될 것이다. 이 책의 2장에 나오듯 가족적·친족적 연고의 존재 여부는 한민족의 이동에서 매우 중요한 요소로 작용해 왔고, 지금도 그렇다.

그런데 가족이라는 사적 커뮤니티가 이동하는 주체들의 유일한 커뮤니티는 아니다. 특정 장소를 기반으로 2차적 연고에 기초한 커뮤니티가 구성되는 것은 이주자 및 소수자의 일반적 특징이고, 통상 이를 '집거지구'라고 불러 왔다. 최근 국내의 몇몇 연구에서는 재외동포 및 내국인의 이동과 관련된 커뮤니티 형성에 주목하면서 이를 '과국적 사회공간'이라는 개념으로 분석하는 경향이 있다. 최근에 발표된 젊은 연구자들의 두 논문(박광성, 2009; 구지영, 2011)이 대표적이다. 이들의 분석 내용에는 흠결이 없고, 실제로 동북아시아에서 이런 초국적 사회공간이 탄생하는 것에 대한 주목은 이 책의 저자들에게도 시사하는 바가 크다. 그렇지만 이들의 글에서는 '서울'(재한조선족을 연구한 박광성의 경우)과 '칭다오'(재중 한인을 연구한 구지영의 경우)의 특정 장소들을 '공간'과 등치시키는 듯한 몇몇 표현들이 존재하고 이 점은 이 책의 글들에서는 완전히 동의하고 싶지 않다. 서울의 조선족이 거주하는 장소나 칭다오에서 한인들이 거주하는 장소가 서울이나 칭다오라는 상징적 도시 공간이라기보다는 그 공간 내에 실존하는 물리적 장소들이라면, '초국적'[과국적]이라는 수식이 다소 어울리지 않는다는 것이 이 글을 쓰고 있는 사람들이 지금 내리고 있는 판단이다.

과국적 공간이 물리적 장소를 통해 작동한다면, 그 장소들은 안나 트리안다필리두(Anna Triandafyllidou)가 말하는 과문화적 커뮤니티(transcultural community)라는 개념을 이용하여 분석하면 유용할 것이다. 이 '과문화적'이라는 개념을 위해하기 위해서는 과문화자본(transcultural capital)이라는 파생적 개념이 필요하다. 유럽을 과문화주의(transculturalism)의 시각으로 분석한 울리케 마인호프와 안나 트리안다필리두의 정의에 따르면, 과문화자본이란 "이동하는 신체의 삶에 존재하고 긍정적인 경제적 결과를 가질 수 있는 사회적 및 문화적 자본의 독특한 융합"(Meinhof and Triandafyllidou, 2006: 14)이다. 더 상세하게 말한다면 "이주자가 출신국 및 그 문화와의 접속을 통해 획득하여 새로운 거주지에서 활성화되는 지식, 기술, 네트워크의 전략적 사용"(Triandafyllidou, 2008: 94)이다.[16] 이들의 설명을 보완한다면 이주자는

---

16) 울리케 마인호프와 안나 트리안다필리두는 이런 과문화자본을 체현한 주체들의 사례로 유럽에 이주한 아프리카의 '월드 뮤직 아티스트'(Meinhof and Triandafyllidou, 2006: 200~222)와 '시민운동 활동가'라는 전혀 다른 두 주체성에 적용하고 있다. 한편 일본을 사례로 과문화주의를 연구한 데이비드 블레이크 윌리스와 스티븐 머피-시게마쓰(Willis and

출신국뿐만 아니라 거주국의 문화와의 이중 접속을 통해 과문화자본을 증식하고 활용하는 것이다.

과문화적(인 것)은 과국적(인 것)과 불가분하게 연관되지만 그 용례를 구분할 수 있다. 트리안다필리두의 사례연구는 유럽에 이주한 아프리카 이주자 엘리트가 과문화자본을 이용하여 과문화커뮤니티를 건설하는 실천이다. 그녀가 '과국적'이 아니라 '과문화적'이란 개념을 선호하는 이유는 "이민자들의 담론들과 행동들이 두 나라 이상과 관여될 필요는 없지만, 상이한 국적의 사람들을 관여시키거나(예: 나이지리아 이주민과 슬로베니아 토착민) 동일한 국적이지만 상이한 문화적 가맹(affiliation)을 하는 사람들(예: 포르투갈 토착민과 앙골라계 포르투갈인)을 관여시키기 때문이다"(Triandafyllidou, 2008: 94). 사례들이 생소하므로, 과문화적 커뮤니티는 외국에서 한국 이주민과 토착민이, 한국에서 한국 토착민과 조선족이 어우러져 형성하는 커뮤니티들을 예로 들면 그 의도를 이해할 수 있다. 앞에 인용한 구지영과 박광성의 사례연구들을 원용하여 설명한다면, 트리안다필리두가 말한 두 커뮤니티 가운데 전자는 칭다오의 한인 커뮤니티의 경우이고, 후자는 서울 구로의 조선족 커뮤니티의 경우가 일단 형태적으로는 유사한 예로 간주할 수 있다.

물론 중국과 한국의 관계가 아프리카와 유럽의 관계와는 상이하므로 실제로 사용될 때는 여러 변수들을 고려해야 하는 것은 물론이다. 또한 이 글에서 다루는 중국조선족, CIS고려인, 재일조선인 등이 한국에 체

Murphy-Shigematsu eds., 2008)도 과문화 개념의 사용을 다문화주의 비판과 연결 짓고 있다. 한편 한국에 체류하다가 네팔과 방글라데시로 돌아간 귀환이주 활동가들을 분석한 양혜우(2011)의 경우 '초국적 사회자본'이라는 개념을 사용하고 있는데, 이 개념은 과문화자본과 호환될 수 있다.

류할 때 특정한 장소에 기반하여 커뮤니티를 가시적으로 구성할 수도 있고, 그렇지 않을 수도 있다. 체류자의 양적 규모, 네트워크의 성격, 문화적 가맹 등에 따라 그 커뮤니티의 형태는 달라질 수 있을 것이다. 또한 한국이라는 공간이 복수의 권역들로 구성되어 있으므로, 한국 내부에 체류한 경우에도 하나 이상의 장소들에 주목하고 이들 사이의 연계에 대해서도 주목할 필요가 있다.

따라서 이들 '동포'들에 국한하지 않는 비(非)동포 외국인 이주자들과의 상호관계 및 상호작용을 통해 커뮤니티가 어떻게 건설되는지에 대한 큰 그림이 필요할 것이다. 불운하게도 이는 현재로서는 이 책의 범위와 필자들의 능력을 넘는 문제다. 그럼에도 과문화자본과 과문화커뮤니티 개념이 절실한 것은 특정 커뮤니티에서 어떤 행위자가 어떤 지식과 능력을 가지고 그 건설을 주도하고, 상이한 문화적 가맹을 맺고 있는 상이한 소수자들과 어떤 연계를 맺고 어떤 행동을 전개하는가라는 문제 때문이다. 이는 상이한 기원을 가진 동포들 사이의 연계일 수도 있고, 장소와 공간을 공유하는 동포와 비(非)동포 사이의 연계일 수도 있다.[17]

과문화주의 개념을 도입하는 것은 한국에서 이미 공식 담론이 된 다문화주의를 넘어서기 위한 것이다. 김영옥은 한국 정부가 주도하고 있는 이주정책으로서 다문화주의가 실제로는 "다문화주의의 옷을 입은 동

---

17) 이주자 문제에 대한 사회운동의 활동가의 이상적 설정은 '모든 소수자들이 하나로 대동단결하여……'일 것이다. 그러나 이번의 현장연구에서 이런 설정이 선명하게 발견되지는 않았다. 이런 미발견에 대해서 '실망스럽다'는 반응을 보이는 것은 전혀 적절치 않다. 대동단결을 진지하게 바라는 사람이라면, 그 목적들과 원인들에 대해 심사숙고할 필요가 있는 것은 당연하다. 저런 형태의 이상은 한국 사회운동의 '1980년대적 환상'에서 파생된 것일지도 모르므로, 그 해결책은 '1980년대식'으로 발견되기는 힘들 것이다. 단합의 추상적 당위성을 주장하기보다는 구체적 계기를 제공하는 어젠다가 필요하다.

화주의"(김영옥, 2007: 136)라고 지적한 바 있고, 많은 사람들이 그 주장에 동의할 것이다. 그렇지만 이 점을 논외로 하더라도 다문화주의가 여러 소수자 집단의 문화적 다양성을 인정하면서도 하나의 집단에 하나의 고정된 문화와 정체성을 부여한다는 인상을 완전히 지울 수 없는 것도 사실이다. 문화가 항상 다원적이고 동태적이고 수행적이라고 가정한다면, 과문화적 시각은 토착민(다수자)과 이주자(소수자) 사이에서만이 아니라 복수의 소수자 집단 사이에 발생하는 문화적 변환을 분석하는 데 도구적으로 유효할 뿐만 아니라 규범적으로 정당할 것이다.

4) 하나의 종합: 또 하나의 과국적 커뮤니티로서 디아스포라?

이제까지 혼란스럽게 풀어헤친 논의를 이 책의 대상들과 관련하여 정리할 시점이 된 것 같다. 이 책에서 사례연구될 동포들은 조선족, 고려인, 재일조선인이고, 용어법의 논란은 있겠지만 이들을 편의상 '한민족'(ethnic Korean)의 하위범주로 설정할 수 있다. 그리고 이들이 한국으로 귀환이주 혹은 역이주하여 형성할 사적 및 사회적인 과문화적 커뮤니티들이 심층적으로 분석될 것이다. 또한 순환이주 혹은 과이주를 수행하는지도 필요한 한도 내에서 검토될 것이다.

이렇게 조선족, 고려인, 재일조선인이 어떤 커뮤니티를 형성하고 어떤 생활을 영위하는지를 검토하기 위해서 하나의 모델을 종합적으로 제시해 보고자 한다. 물론 이 모델은 결론적이라기보다는 가설적인데, 이를 위해 앤디 나이트(Andy Knight)가 일본계 페루인들(Japanese-Peruvian)인 이른바 '니케이'의 커뮤니티 형성을 개념화하는 시도를 참고해 보고자 한다(Knight, 2002: 21~22).

오키나와에 뿌리를 둔 일본계 페루인들은 19세기 말~20세기 초 남아메리카의 페루로 이주하였다. 이들은 20세기 전반기 페루에 거주하면서 그곳의 지배적 종교인 가톨릭을 신봉하고 공식 언어인 스페인어 단일어를 사용하는(monolingual) 문화적 변환 과정을 대체로 완료했다. 그렇지만 1970년대 이후 페루의 경제상황이 악화되면서 1990년대 초에는 40% 정도의 인구가 일본으로 귀환이주(역이주)하여 3D업종에서 일하게 되었다. 이로 인해 한편으로는 페루에 있는 일본계 페루인 공동체들은 공동화되고 황폐화되었지만, 다른 한편으로는 일본에서 획득한 소득의 송금(remittance) 덕분에 일본계 페루인들의 사회적·경제적 지위가 개선되었다. 흥미로운 것은 이 무렵부터 페루의 일본계 공동체들은 역설적으로 자신들 문화의 '일본성'(Japaneseness)에 대한 자의식을 강화했고, 페루에 사는 페루인들 및 일본에 사는 일본인들 양자 모두로부터 모두 구분되는 니케이의 고유한 가치와 문화를 재정의해 나가기 시작했다는 점이다. 이와 더불어 니케이들은 페루와 일본 두 국가들의 영토적 경계를 초월하여 지구 전역에 분산된 과국적 커뮤니티를 형성하기 시작했다. 역사적 고국(혹은 조국)으로의 역이주가 니케이 커뮤니티의 지구화와 과국화를 촉발하는 효과를 가졌던 것이다. 그 결과 니케이의 정체성은 페루뿐만 아니라 미국이나 일본의 여러 장소들에서도 새롭게 재정의되었고, 이는 과국적으로 작동하는 니케이들의 기업이나 제도에 의해 확고하게 지지되고 있다는 것이다. 요는 "그 결과 일본계 페루인들은 하나의 용광로가 되지 않고, 그 대신 니케이의 고유한 정체성과 커뮤니티를 보장하고 국경을 가로지르면서 작동하는 일군의 상징적 가치, 규준, 코드를 발전시켰다"(Knight, 2002: 22)는 것이다.

나이트의 설명을 글쓴이 나름대로 절합하면, 니케이 커뮤니티는 대략 3단계의 과정을 거치는 변화 과정을 거쳤다.

① 19세기 말부터 20세기 중반까지: 남아메리카로의 이주와 디아스포라 커뮤니티의 역사적 형성

② 20세기 중후반: 고국으로의 역이주(귀환이주) 및 그 디아스포라 커뮤니티의 위축

③ 20세기 후반 이후: 니케이 정체성의 재정의 그리고 디아스포라 커뮤니티의 재편성과 과국화

나이트는 니케이의 경우를 "과국적 커뮤니티"라고 부르고 있고, 한 단어를 추가한다면 과국적 디아스포라 커뮤니티라고 부를 수 있을 것이다. 니케이라는 '민족' 커뮤니티는 역사적인 민족적 연계를 가진 일본과도, 현실에서 법률적 국적을 가진 페루와도 구분되는 독특한 정체성을 형성하게 된 것이다.

'디아스포라'라고 쓴 단어에 '조선족', '고려인', '자이니치'를 대입하면 이들 독특한 '민족적 커뮤니티'의 발전도 유사한 과정을 밟은 것이라고 말하고 싶은 유혹이 든다. 따라서 이하의 장들에서도 이런 모델을 적용하는 경우가 있을 것이다. 실제로 이고르 사벨리에프는 1991년 이후 고려인의 이동 과정에 주목하면서 과국적 디아스포라 간 연계(transnational interdiasporic ties)라는 개념을 제시하면서 유사한 주장을 제출했다(Saveliev, 2010: 497). 중앙아시아와 사할린 등의 상대적으로 고정된 장소에서 생활을 영위했던 소비에트 시대와 달리 고려인들이 포스트소비에트의 공간에서 복수의 장소들로 이동하면서 상호 간의 연계를 구축하고 있는 점에 주목하고, 여기에 고려인들의 한국으로의 이동도 포함시키고 있다.[18]

그렇지만 유비(analogy)는 유비로 그쳐야 할 것이다. 이상의 이론

적 개념과 모델을 사용하면서도 부적절한 적용에 유의하고 구체적인 사례들에 주목해야 하는 것은 분명하다. 이는 3장부터 5장까지의 사례연구들에서 다루어질 것이다. 그렇지만 그전에 이들 돌아온 동포들이 어떤 이름으로 불리고 있고, 이를 통해 어떻게 분류되는가를 살펴볼 필요가 있다.

4. 이름과 정체성의 분류학

1) '동포'와 '한인'

역사와 이론을 검토한 앞의 절들에 이어 이 절에서는 귀환한 동포들이 현재 한국이라는 공간에서 어떻게 불리고 있는가를 고찰할 것이다. 이 호칭들은 결코 단순하거나 임의적이지 않은데, 그 이유는 복수의 언어로 된 복수의 이름들이 존재하고 그 과정에서 간단치 않은 번역의 작업이 발생하기 때문이다. '동포'라는 표현은 상이한 디아스포라 집단들 사이의 환원할 수 없는 역사적 차이를 중성화하는 효과를 가질 수 있음과 동시에 이들이 한국으로 귀환했을 때의 분류와 계서화의 작동을 은폐하는 효과를 가질 수 있다. 또한 동포들 내부의 복잡하고 미묘한 차이들에 대해서도 보다 많은 주의를 기울여야 하는 순간들이 존재하고, 집단 전체가 아닌 개인의 정체성을 논할 때도 마찬가지다. 이름의 정치학은 국외에 거주할 때, 국내로 이동할 때, 국내에 거주할 때 각각 상이하게 작동하

---

18) 주의할 점은 디아스포라 간 연계라는 것은 고려인들 사이의 연계이지, 고려인과 한국인 사이의 연계는 아니라는 점이다. 민족적 연고에도 불구하고 고려인과 한국인의 정체성이 '똑같다'고 생각하는 것은 무리다.

고 지속적으로 변동한다.

한국에 사는 한국인(대한민국 국민)은 '동포' 혹은 '재외동포'라는 용어에 익숙하다. 단지 익숙할 뿐만 아니라 이 용어는 정부의 실천과 연관된 법률과 통계 등에서 사용하는 '공식' 용어들인데, 이 점은 '재외동포법'이라는 법령과 '재외동포재단'이라는 기관의 이름만 예로 들어도 충분할 것이다. '같은 배에서 나왔다'는 뜻의 이 단어는 그 고유한 혈연주의로 인한 논리적 한계를 보일 때가 있지만 그 '공식성'으로 인하여 이 책에서도 두루 사용될 수밖에 없다. 단, 이 단어가 외국어(영어)로 번역될 때는 본래의 의미는 사라지고 'overseas Korean' 이상으로 번역될 수 없다는 점은 지적해 두고 싶다. 번역 과정에서 '혈연주의'의 내포는 사라지게 되는 것이다.

또 하나의 익숙한 용어는 '한인' 혹은 '재외한인'이다. 이 용어는 동포를 연구하는 학술지 『재외한인연구』의 제목으로 사용되고 있으므로 준(準)공식적 용어로 확립되었다고 할 수 있고, 실제로 학계의 연구성과에서 광범하게 사용되고 있다. 상식적인 이야기지만 '한민족'이 내국인(한국인), 한국 국적 재외교민, 외국 국적의 재외동포를 아우르는 더 넓은 범주라고 할 때 재외한인은 재외동포와 혼용된다. 이 한인이라는 호칭 역시 외국어(영어)로 번역될 때는 'overseas Korean'이 아닌 다른 용어로 번역될 수는 없다.

그런데 한인 혹은 한민족이라는 용어 자체도 문제적이다.[19] 이 용어

---

19) 이철우와 이호택은 '한인'의 분류와 경계 획정이 "한반도에 두 개의 국가가 존재하는 정치적이고 국제법적인 실재에 눈감았"고 "그 획정이 승인되기 전에 수백만이 해외로 떠나 외국의 국적을 취득했다는 사실 또한 반영하지 않았다"고 주장했고(이철우·이호택, 2009: 206), 이 주장에 동의하지 않기는 힘들다. 문제는 '한인'이나 '한민족'이라는 단일한 범주를

는 '한국'(대한민국)이라는 국가적 실체가 성립한 1948년 이후에 한국의 영토를 떠난 외국에 거주하는 사람들을 지칭하는 용어로는 큰 무리가 없지만, 한국의 국가건설에 낯선 사람들에게는 생경할 수밖에 없다. 즉, 한인은 냉전기 '자유진영'에 속한 나라들에 이주한 동포들에게는 쉽게 수용되지만, '공산진영'으로 냉전기 이전에 이주한 사람들에게는 불편하게 다가온다. 한국인으로서 싫든 좋든, '한'(韓)이라는 단어는 '남한'이라는 기호와 불가분할 수밖에 없다. 이런 사고를 냉전 이후의 변화된 현실에서 시대착오적이라고 간단하게 말할 수는 없다. 남한에 정서적·이데올로기적으로 가맹하지 않는 경우, 자신들의 역사를 부정한다는 강력한 반발이 있는 게 사실이다. 불행하게도, 이 책에서 다루는 세 종류의 동포들은 대체로 '반발'의 정서를 공유하고 있다.

따라서 이 글에서 '한인'이라든가 '한국계 ○○인'이라는 명칭은 가급적 사용하지 않고, '한민족'이라는 용어는 '민족적 코리안'(ethnic Korean) 전체를 아우르는 불가피한 경우에 한정하여 사용하고자 한다. "720만 재외동포가 하나 되는 그날까지"라는 재외동포재단의 슬로건에도 불구하고, 그 '하나'가 되기 위해서는 복수의 혼란스러운 이름들에 대한 정밀하고 섬세한 이해가 먼저 필요할 것이다. '한민족', '한인', '동포'라고 불리는 사람들이 상이한 장소에서 어떤 이름으로 불려 왔는가에 대한 검토가 필요한 것은 이 때문이다. 나아가 이들이 한국이라는 장소

계속 사용할 것인가, 도전할 것인가, 그리고 도전한다면 어떤 방식을 취할 것인가이다. 이 글을 쓰는 사람의 전략은 단일한 범주를 사용하지 않고 이를 복수화하는 전략이다. 이는 '한인'이나 '한민족'이 남한 내에서는 소통적 유효성을 지닐지 몰라도 국제적으로는 '남한'이라는 정치적 실재 및 문화적 기호를 벗어나지 못하기 때문이다. 불필요한 주장이겠지만, 마음 같아서는 영어의 '코리안'의 자의(字意)에 가까운 '고려사람'으로 대체하고 싶다.

에 체류할 때 어떻게 불리는가도 간단하지는 않은 문제다. 장소의 이동은 이름의 변환을 동반하고, 이는 그 주체의 자기인식 및 문화적 의미의 변화를 동반하기 때문이다.

2) 중국동포 혹은 조선족

"한국에서 '조선족'이라고 호명되는 존재들은 중국에서 '조선족'이라고 불리는 존재와 다르다"고 말하면 어리둥절해하는 사람이 있을지 모른다. 이는 '조선족이 아니라 차오씨엔주(chaoxianzu)라고 불러야 한다'는 말이 아니며, 그들의 정식 호칭이 '중국조선족'이라는 말이다. 중국의 다수자인 한족 입장에서 '조선족'이라는 이름은 '조선민족'과 동일한 것이고, 이는 중국어판 위키피디아를 검색하면 실감할 수 있다. '朝鮮族'(조선족)으로 검색해서 나오는 페이지에는 김정일의 얼굴과 더불어 김대중, 이영애, 반기문, 김연아 등의 얼굴들이 등장한다. 즉, 중국에서 조선족이란 한민족 전체를 지칭하는 범주로 사용되고 있다. '韓民族'(한민족)으로 검색을 하면 자동적으로 '重定向'(redirecting)되어 '朝鮮族'(조선족)으로 이동한다. 즉, 중국인에게 조선족과 한민족은 동일한 것이다. 이에 대해 시시비비를 가리는 일이 불필요하지는 않겠고 최근의 변화를 반영하지 못한다고 항의할 수도 있겠지만, 지금의 '인식'이 어떤지를 확인할 필요는 있다.

그렇다면 우리가 아는 조선족을 찾으려면 어떻게 해야 하는가. 그럴 때는 반드시 '中國朝鮮族'(중국조선족)이라고 검색해야 하고, 그래야 김염(金焰)과 최건(崔健)의 모습을 만날 수 있다. 이는 조선족에게 확고한 국가 정체성이 부여되어 있다는 점을 보여 준다. 중국(중화인민공화국)의 공식 담론의 장에서 조선족이 중국 공민이라는 사실에 이의를 제기할 여지가 없으며, 만약에 이의를 제기할 경우 조선족뿐만 아니라 중국의 소수민족정책과 변경(국경) 관리라는 민감한 사안에 깊숙이 들어갈 수밖에 없다. 실제로 조선족에게 재외동포의 자격을 부여하기 위해 '재외동포법'을 개정할 때 한국 정부와 중국 정부 사이의 외교마찰이 발생했던 사실(이진영, 2002b)은 저 사안들의 민감성을 재확인시켜 준다.

앞에서 설명했지만, 조선족은 1952년에 중국에 거주하던 조선인(조선사람)이 조선족으로 '만들어진' 것이다(이진영, 2002a). 조선족들 본인들은 중국에서 자신들이 조선족으로 불리는 데 대해 크게 저항하지는 않는 것으로 보인다. 실제로 뒤에 볼 CIS고려인이나 재일조선인과 비교해 볼 때 조선족은 중국의 국가 커뮤니티에 비교적 원만하게 통합되어 있다. 무엇보다도 지린성(吉林省)의 상당한 영토가 옌볜조선족자치구로 지정되어 있고, 일상의 사적 생활뿐만 아니라 교육과 매체 등의 공적 생활에서 문화적·언어적 자치가 허용되고 있다. 문화적 자치가 정치적 자치로 전환되는 것이 불가능하다는 한계가 엄존함에도 불구하고, 언어 생활과 생활습관에서 '민족'의 전통과 정체성이 계승되고 있는 것이다. 그래서 중국조선족들이 자신들의 문화에 커다란 자부심을 보이는 것은 전혀 이상한 일이 아니다. 조선족은 중국말과 조선말/한국말 모두에 능통한 이중언어 능력을 갖추고 있고, 그 결과 한국에 체류하면서 언어적 불편함을 느끼지 않는다. 특히 조선족은 언어만이 아니라 글자를 보존하고 있는데, 조선족은 중국의 소수민족들 가운데 자신의 글자를 유지하고 있는 몇 안 되는 (소수)민족들 가운데 하나다. 즉, 조선족의 언어는 청각과 시각 모두에서 보존되고 있는 것이다. 이 모든 결과 조선족은 뒤에 볼 고려인과 비슷한 역사를 공유하는 면이 있지만, 한국의 담론에서 '희생자'라든가 '유민'이라는 비극적인 역사적 서사로부터는 상대적으로 자유로운 편이다.

한국인들은 중국인들이 한국인들마저 '조선족'에 포함시킨다는 사실에는 무신경한 채 중국조선족을 '조선족'이라고 불러 왔다. 불행히도, 조선족이 한국에 체류하면서 한국인과 접촉하는 기회가 많아지면서, 조선족이라는 명칭에는 온갖 부정적 기호, 가치, 상징이 부여되고 있다. 흥미로운 것은 이런 부정적인 것들에는 '중국인'에 대한 한국인의 편견이 깊게 자리 잡고 있다는 사실이다. 입에 담기 곤란하지만 한국인들에게 조선족, 나아가 중국인 일반은 가난하고, 시끄럽고, 지저분하고, 무질서하고, 몰염치하고, 촌스럽고, 미개한 존재로 간주된다. 이런 편견을 가진 한국인들이 극히 일부라고 생각하고 싶지만, 조선족들이 한국에 살면서 경험한 나쁜 일들의 목록은 매우 길다. 이에 더하여 '나라가 어려울 때 조국을 떠난 배신자'라든가, '우리도 살기 어려운데 일자리를 뺏으러 오는 경쟁자'로 인식되기도 한다.

이런 상황은 조선족들이 한국에서 조선족이라고 불리는 것을 꺼리는 현상을 낳는다. 실제로 한 인터뷰에서 "조선족 분들이⋯⋯"라고 질문을 꺼내자 "조선족이라고 부르면 안 되죠. 동포라고 불러 주세요"라는 강경한 발언이 나왔다. 그는 조선족이라는 호칭이 남한에서 갖는 부정적 의미를 자기인식하고 있었던 것이다. 중국에서 조선족이라는 호칭의 의미와 한국에서 조선족이라는 호칭의 의미는 전혀 다른 것이다.

조선족들이 한국에 와서 선호하는 명칭은 '재중동포'이거나 '중국동포'이고, 최근 들어서는 전자보다는 후자가 더 많이 사용되는 것처럼 보인다. 반복해서 확인하자면 '한인'이라는 명칭을 사용하는 경우는 극히 드물었다. 또한 한국에 체류하는 동포들 가운데 조선족의 비중이 압도적이다 보니 '동포'라는 명칭은 조선족에 의해 독점되고 있다고 해도 지나친 말이 아니다. 예를 들어 『동포뉴스』라든가 재한동포연합회라는 단체의 예에서 보듯 재외동포와 관련된 매체와 단체들은 조선족에 의해 생산되고 소비되는 경우가 대부분이다. 이는 또한 조선족이 '보통의' 동포(예를 들어 재미동포)와 동일한 권리를 보장받기 위한 지난한 투쟁 과정에서 '우리도 평등한 동포'라는 점을 주장해 온 실천들의 산물이다. 또한 중국에서 한국으로 이동한 사람들 가운데 한족 등 비(非)조선족 중국인과 스스로를 차별화하는 의도도 찾을 수 있다.

물론 조선족이라는 명칭을 거부하지 않은 경우도 있다. 3장에 등장하지만 일부는 '재한조선족' 혹은 '귀한조선족'라는 명칭을 사용하고 있다. 이 경우는 한국에서 널리 통용되는 호칭을 사용하되 '재한'이라는 장소에 대한 권리, '귀한'이라는 귀환의 권리를 강조하는 의도와 전략을 드러낸다. '재한'과 '귀한'이라는 용어가 어떻게 발명되어 어떻게 사용되었는지는 검토해야 하지만, 이를 사용하는 단체들은 이미 활발한 활동을 하고 있다. 이는 실제의 국적이 무엇이든 한국에 존재한다(재한)든가 돌아왔다(귀한)라는, 장소에 대한 권리를 부각시키고 시민권과는 독립적인 체류권(denizenship)을 보장받기 위한 전략적 명칭으로 상당한 성공을 거둔 것으로 짐작된다.

그래서 이 책에서는 부정적 기호를 제거한다는 전제에서 조선족이라는 용어를 사용할 것이다.[20] 그런데 집단의 이름을 정하더라도 이름의 정치학의 문제가 다 끝나지는 않는다. 집단 전체의 이름만이 아니라 개

---

20) 물론 조선족이 동질적 집단인 것은 아니며, 한 예로 한국/조선에서의 출신 지역에 따라 북한 지역에 연고를 가진 옌볜 출신과 남한 지역에 연고를 가진 헤이룽장(黑龍江省) 출신 사이에는 문화적으로 차이가 존재하기도 한다.

인의 이름에 대해서도 경합이 존재하기 때문이다. 조선족 개인은 한국인 대다수와 비슷하게 한자로 된 성과 이름을 가지고 있고, 이를 중국어(보통화) 발음과 한국어(조선어) 발음 두 가지로 불러 온 오랜 역사를 가지고 있다. 예를 들어 '白淸强'의 경우 중국에서 한족 등 비조선족과 민족 간 소통이 필요할 때는 '바이칭챵'이라고 발음하고, 조선족 내부에서 소통할 때는 '백청강'이라고 부른다. 그렇지만 이들이 한국에 와서 생활해서 외국인 등록증을 발급받을 때는 오직 영어(정확히 말하면 로마문자)로 'Bai Qing Qiang'이라고 표기한다는 사실이다.

이는 그저 우스갯소리가 아닌데, 백청강이 TV 오디션 프로그램 「위대한 탄생」에 출연할 때 한 공식기관이 '백청강이라고 표현하면 안 된다'는 의견을 제시했기 때문이다. 이 의견은 해프닝으로 끝났지만, 외국인과 동포 사이에서 혼란에 빠진 한국의 담론 상황을 보여 주는 예다. 이에 반해 조선족의 중국 공민증에는 한자 표기와 더불어 '백청강'이라는 한글/조선글 표기가 선명하게 되어 있다.[21]

정리하자면, 조선족의 이름의 정치학에서는 이들을 주변화하려는 힘과 중심화하려는 힘이 팽팽하게 작용하고 있다. 한국의 국가적·공식적 담론들은 조선족이 '한민족의 일원'이라는 점은 마지못해 인정하지만, '대한민국의 일원'이라는 것은 쉽게 인정하지 않는다. 상상 속의 '민족공동체'와 현실의 '국민국가'에 대한 성원권을 둘러싼 교섭과 투쟁은 계속될 전망이고, 그 투쟁의 과정에서 조선족을 부르는 이름들은 다시

---

21) 옌지(延吉)에서 만난 조선족 한 사람은 자신의 공민증을 보여 주면서 이 점을 확인해 주었는데, 그에 따르면 조선족은 중국의 소수민족들 가운데 자신의 글로 이름을 공식적으로 표기하는 유일한 경우라고 말했다. 다른 소수민족들의 경우를 확인하기 위해서는 시간이 걸리겠지만, 조선족이 중국 소수민족들 가운데 예외적이라는 것은 분명하다.

변해 갈 것이다. 이들이 공항이나 해관을 통과할 때 듣는 '한국계 중국인'이라는 '미국식' 표기에 만족하지 않는 한 말이다.

3) 고려사람 혹은 카레이치

구소련의 영토에 거주하고 생활하는 한민족/조선민족의 후예들에게 "카레이스키입니까?"라고 물어보면 "카레이스키가 아니라 카레이치입니다"라고 답할 것이다. "아, 고려인이군요"라고 응답하면 "예? 아, 고려사람입니다"라고 답할 것이다. 정리한다면 '카레이스키/고려인'은 한국에서 한국인이 한국말로 부르는 호칭이고 한국에서 '만든' 것이다. 카레이스키(Koreiskii)는 영어의 'Korean'과 비슷한 형용사 혹은 언어를 지칭하므로 사람(들)을 지칭하는 것으로는 부적절하고, '고려인'은 고려사람을 한자를 사용하여 표기한 '高麗人'의 한국말/조선말 발음이므로 막상 고려인들 자신에게는 생경하다.

　　조금 더 명확하게 부연하면 '고려사람'은 러시아에서 한국/조선을 지칭하는 '고려'에 고려말[22]인 '사람'을 합성한 것으로, 러시아어 키릴 문자로 'Корё сарáм'(영어 로마자로는 Koryo saram)으로도 표기될 정도로 일반화되어 있다. 한편 'Корейцы'(영어 로마자로는 Koreitsy)는 러시아어로 소통할 때 사용되는 단어다. 참고로, 중국인에게 '조선족'이 그렇듯, 러시아인에게 '카레이치'는 자국 내의 한 민족(национальность, nationality)일 뿐만 아니라 '한민족' 전체를 아우르는 범주라는 것도 지

---

22) '고려말'이란 함경도 방언에 기초하여 한국 문어체로부터 오랫동안 고립된 결과, 발전이 중단된 언어로 주로 구어의 형태로 존재해 왔고 가족 내 일상용어 영역에서만 사용되고 있다 (권희영·한 발레리·반병률, 2000: 79).

적해 본다. 러시아어판 위키피디아를 찾아서 검색하면, 고종, 박정희, 김일성, 빅토르 초이 등이 망라되어 있다.

이 책에서는 이미 광범하게 사용되고 있는 고려인이라는 호칭을 불가피하게 사용하되, 필요할 경우 고려사람, 카레이치 등의 표기를 병행하여 사용할 것이다. 그렇지만 이때 고려인 혹은 카레이치는 한민족 전체가 아니라 그동안 '재소동포' 혹은 'CIS동포'라고 불려 왔거나 지금 불리고 있는 사람들을 지칭하다는 말도 추가한다. 그 과정에서 '재'(在)가 슬쩍 사라진 것이 흥미롭지만, 전자는 이제 더 이상 사용될 수 없는 역사적 명칭이 되었고, 후자의 경우 일상의 용어로 확립되고 있지 않다. 1991년의 역사적 격변과 해당 나라들 및 지역들의 혼란은 현지뿐만 아니라 한국에서의 용어법을 혼란시키고 있는 것이 사실이다. 이에 대한 상세한 설명은 4장에서 이 문제를 다룰 때로 미루기로 하자. 일단 이 책에서는 1991년의 소비에트 해체 시점을 경계로 그 이전은 '소비에트 고려인', 그 이후는 'CIS고려인'이라고 부를 것이다.[23]

그런데 한국에서 사용하는 고려인이라는 특정한 호명은 특정한 서사들을 동반한다. 그것은 대체로 '수난', '희생', '추방', '유랑', '고통' 등으로 표현된다. 이런 서사의 구성에는 1937년 연해주로부터 중앙아시아로의 강제이주(deportation), 1930년대 말~1940년대 초 사할린으로의 강제동원, 그리고 1991년 소련 해체 이후의 재이동(remigration) 등의 역

---

23) 중앙아시아의 고려인들에 대한 한 현지조사에 의하면, 이들은 '소비에트 고려인'이라고 불리기를 스스로 원한다고 한다. "1991년부터 1997년까지 카자흐스탄 알마틔, 크즐오르다, 딸듸꾸르간 주에서 실시한 고려인들이 사용하는 고려말의 발화자료 수집 시 대부분의 제보자들은 자신들이 조선사람으로 불리는 것도 원하지 않고 한국사람으로 불리는 것도 바라지 않으며, 그저 "소비엣스끼 까레이쯔"임을 강조하였다"(김필영, 2004: 23).

사적 사건들이 작용하고 있다. 고려인들은 이 일련의 사건들로 인한 희생자, 고국을 잃고 고향을 떠나 방랑하는 존재, 언어를 비롯한 민족의 뿌리를 상실한 존재 등으로 재현되곤 한다. 조선족과 달리 소비에트 시기 자치구를 갖지 못해서 문화적 자치를 향유하지 못한 고려인들의 역사가 이런 서사들을 강화하는 경향이 있다. 여기에 구소련/CIS나라들이 '무서운 공산주의 나라'라는 냉전시대의 이미지로부터 '가난한 자본주의 나라'라는 글로벌 시대의 이미지로 변환되면서, 고려인에 대한 한국에서의 대중적 인식은 '외모는 비슷한데 한국말을 못하는 사람들' 정도로 변환되고 있는 것으로 보인다.

한국에서 고려인들과 연관된 특정한 서사들 및 재현들은 1980년대까지는 거의 생산되지 않다가 1990년대 이후 대량으로 생산되어 왔다. 그래서 이런 서사들이 누구에 의해, 무엇을 위해 생산되는지에 의문을 품어 볼 수는 있고, 이는 고려인들이 실제로 수난과 희생을 당했는가라는 것과는 별도의 문제다. 그래서 고려인들이 한국인과 조우하거나 한국에 체류하게 되면 '고려인'이라는 호칭은 대체로 수용하지만, 이런 서사들에 대해서는 불편해하는 것이 일반적이다. 우수리스크(연해주)의 고려인민족문화자치회 부회장인 김 발레랴가 이런 서사들의 생산의 배경에 대해 "한국의 사회단체들이 정부의 지원금이나 사회기부를 받기 위하여 그렇게 하였던 것"(김 발레랴, 2011: 145)이라고 말하는 것은 시사적이다. 그녀의 말을 액면 그대로 수용하기보다는, 고려인의 재현에 대해 경합된 시선들이 각축하고 있다는 것을 확인할 필요가 있다.

한 가지 더 지적할 사항은 고려인 혹은 카레이치로 통칭되는 집단들이 꽤 다양해서, 적어도 세 유형으로 구분할 필요가 있다는 점이다. 하나는 19세기 말~20세기 초 연해주로 이동하고 1937년 중앙아시아로 이

주한 유형(이른바 '대륙 고려인'), 다른 하나는 1930~1940년에 일본 제국
주의에 의해 사할린으로 이주한 유형(이른바 '사할린 고려인'), 마지막은
여기에 1947~1949년 북조선 정권 수립을 전후하여 원동 러시아에 계
약 노동자로 파견되었다가 거기 정착한 유형이다(Saveliev, 2010: 484).[24]
식민지, 냉전, 분단을 경험한 상이한 방식으로 인해 이 세 범주의 고려인
들의 집단적 기억과 사회적 정체성 사이에는 공통성 못지않은 차별성이
존재하고, 한때 이들 사이에 불편한 상호관계가 조성되었던 역사적 경험
이 존재한다(정진아, 2011: 160). 상이한 지리적 장소에서 상이한 역사적
과정을 통해 상이한 문화적 정체성을 형성해 온 인구학적 집단을 '고려
인'으로 동질화하는 것이 이론적으로 엄밀하고 정치적으로 정당한지에
대해서는 논란이 있을 수 있다. 결국 '복수의 고려인들'의 실존을 고려하
는 것은 고려인 연구에서 필수적 요인이 되었다.

　그럼에도 불구하고 현재 생존해 있는 고려인들의 공통된 문화적 특
징이 있다면 러시아어를 제1언어로 사용한다는 점, 특히 3세 이하의 대
다수는 러시아어 단일언어를 사용한다는 점이다. 이는 소련의 해체 뒤에
각 국가별로 법률적 국적이 갈라진 지 20년이 지난 지금도 기본적으로
유지되고 있는 특징이다. 고려인들은 문화적 러시아화(Russification) 과
정을 통해 자신들의 (소수)민족정체성을 형성해 온 것이다. 그 하나의 결
과는 이들이 고려말 성(姓)과 러시아어 이름을 합성한 이름을 가지고 있
다는 점이다. 흥미로운 것은 이들이 한국인과 조우하거나 한글을 사용할
상황에서는 성과 이름의 배치를 조정한다는 점이다. 예를 들어 'Natalia

---

24) 조선(북한) 출신 계약노동자로 이주한 고려인 1세대들의 1990년대 이후의 삶에 대해서는
　　KBS에서 2011년 2월 5~6일 방영한 「설 특집 캄차카 한의 노래」를 참고할 수 있다.

Kim'은 '나탈리아 김'이 아닌 '김 나탈리아'로 표기한다. 이는 러시아어 사용권의 일반적 경향으로 볼 수도 있지만,[25] 고려인들이 자신들의 민족적 뿌리를 완전히 상실하거나 포기하지 않은 현실의 하나의 상징적 단면 아닐까? 역사적 고국의 언어를 사용하지 못하는 조건들하에서도 문화 전체가 상실되지는 않는다는 것을 보여 준다.

마지막으로 최근 고려인도 '한인'이라는 표현을 사용하기 시작하는 경향이 있다는 점을 지적한다. 이는 한국인(남한인)과 접촉하는 빈도와 강도가 증가하면서 발생하는 것으로 추정되는데, 그것이 현실적 필요에 의한 수동적인 것인지 아니면 '재외한인'의 하나로 인정받기 위한 능동적인 것인지는 불분명하다. 현실은 아마 둘 사이의 어딘가에 위치할 것이다. 또한 한반도/조선반도 북부에 역사적 연고가 있는 대륙 고려인과 한반도/조선반도 남부에 역사적 연고가 있는 사할린 고려인 사이의 차이도 작용하는 것으로 보이고, 여기에는 남과 북의 분단이라는 정치적 현실이 작용하고 있다. 조선족과 마찬가지로 국제적 혹은 과국적인 정치적·문화적 환경이 고려인의 이름을 불안정화시키고 있는 것이다.

4) 재일조선인 혹은 자이니치

조선족과 고려인의 경우 공식적으로 동포라는 호칭을 획득하게 된 역사는 20년이 조금 넘는 정도다. '재중동포'와 '재소동포/CIS동포'는 1980년대 말에서 1990년대 초 재외동포라는 기존의 범주의 외연적 확장이었고, 이는 "우리나라가 구소련 및 중국과 수교함으로써 재외동포사회

---

25) 러시아에서 성과 이름의 순서는 공적으로 사용할 경우(예를 들어 유명인인 경우) 서양식으로 '이름+성'을 사용하지만, 사적으로 사용할 경우 '성+이름'을 사용한다.

가 양적으로 급격히 팽창"했다는 재외동포재단(1997년 발족)의 설립 배경에서도 드러난다. 즉, 조선족과 고려인을 '동포'의 하나로 포괄한 것은 한국 정부의 재외동포정책 변화의 산물이고, 그 정책의 효과하에서 작동해 왔다.

그렇다면 자유진영에 속하고 1965년에 국교정상화까지 이루어진 일본에 거주하는 동포들은 조선족과 고려인과는 성격이 다르며 그 호칭도 단순하리라고 짐작할 수 있다. 그렇지만 그렇지 않다. 오히려 일본의 식민지배와 한반도/조선반도의 분단은 일본에 거주하는 동포문제를 지극히 복잡하게 만들었다.

국적과 호칭문제를 구체적으로 거론하기 전에 일본에서 '한국/조선'으로 분류되는 코리안들을 주로 두 가지 범주로 구분할 수 있다. 공식적 담론을 따르면 한일 국교정상화 시점인 1965년을 기준으로 올드커머(old comer)와 뉴커머(new comer)로 구분된다. 전자는 식민지 시기에 뿌리를 둔 자이니치들, 후자는 주로 80년대 이후 취업과 유학을 위해 일본으로 건너간 한국인들이다. 여기서 올드커머들은 주로 '특별영주' 혹은 '정주자'라는 재류자격을 가진다. 일본 재류외국인통계에 따르면 2010년 총 외국인 등록자 213만 4,151명 중 한국/조선 국적자는 56만 5,989명이며, 그 중 '특별영주자' 수는 39만 5,234명, '정주자' 수는 8,374명이다. 또한 1952년부터 2010년까지의 일본 국적취득자 총수는 32만 6,671명이다.

재일조선인의 국적과 법적 지위 문제는 전후 일본의 외국인 등록체제에 기원을 둔다. 일본 정부가 일본에 남은 한반도 출신자들에게 일률적으로 부여한 등록상의 표시는 '조선'이었다. 이는 국적이 아닌, 지역적 기호로서의 의미를 가졌다. 그후 일본이 한반도의 '유일한 합법적 정부'

로 인정한 대한민국 국적을 취득하지 않고 지금도 이 '조선' 표시를 유지하는 사람들이 일정하게 존재한다. 그들은 재일조선인 중 '조선적'자로 불린다. 그동안 한국 사회에서도 '조선적'을 둘러싼 이슈들이 부각되면서 '조선적'을 북한 국적이 아닌 '무국적'으로 바라보는 관점들이 제기되어 왔다.[26] 1999년 재외동포법 제정 시에도 '동포'에서 제외된 범주에는 조선족(중국동포)과 고려인(CIS동포) 이외의 '조선적'자들이 포함되었고 한국에서는 그들을 '재일 무국적동포'로 불렀다. '무국적' 담론은 오랫동안 여권 없이 살아온 '조선적'자를 냉전적 시각이 아닌 인권의 시각에서 바라볼 것을 가능하게 했다는 점에서 의미가 있었다. 그러나 동시에 '무국적' 해석은 한국에서는 '북한 국적이 아니다'라는 점만이 강조되는 담론적 효과를 가져오기도 하였다. 중요한 것은 재일조선인의 역사적 기원을 나타내는 '조선적'의 위치가 여전히 일본과 한반도의 냉전구조, 더 정확히 말하면 일본과 한국의 유착관계와 깊은 연관이 있다는 점이다(이에 대해서는 제5장의 내용을 참고하라).

호칭에 대해서도 마찬가지다. 재일동포, 재일교포, 재일조선인, 재일한국인, 재일한국/조선인, 재일코리안, 재일한인 등의 상이한 용어는 본국의 분단과 일본에서의 정주화로 인한 재일조선인의 역사인식과 정치적 지향성의 분화를 나타내고 있다. 오랫동안 한국에서는 '재일교포'라는 용어를 써 왔는데 권혁태의 연구에 따르면 이 호칭은 한국의 독재정권하 냉전적 시각과 관련된 특정한 역사적 맥락에서 나왔으며 그후

---

26) 예컨대 이러한 담론을 주도한 지구촌동포연대(KIN)는 1999년부터 '조선적' 재일조선인들의 한국 입국 캠페인을 꾸준히 벌였으며 한국 사회에 '조선적'에 대한 인식을 심어 주는 데 기여하였다.

'재일동포'라는 호칭의 사용은 거꾸로 냉전적 시각에서 경제적·민족적 시각으로 전환된 맥락을 반영하고 있음을 알 수 있다(권혁태, 2007). 즉 호칭의 다양함은 그 자체가 재일조선인과 한국 사회의 역사적 관계의 복잡함을 말해 주고 있다. 또 일본 사회에서 자주 쓰이는 '재일한국/조선인'이라는 호칭은 일본의 거류외국인 통계상의 단위 '한국/조선'(韓國/朝鮮)을 반영한 것이며 한반도 분단의 고착화를 그대로 드러내는 것이다. 이러한 분단적 표현의 대안으로 일본에서는 '재일', '재일코리안'이란 호칭이 사용되어 왔으며 최근 한국 사회에서도 '재일' 그리고 그 일본식 발음인 '자이니치'라는 호칭이 쓰이기 시작했다. 이상과 같은 문제점들을 정리하여 이 책에서는 국적과 특정 조직의 소속과 상관없이 식민지 지배의 영향으로 일본으로 건너간 한반도 출신자와 그 후손들을 총체적으로 가리키는 말로 '재일조선인' 혹은 '자이니치'라는 호칭을 쓴다.

한국에서 '자이니치'가 담론화된 것은 재일조선인을 다룬 문학작품이나 영화가 소개되면서 젊은 세대의 재일조선인들의 정체성의 다양화가 관심 대상으로 부상되면서부터다. 이 낯선 호칭을 한국 사회가 즐겨 쓰기 시작한 배경에는 무엇보다 한국말을 모르거나 민족에 거리를 두려고 하는 젊은 세대에 대한 인식과 성찰이 깔려 있다. 예컨대 영화「GO」에 나타나는 멋진 자이니치의 모습은 한국 사회에 이제까지의 재일조선인의 이미지와는 다른 통쾌함을 안겨 줬다. 젊은 3, 4세대의 다양한 표상에 대한 인식이 '민족', '동포'라는 패러다임을 버리고 새로운 개념으로 접근하게 만들었던 것이다(조경희, 2007). 또 다른 측면은 분단 문제에 대한 대안적인 접근방식으로 볼 수 있다. 특히 2000년 이후 한국 사회와 총련계 재일조선인들과의 접촉이 잦아지면서 재일조선인을 둘러싼 호칭과 정체성에 대한 관심은 더 한층 넓은 스펙트럼을 가지게 되었다. 그들은 교포인가, 동포인가, 조선인인가, 한국인인가. 이러한 고민을 뛰어넘어 그들의 복합적이고 경계적인 정체성을 그대로 나타낼 수 있는 말이 '재일' 및 그 일본어 표현인 '자이니치'다. 이렇게 '자이니치'라는 호칭의 등장은 한국 사회가 다문화사회로 이행하는 과정에서의 성찰이 표출된 것이다. 그러나 새로운 호칭의 등장이 '동포', '민족' 패러다임을 사라지게 만들 수는 없다. 한국 사회에서 재일조선인을 둘러싼 표상은 이렇게 다문화적 존재로서의 '자이니치'와 민족적 존재로서의 '재일동포'의 사이의 갈등을 내포하면서 길항하고 있는 것이다.

5) 재외동포 비공식 분류법

이제까지의 고찰에서 명확해졌듯, 1990년대 이래 동포들의 '귀환'은, 비(非)한국인들의 한국 내부로의 이입(移入) 및 한국인들의 외국으로의 이출(利出)과 더불어 한국 경제가 글로벌 경제와 통합되는 방식과 양상에 의존한다. 동포들의 경우 한국인이 아니면서 외국인도 아닌 독특한 지위를 갖도록 '만들어지는' 과정이 지난 20년 동안 진행된 것이다. 이렇게 한국으로 이입된 동포들은 자신들의 의지와 무관하게 특정한 정체성을 부여받아 왔다. 이를 아주 거칠게 두 개의 벡터를 통해 네 가지 유형으로 분류해 보기로 하자. 참고로, 이런 구분은 동포들 커뮤니티 내부에 존재하는 복잡한 차이들을 무시하는 효과를 가질 수 있으므로, '단지 평균적으로'라는 전제를 달고 읽어 주기를 바란다.

첫번째 벡터는 글로벌 경제에서 각 나라 혹은 권역이 차지하는 위계를 보여 주기 위해 설정한 것이고, 그림에서 수직의 축으로 나타난다. '재외동포법'을 둘러싼 논란에서 알 수 있듯, 상이한 동포들 사이의 '차별'은 이들의 출신 국가의 글로벌 경제에서의 위치와 일치한다는 것을

〈그림 1-1〉 재외동포에 관한 한국인의 심상지리

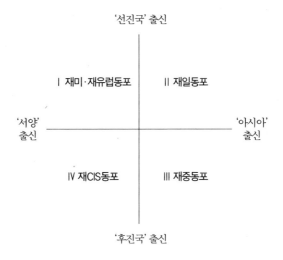

알 수 있다. 즉, 아메리카, 유럽, 오세아니아에 거주했던 동포들은 한국의 국가공동체에 원만히 편입되고, 재일동포들도 여기에 포함된다. 그 반면 중국과 구소련(현 독립국가연합 CIS)에 거주했던 동포들은 '동포도 외국인도 아닌' 존재로 남게 되었다. 이는 전자의 그룹이 수행하는 전문직 노동은 대체 불가능한 '바람직한' 것인 반면, 후자가 수행하는 미숙련·반숙련 노동은 대체 가능하다는 전제에 기초하는 것이다. 냉전시대의 진영 간 대립이라는 정치학이 후냉전기 글로벌 위계의 경제학으로 전위된 것이다. 쉽게 말하면 '자본주의 대 사회주의'라는 불연속을 포함하는 축은 '선진국부터 후진국으로'라는 연속적 축으로 전화되었다.

두번째 벡터는 이들의 '(동)아시아적' 정체성과 관련된 축이다. 여기에는 다양한 요인들이 작용하겠지만 가장 중요한 요인으로서 사회적 연고와 한국어 사용 능력을 부각시켜 보기로 한다. 사회적 연고와 한국어 사용은 동포들이 한국에 와서 생존하는 데 유리한 조건으로 작용하고, 앞서 사용했던 용어를 빌리자면 일종의 과국적 자본으로 기능한다. 적어도 현시점에서 중국과 일본에 거주하는 동포들의 한국어 사용 능력은 아메리카·유럽이나 구소련에 거주하는 동포들에 비해 평균적으로 높다. 이런 언어 사용 능력은 단지 소통을 위한 기능적 차원을 넘어 동아시아적인 사고방식, 감정구조, 행동양태 등을 포괄한다. 재미교포와 재CIS교포의 경우 '서양' 사회에서 오래 살아온 경험으로 인해 신체적 외양과는 무관하게 '서양적' 정체성을 형성했다는 점에서는 공통적이다. 이 두 가지 벡터의 상호작용을 통해 재외동포들을 분류하면 〈그림 1-1〉과 같은 네 가지 유형이 도출된다. 오해를 피하기 위해 다시 한번 강조하자면, 여기서 '선진국/후진국'과 '서양/아시아'라는 범주는 이 글을 쓰는 사람의 인식이 아니라 한국 사회의 지배적 인식을 말하는 것이다. 이런 분류법은 민족적·문화적 정체성과 관계없이, 혹은 개인의 의지와 독립적으로 이들의 사회적·계급적 정체성이 주어지는 현상으로 드러난다. 단순하게 말하면 상이한 유형의 동포들은 한국이라는 공간에서 상이한 성격의 직업들을 갖게 되는 것이다. 교육받은 정도와 전문 분야의 지식 수준이 유사하더라도 중국동포와 CIS동포에게는 단순노무직이, 재일동포와 재미동포에게는 전문직이 주어지는 경향이 있다. 또한 한국어를 유창하게 구사하는 정도, 유창하게 구사하는 외국어의 경제적 가치의 정도에 따라 집단별·개인별로 상이한 직업이 주어진다.

5. 결론

이제까지 이 장에서는 1990년대 이후 '동포들의 귀환'이라는 현상을 어떻게 개념화할 것인가를 검토하고, 그 귀환의 역사적 뿌리들을 검토하고, 돌아온 동포들이 어떤 이름으로 불리는지에 대해 알아보았다. 마지막으로 부연할 사항은 '역사'와 '현재' 사이의 상호관계 혹은 상호작용에 대한 일반적 평가다. 양자 사이에는 연속성도 있지만 불연속성도 있다. 고국으로 돌아온 동포에 대하여 '한핏줄'이라고 느껴워 하는 감정과 '시장의 교란자'라는 불편한 감정이 복합되어 있는 현실이 이런 연속성과 불연속성의 중첩을 말해 준다. 동포의 입장에서 말한다면, 한핏줄로 환대해 줄 것이라고 생각했던 한국인들의 무관심 혹은 차별 앞에서 느껴야 했던 당혹감도 마찬가지다.

서두에서 논한 동포들의 계서화(hierarchization)는 이런 연속성과 불연속성의 부산물들 가운데 하나다. 이 계서화가 신자유주의 경제의 논리에 추동된 것, 특히 경제위기에 대한 반작용에 의해 추동된 것으로 보는 것이 일반적이다. 이에 대해서 설동훈과 스크렌트니는 한국과 일본에서의 동포 귀환 정책의 한 특징이 값싸고 신뢰할 만한 동포 노동자를 충원하여 경제발전에 맞물리게 하는 것이라고 보았다(Seol and Skrentny, 2009). 경제적 공헌을 계산하는 이 합리성은 바람직한 동포와 덜 바람직한 동포의 구분을 낳고, 이는 앞서 언급한 '역설적 지구화' 프로젝트에 의해 매개되고 있는 것이다. 달리 말하면 경제적 성원권(economic membership)과 민족적 성원권(ethnic membership)이 착종되어 있는 것이다.

다행스럽게도, 이렇게 선별적이고 부분적인 주체화가 저항을 위한 새로운 공간을 완전히 폐쇄할 수는 없었다. '덜 바람직한' 귀환자는 민족주의 담론에 호소하여 '재외동포법'의 차별에 저항하고 도전할 수 있었기 때문이다. 이들은 '한핏줄'로서 헌법에 명시된 '평등 원칙'에 호소한 것이다. 3장에서 상세히 다루겠지만, 이런 투쟁을 통해 '재외동포법'의 차별 조항이 개정되고, 이후의 출입국 정책 및 노동이주 정책이 전반적으로 변화되었다. 2003년의 산업연수생제도를 고용허가제로 대체하고, 2007년 동포들에 한해 방문취업제를 시행한 것이다.[27] 이러한 새로운 조절체제는 조선족과 고려인을 '바람직한 이주노동자이자 바람직하지 않은 시민'으로 주체화시켰고, 이들은 역설적으로 언젠가는 '조국'인 중국이나 CIS로 '재귀환'(re-return)해야 하는 존재가 되었다. 이렇게 진화하는 "귀환의 테크놀로지"(Ong, 2006: 13)가 2장의 주제다. 혈연 민족주의의 문화적 '비합리성'과 신자유주의적 세계화의 경제적 합리성 사이에 복잡한 상호작용이 발생하면서, 선별적 주체와의 기준은 극히 변화무쌍하게 변화해 왔고 이는 앞으로도 당분간 지속될 것이다.

장래에 대한 예측은? 예측은 언제나 힘든 일이지만, 이 특별하고 불평등한 동포의 귀환이동이 '순환이동'으로 발전할 확률은 매우 높다. 당분간은 그 순환을 통해 동포들의 초국적 생계가 꾸려지고 가족 형태와 민족의 정체성도 변할 것이다. 또한 소득의 크기와 직업의 유형으로 표현되는 계급적 정체성도 불변으로 남아 있지는 않을 것이고, 커뮤니티 내부에서의 계급 분화가 진행될 것이다. 하지만 이런 예측은 틀릴 수도 있고 맞을 수도 있다. 그렇지만 결코 틀릴 리 없는 하나의 예측은 개별 성원들은 교체되고 변동되더라도, 성원권을 가진 사람들의 커뮤니티들

---

27) 조선족들의 저항은 비동포 이주자들에게도 영향들을 미쳤는데, 그 효과는 다분히 양가적이다. 이주노동자들과 결혼이주자들의 저항이 '다문화주의'의 이름으로 한국의 단일민족주의에 도전하는 것을 지지하고 있을 때, 조선족의 저항은 오히려 이 단일민족주의를 오히려 공고화하고 있었다. 동포와 비(非)동포 사이에 '체류권'의 차이가 발생하면서 "시민권 없는 성원권"(membership without citizenship)(Brubaker, 1999)이란 모순이 향후 어떻게 전개될지는 지속적으로 관심을 갖고 지켜보아야 할 것이다.

이 이제 과국적이 된 한국이라는 공간 이곳저곳에 형성될 것이라는 점이다. 그 각각에 대해 상세한 사례연구가 필요하다는 것은 말할 필요도 없다.

2장 _ 조선족·고려인 초국적 역/이주와 포스트국민국가적 규제 국가장치[1]

윤영도

1. 들어가며

"호모 미그란스"(Homo Migrans)(황혜성, 2011: 26). 40년 전 토르토라(G. Tortora)가 만들어 낸 이 개념이 의미하고 있듯이 인간에게 있어서 이주 (移住)는 과연 본성일까? 인간은 안정된 정주(定住)의 삶을 꿈꾸기도 하지만, 한편으로 한 공간, 한 지역에 갇혀 있지 않고 자유롭게 이동하기를 꿈꾸기도 한다. 그리고 인류가 태초부터 한 번도 이주하지 않고 고정된 한곳에서만 살았다면 아마도 지금의 인류가 생겨날 수도 없었을 것이다. 그런 의미에서 보자면 이주는 어쩌면 정주만큼 중요한 인간의 본성 가운데 하나라 말할 수도 있을 것이다. 하지만 이주를 단순히 본성의 문제로만 보아서는 안 될 것이다. 왜냐하면 일반적으로 자신이 자라 왔고 또한 살아가고 있는 삶의 터전을 떠나 다른 곳으로 이주하는 데에는 사실 적지 않은 용기와 함께, 그러지 않으면 안 될 강한 동기나 요인이 필요하

---

1) 이 글은 『중어중문학』 50집(2011)에 게재되었던 논문을 이 책의 취지에 맞게 수정·보완한 것임을 밝혀 둔다.

기 때문이다.[2] 가뭄과 같은 자연재해나 전쟁과 같은 사회적 혼란, 그리고 더 이상 살아가기 힘든 경제적 어려움과 같이 사람들을 거주지로부터 떠나도록 만드는 것이 배출요인(push factor)이라고 한다면, 이주자를 끌어들이는 더 나은 환경과 조건과 같은 것이 흡인요인(pull factor)이라고 할 수 있을 것이다. 일반적으로 이러한 배출요인과 흡인요인의 작용에 의해 이주가 일어나게 되는 것이다.

하지만 이 두 가지 요인으로 인해 이주를 하고자 해도 이주를 할 수 없도록 가로막는 차단요인(block factor) 또한 적지 않다. 그것은 산과 강, 바다와 같은 자연적 요인일 수도, 교통수단과 같은 기술적 요인일 수도, 이동에 필요한 경비의 부족과 같은 경제적 요인일 수도, 인간이 쌓아 놓은 장벽과 같은 사회적 요인일 수도 있다. 마지막으로 언급한 사회적 차단요인 가운데 가장 대표적인 것이 바로 국경이다. 근대 국민국가의 성립 이후로 이동을 차단하는 가장 중요한 요인은 바로 국민국가의 경계였다. 하나의 국민국가는 국경을 통해 배타적인 영역을 설정할 수 있었고, 또한 주권국가로서 그 안에 존재하는 사람들을 국민으로서, 혹은 시민으로서 배타적으로 보호하고 동원할 수 있었다. 국민국가를 그 기본 단위로 삼는 근대세계체제에 있어서, 국경의 명확한 획정과 통제야말로 가장 중요한 요소라 할 수 있다. 하지만 다른 한편으로 국민국가 간의 교역과 인적 교류를 그 기본 전제 삼고 있는 근대세계체제에 있어

---

2) 물론 유목민과 같이 끊임없이 이동하는 민족들도 있다. 하지만 이들이 이동 자체를 목적으로 삼아서 무조건 정처 없이 이동하는 것은 결코 아니다. 농민들이 농사라는 경제적 활동의 기반이 되는 땅이라는 공간에 속박된 삶을 살아간다고 한다면, 유목민들은 경제 기반인 가축의 먹이를 따라 이동할 수밖에 없는, 계절이라는 시간에 속박된 삶을 살아가는 것이라고 할 수 있을 것이다. 결국 이들 역시 경제적 기반의 성격이 다를 뿐이지 그것에 속박되어 있다는 점에서는 농경사회와 그리 다르지 않다고 볼 수도 있을 것이다.

서, 국경은 하나의 성가신 장애요인에 불과하기도 하다. 때문에 초국적 (transnational) 이동을 자유롭게 함과 동시에, 다른 국가로 건너간 국민에 대한 배타적 보호와 통제를 가능케 하기 위한 장치로서 발명된 것이 바로 국적이라 할 수 있다. 그리고 국민국가는 국적을 기준으로 하여 자국 국민을 배타적으로 보호함과 동시에 국민으로서의 권리를 부여함으로써 그 반대급부로 그들에게 의무와 충성을 강요하거나 그들을 동원할 수 있었다. 때문에 국민에 대한 배타적 보호와 국민의 배타적 충성을 보장하기 위해 근대국민국가의 대부분이 단일국적주의를 견지해 왔으며, 또한 그런 점에서 상상 공동체로서의 국민국가를 유지하고 국민의 신분 정체성을 형성하는 데 있어 국적은 매우 중요한 장치로서의 역할을 해 왔다.

이와 더불어 비자(visa, 사증)와 같은 외국인 입국관리제도 역시 국민국가 간의 이동을 통제하기 위한 수단, 특히 수용국이 이동을 통제하기 위한 중요한 수단으로서의 역할을 해왔다. 이는 이동을 가로막는 요인이라기보다는 수용국이 대상자를 선별적으로 받아들이거나 이들이 체류할 수 있는 조건을 정한다는 점에서 일종의 여과요인(filter factor)이라고 볼 수 있을 것이다. 일반적으로 여과장치로서의 비자의 역할은 양국가 간의 관계에 따라 좌우되는데,[3] 두 국가 사이가 적대적인지 우호적인지, 그리고 외국인의 입국과 체류가 사회적으로나 경제적으로 악영향을 줄 것인지 아닌지에 따라 초국적 이주의 가능 여부와 이주 수용의 수

---

3) 애초에 제1차 세계대전이라는 전쟁의 상황 속에서 스파이의 입국을 우려하여 도입한 제도였다. 전쟁이 끝난 이후에도 각 국민국가들은 자국의 안전이나 경제적 보호를 위해 이 제도를 지속·유지시키게 되면서 현재와 같은 비자제도가 형성된 것이다.

준이 결정되는 것이다. 그리고 비자는 수용국 내에서 이주자의 법적 신분과 체류 조건, 활동 범위 등을 규정한다는 점에서 이주자 통제 수단으로서의 의미뿐만 아니라, 수용국 사회와 이주자 사이의 관계나 이들의 사회적 정체성과 소속감을 형성하는 데 있어서 매우 중요한 영향을 주는 제도장치로서의 의미 또한 지니고 있다. 이처럼 근대국민국가의 성립 이후로 "호모 미그란스"인 인간의 이주는 국민국가의 통제하에 놓여 왔으며, 각 국민국가들이 초국적 이동을 통제하기 위해 마련하였던 국적 비자와 같은 "규제 국가장치"(state's regulatory apparatus)들은 이주의 주요한 차단요인이자 여과요인으로서 기능해 왔다.

하지만 최근 신자유주의적 질서 재편하에 진행되고 있는 초국적 이동의 급증 현상은 이에 대한 규제 국가장치는 물론, 근대적 국민국가 자체에 균열을 가져오고 있다. 특히 과거에 이민을 떠나 외국의 국적을 획득한 디아스포라들의 역이주가 최근 급증하고 있고, 또한 이들을 둘러싼 이중국적 문제나 민족정체성(ethnic identity) 문제 등이 사회적 이슈로 부각되면서, 이러한 균열은 더욱 가시화되고 있다. 한민족은 2011년 당시 남한 내 인구 대비 재외동포 인구 비율이 약 14%로, 이스라엘과 이탈리아에 이어 세계 3위를 차지했다. 그리고 지난 20년간 재외동포의 역/이주가 급속도로 증가하여, 현재에는 해외로 나갔던 디아스포라 10명 가운데 1명 정도가 다시 한국에 돌아와 있는 셈이다. 그 가운데서도 기존의 사회주의권 국가인 중국과 CIS(독립국가연합)으로부터 돌아온 역/이주자의 증가세가 가장 두드러진다. 다시 말해 최근 신자유주의의 영향하에 남한 사회에서 진행되고 있는 초국적 이동의 급증과 이에 대한 포스트국민국가적(post-national) 상황의 한가운데에 조선족과 고려인의 역/이주가 자리하고 있다 하겠다.

이 장에서는 전 세계적으로 광범위하게 일어나고 있는 다양한 초국적 이주 가운데, 코리안 디아스포라의 역/이주의 사례를 통해 그러한 시대적 변화의 동아시아적 양상을 고찰해 보고자 한다. 특히 탈냉전이라는 시대적 변화와 함께 급증하고 있는 조선족과 고려인[4]의 역/이주[5]를 가로막거나 가능케 하는 차단요인 및 여과요인의 변천 과정을 살펴보고, 그러한 규제 국가장치들의 역사적 의미와 시대적 맥락을 분석해 볼 것이다. 조선족과 고려인의 역/이주에 주목하게 된 이유는 이들이 식민주의와 냉전, 그리고 탈냉전에 이르기까지 동아시아 근대국민국가의 형성과 발전 과정 전체를 아우르는 이주의 역사를 상징적으로 대변해 주고 있을 뿐만 아니라, 이들의 역/이주에 대한 규제 국가장치의 변화 과정 속에 근대국민국가 자체의 본질적 모순과 갈등이 잘 드러나고 있기 때문이다.

기존의 연구들이 대부분 이주의 흡인/배출요인에 집중되어 있거나 이주 자체에 집중되어 있었던 반면, 상대적으로 차단요인이나 여과요인으로서의 국가장치의 역할과 그 변화 과정의 의미에 대해 깊이 있

---

4) 한국 사회에서 조선족이나 고려인이라는 명칭은 부정적인 뉘앙스를 띠고 사용되어 왔다. 그래서 이에 대한 대안으로 '재중동포', '재중한인', '재러동포', '재CIS(독립국가연합)동포' 등과 같은 표현을 공식적으로 사용하기도 하였다. 하지만 조선족과 고려인에 대한 법적·제도적·사회적 차별이나 부정적인 시각이 여전히 남아 있고, 또한 이로 인해 이들이 한국에 대해 반감을 표명하거나 자신들의 국적국가에 대한 소속감을 더 강하게 느끼는 경우도 적지 않은 상황에서, 한국으로의 귀속성을 강조하는 한국 중심적 명명행위가 자칫 이들에 대한 '호명의 폭력'으로 작용할 수도 있을 것이다. 이 글에서는 이 점을 고려하여 일단 잠정적으로 그들의 역사적 기원과 시대적 맥락 속에서 형성되어 온 개념인 '조선족', '고려인'이라는 명칭을 그대로 사용하고자 한다.
5) 이 글에서는 탈냉전시기 조선족의 한국으로의 이주를 바라보는 이중적인 시각, 즉 옌볜으로 갔다 한국으로 되돌아오는 역이주로 보는 시각과 옌볜으로부터 한국으로의 이주로 보는 시각의 차이를 그대로 반영하기 위하여 '역/이주'라는 용어를 사용하고자 한다.

는 분석을 하는 경우가 그리 많지 않았다. 특히 그것이 신자유주의 질서 재편과 탈냉전의 재편 과정이라는 거시적 차원의 맥락 속에서 어떠한 의미를 지니고 있는지에 관하여 주목하고 있는 연구는 더욱 드문 편이다. 이는 기존의 이주 관련 연구가 대체로 흡인/배출요인만을 위주로 하는 서구의 이주 관련 이론틀과 연구방식을 답습해 왔고, '차단요인'이나 '여과요인'과 같은 개념은 따로 만들어지지 않았기 때문에 그동안 하나의 연구대상으로서 깊이 있게 다뤄지지 못했던 것은 아닐까 하는 생각이 든다. 하지만 국민국가의 규제 국가장치가 그동안 초국적 이주자의 정체성 형성에 있어서 중요한 요인 가운데 하나로 작용해 왔다는 점에서 봤을 때, 이러한 이주의 차단요인 및 여과요인에 대한 고찰이야말로 이주 연구에 있어서 꼭 필요한 연구라 여겨진다. 이러한 문제의식 속에서 이 글은 이러한 국적이나 비자와 같은 규제 국가장치들의 문제를 중심으로, 한국과 중국이라는 두 국민국가 사이에서 이중적·경계적 정체성을 지니고 있는 존재라 할 수 있는 조선족의 역/이주가 탈국민화(denationalization)와 재국민화(renationalization)라는 양가적 특성을 동시에 지니고 있는 포스트국민국가적(post-national)[6] 상황과 어떻게

---

6) '탈국민화'와 '포스트국민국가적'이라는 개념은 주로 사스키아 사센(Saskia Sassen)에 의해 사용되고 있는 개념으로, 이 글에서는 여기에 재국민화라는 개념을 추가해 보고자 한다. 그녀는 이미 1980년대 이래로 "강화되는 국민 경제의 세계화와의 절합(articulation)", "국가 경쟁력"과 "시장 자유에 대한 강조" 속에 진행되고 있는 "국가의 시민권에 대한 특혜의 축소", "이에 따른 국가에 대한 충성의 약화", "중산층의 빈곤화", "청년층 실업" 그리고 "이주노동자의 노동시장 진입" 등과 같은 다양한 현상들과 함께, 기존의 시민권, 국적, 충성 등과 같은 국민국가 중심적 장치와 관념들의 "불안정화"(destabilizing)가 진행되어 왔다고 지적한다. 그녀는 이러한 전반적인 세계화의 흐름을 "포스트국민국가적" 흐름이라는 개념으로 요약하고 있으며, 특히 그 가운데서도 한 국민국가 내부에서 일어나고 있는 국민화와 역행하는 방향으로의 흐름을 "탈국민화"라 정의하고 있다(Saskia Sassen, 2006: 284~285). 한국이나 중국 역시 1990년대 이후로 이러한 신자유주의적 질서 재편의 방향으로 발전해 왔으며, 탈냉

절합(articulation)해 가고 있는지 살펴보고자 한다.

지난 30여 년 동안의 변화와 발전에도 불구하고 한국의 입장에서 봤을 때, "조선족·고려인은 과연 중국사람·CIS사람인가 아니면 한국사람인가", "이들을 포섭할 것인가 아니면 배제할 것인가", "재외동포인가 아니면 이주노동자일 뿐인가", "이들의 이주를 역이주로 봐야 할 것인가 아니면 그냥 이주로 봐야 할 것인가" 등과 같은 문제들이 여전히 해결되지 않은 채 남아 있다. 하지만 어찌 보면 이는 단지 조선족과 고려인에 관한 문제로만 국한되는 것이 아니라 역으로 한국 사회 자체의 이중성과 모순성에 대한 근본적인 문제제기로서의 의미를 지니고 있다고 볼 수 있을 것이다. 다시 말해 조선족·고려인과 관련된 문제들은 "냉전적 관념을 유지할 것인가 아니면 탈냉전적 변화에 적응해 갈 것인가", "혈통 중심적 민족주의를 고수할 것인가 아니면 미래 지향적인 개방적 민족주의를 발전시킬 것인가", "세계화(globalization)의 흐름 속에서 탈국민화의 방향으로 나아갈 것인가 아니면 재국민화의 방향으로 나아갈 것인가", "신자유주의적 재편에 순응할 것인가 아니면 저항할 것인가" 등과 같은 다양한 모순과 문제들이 한국 사회에 내재해 있다는 사실을 일깨워 주고 있다. 또한 보다 중요하게는 신자유주의 질서 재편 속에서 근대적 국민국가의 국적(nationality) 제도와 국민 만들기(nation building) 자체에 대해 근본적인 문제제기를 하고 있기도 하다. 그런 의미에서 조

전의 맥락이 겹쳐진 그곳에 바로 조선족의 역/이주가 위치해 있는 것이다. 초국적 이동 속에서 '탈국민화'와 '재국민화'는 어찌 보면 양국 혹은 다국 사이에서 상호 역방향으로 동시에 진행되는 동전의 양면과도 같은 양상을 보인다고 할 수 있다. 이 글에서는 이 두 개념을 단지 어느 한 국민국가의 관점에서 논하고자 하는 것은 아님을 밝혀 둔다. 'post-'에 대한 번역어로 국내에서는 '탈-'이라는 용어가 사용되는 경우가 많으나, 이 글에서는 'de-'의 번역어로 '탈-'을 사용하고 있기 때문에 그냥 '포스트-'라 음역하기로 한다.

선족·고려인 문제는 보다 주의 깊게 살펴볼 필요가 있을 것이다.

　이러한 문제의식들을 염두에 두면서, 우선 동아시아에서의 이주사를 식민시기로부터 신자유주의 탈냉전시기에 이르기까지 하나의 통시적 전개과정 속에서 되짚어 보고, 조선족 역/이주를 그러한 거시적 시공간 맥락 속에 정위시켜 보고자 한다. 이어서 조선족과 고려인의 입국 통계 자료를 중심으로 그동안 이들의 역/이주에 어떠한 변화가 일어났는지, 그리고 이와 관련하여 국민국가의 규제 국가장치들, 즉 국적과 비자와 같은 제도적 장치들에는 어떠한 변화가 있었고 그것이 지니는 의미와 맥락은 무엇인지 분석해 볼 것이다. 그리고 마지막으로 이러한 국가장치들이 조선족과 고려인의 정체성 형성에 어떠한 영향을 끼쳐 왔고, 또한 한국 사회에서 이들의 정체성정치의 가능성은 어디에서 찾을 수 있을지 등의 문제를 고찰해 보고자 한다.

2. 동아시아의 초국적 이주사와 조선족·고려인의 역/이주

근대 이후로 한반도를 포함한 동아시아 지역에서는 식민주의 시기와 냉전(cold-war) 시기를 거쳐 현재의 탈냉전시기에 이르기까지 다양한 배출/흡인요인의 작용 속에 수많은 이주가 진행되어 왔으며, 또한 각 국가에 의해 마련된 다양한 근대적 국가장치들이 이주에 대한 차단/여과요인으로 작용해 왔다. 하지만 그 이주와 규제의 역사적 전개 과정은 식민주의와 냉전으로 인한 지역질서의 재편 속에 상당히 복잡하게 뒤틀리고 말았다.

　19세기 후반, 조선의 봉건질서 내부로부터 나타나기 시작한 균열의 조짐과 함께 수해와 가뭄과 같은 잦은 자연재해로 인한 흉년으로 인해,

살길을 찾아 한반도를 떠나 두만강 이북의 간도와 연해주 지역으로 옮겨 가기 시작한 조선인 이주민들은 바로 조선족과 고려인이라는 디아스포라의 기원이 되었다. 이후 20세기 상반기 동안은 조선이 일제에 합병되고 동아시아 지역에 일제의 식민질서가 형성됨에 따라, 중국의 둥베이 3성(랴오닝성, 지린성, 헤이룽장성)으로 이주해 간 조선족과 러시아의 연해주 지역으로 이주해 간 고려인은 각기 다소 다른 방향으로 발전해 가기 시작하였다. 우선 조선족의 경우를 먼저 살펴보자면, '식민'(植民)이라는 말 자체에 이미 이주의 의미가 담겨 있듯이, 일본 제국의 식민지 확장과 함께 수많은 조선의 농민들이 자의 혹은 타의에 의해 대규모로 만몽(만주·몽골) 지역으로 이주해 가게 되었다. 한일병합 전후로 이미 많은 이들이 경제적 이유나 독립운동을 이유로 한반도를 떠나 만주로 이주해 갔으며, 이후로도 식민지 경제의 피폐화로 인해 온 가족, 혹은 온 마을 전체가 고향을 떠나 먹고살 방법을 찾아 제국의 변방인 만주로 떠나갔던 것이다. 그리고 제국의 주도하에 진행된 만주국 개발과 전쟁을 위해 동원되어 이주해 간 사람들 또한 적지 않았다. 이들의 상당수가 일본 제국의 법령과 1922년 일제에 의해 시행된 조선 호적령에 따라 일본 제국의 신민이라는 신분을 가지고 이주해 간 사람들이었고, 일본의 패전 이후에도 한반도로 돌아오지 않고 잔류한 조선 사람들은 중화인민공화국의 수립과 함께 중국의 소수민족 가운데 하나인 조선족으로 수렴되었다. 한편 일제에 의해 강제징용되어 사할린 지역으로 이주해 갔다가 소련의 영토가 된 1945년 이후 일본 국적을 상실하고서도 소련 국적을 얻지 못한 채 1970년까지 무국적자, 혹은 북한 국적자로 살아야 했던 5만 명에 달하는 사할린의 고려인들도 있었다. 하지만 1930년 소련이 조선·중국과의 사이에 있는 국경을 폐쇄하기 이전까지, 생존을 위하여, 혹은 독립운동을 위하여 식민지 조선을 떠나 연해주 지역으로 이주해 갔던 17만여 명의 조선사람들은 소수민족 가운데 하나인 고려인으로서 소련 국민으로 수렴되었다.

반면, 20세기 하반기 동안 동아시아 지역에서는 상대적으로 초국적 이동이 많지 않았다. 냉전질서가 유지되면서 진영 간의 이동이 불가능한 상황에 놓여 있었던 데다가, 상대적으로 자유로운 편이었던 진영 내에서의 이동 역시도 제대로 수교관계가 맺어지지 않거나 각 국민국가들의 경제적 낙후와 보호주의 정책 등으로 인해 이주가 쉽지 않았기 때문이다. 동아시아 냉전질서 재편의 발단이 된 열전(hot-war)의 중심지였던 한반도의 경우 냉전이라는 정치적·이념적 차단요인은 더욱 심각하게 작용하였다. 과거 일제시기 동안 중국과 소련 지역으로 이주해 갔다가 제2차 세계대전 종전 직후, 자의에 의해서건 아니면 불가피한 사정에 의해서건 귀환하지 못한 채 그 지역에 남게 된 수많은 이주자들은 해당 지역 국민국가의 국민으로 수렴·통합되었고, 그 이후로 냉전기간 동안 그들은 한국과의 왕래가 완전히 차단되었다. 또한 남북 분단 상황으로 국민국가의 수립이 미완인 상태로 남게 된 데다, 각 국민국가의 법 제도들에 의해 수렴, 혹은 배제됨에 따라 소위 한민족[7]의 국적 관계는 매우 복잡

---

7) 조선 말엽부터 한반도를 떠나 해외로 나가기 시작한 민족공동체의 구성원들을 가리키는 수많은 명칭이 있어 왔다. 조선인(혹은 조선사람), 조선족, 고려인(혹은 고려사람), 자이니치 코리안, 해외교포, 한민족, 한인, 재외동포 등에 이르기까지 그들이 이주해 간 지역이나 시기에 따라, 혹은 정체성에 대한 타자나 자신의 규정에 따라 각기 다른 이름으로 불려 왔다. 각자의 정치적 입장이나 문화적 정체성에 따라 자신들을 가리키는 고유한 명칭을 사용하고 있는 경우, 그들을 하나의 통일된 명칭으로 일방적으로 '호명'하는 행위가 자칫 '인식의 폭력'이라는 오류를 저지를 수도 있다는 점에서 주의를 요한다. 하지만 불가피하게 남한과 북한, 그리고 해외의 동포를 아우르는 개념을 사용해야 할 경우도 있기 때문에, 이 글에서는 일단 편의상 남한 사회에서 일반적으로 사용되는 '한민족'이라는 용어를 가지고 표현하고자 한다.

한 양상을 띨 수밖에 없게 되었다.[8]

하지만 신자유주의적 질서 재편하에 탄생한 탈냉전과 세계화는 초국적 이주와 관련된 전반적인 상황을 바꿔 놓았다. 여행과 이주노동을 목적으로 하는 이동이 급증하였고, 진영 간의 이동도 가능해졌으며, 또한 이를 가능케 하는 제도적 변화도 이루어졌다. 그 구체적인 성격이나 상황은 다소 다르긴 하지만, 제국-식민 질서하에서의 이주 이상으로 더 많은 이동이 일어나고 있으며, 더욱 넓게 글로벌한 차원에서 진행되고 있다. 물리적으로 이주에 걸리는 시간도 짧아졌을 뿐만 아니라, 비용 역시 훨씬 줄어들어, 전 세계 어느 곳으로나 이주가 가능해졌다. 최근에는 관광에서부터 이주노동에 이르기까지 이동 자체가 하나의 일상처럼 되어 버렸으며, 대부분의 국가들 사이의 경계가 거의 무의미해질 정도로 경계 너머로의 이동이 자유로워졌다. 특히 소위 '공산진영' 국가들의 해체와 개방 이후로, 그동안 40여 년간의 냉전질서로 가로막혀 있던 이들 국가와도 자유롭게 왕래하거나 이주할 수 있게 되었다. 이는 탈냉전과 세계화가 가져다준 근본적인 변화라 하겠다.

한국 역시 이러한 신자유주의적 변화에서 예외는 아니었다. 특히 과거와 달라진 것은 이주의 측면에서 봤을 때, 이출국에서 이입국으로 바뀌었다는 점이다. 1980년대를 거치면서 경제적 약소국의 처지로부터 벗

---

8) 한국의 경우 1948년 대한민국 정부 수립과 함께 같은 해에 국적법을 만들었는데, 이는 혈통주의와 단일국적을 지향한 것이었다. 그리고 북한의 경우는 1963년 국적법을 "일제 식민통치 이전 조선의 국적을 소유하였던 조선인과 그의 자녀로써 본법 공포일까지 그 국적을 포기하지 않은 자"를 북한공민에 포함시켰다(정근식, 2004). 이 밖에 중국의 경우 국적법은 비록 1980년에 와서야 만들어지기는 하였지만, 1949년 중화인민공화국 수립의 선포와 1954년 9월 반포된 사회주의 헌법에 근거하여 영토 내에서 살아가고 있는 조선족을 포함한 소수민족들을 중국 국민으로 수렴하였다.

어나 거의 선진국의 문턱에까지 이를 정도로 경제적으로 급성장한 점이 동남아와 중국과 같은 지역의 저임금 노동자들에게 하나의 흡인요인으로 작용하였을 뿐만 아니라, 소위 국내에서도 저임금 노동력의 부족이나 농촌총각 문제와 같은 다양한 문제들로 인해 이들 지역의 이주자들을 필요로 하게 되었다는 점 또한 흡인요인으로 작용하고 있기 때문이다. 이는 이주와 관련된 전반적인 법·제도상의 변화를 가져왔는데, 기본적으로 외국인 노동력의 적극적인 수용을 그 기본방향으로 하는 정책과 관련되어 있다. 한국 정부는 1993년 산업연수제나 1998년 연수취업제, 그리고 2003년의 고용허가제와 같이 노동 송출국으로부터 입국한 노동자들의 취업과 체류를 위한 제도적 장치들을 마련하고, 노동부와 법무부가 함께 이들을 관리할 수 있는 체계를 마련하는 방향으로 전반적인 국가장치의 정비를 진행해 왔다.

이러한 전반적인 변화와 함께 그동안 적성국으로 분류되어 교류가 단절되다시피 해왔던 공산권 국가들에 살고 있던 고려인과 조선족들도 한국을 찾아올 수 있는 길이 열리게 되었다. 우선 연해주 지역 고려인의 경우, 소련의 페레스트로이카(개혁)와 글라스노스트(개방)와 같은 상황의 변화 속에서 1980년대 말부터 소수의 고려인들이 한국을 방문하기 시작하였다. 스탈린 정권에 의해 1937년 중앙아시아 지역으로 강제이주되면서 한국과의 공간적 거리가 멀어진 데다 소수민족에 대한 차별과 동화정책을 펼쳐 온 소련 사회에서 반세기가 넘는 세월을 지내 오면서 상당 부분 언어문화적으로나 정서적으로 멀어져, 조선족과는 다른 조건 하에 있었기 때문에 조선족에 비해 상대적으로 규모가 작기는 하였지만 1990년 한소수교를 맺은 이후로 고려인들이 본격적으로 한국을 찾아오기 시작하였다.

한편 중국 둥베이 지역, 특히 옌벤(延邊) 지역에 집거하며 살아왔던 조선족은 중국의 개혁개방과 1992년의 한중수교 등을 통해 한국으로 이주해 오기 시작하였다. 1949년 중화인민공화국의 성립과 함께 중국 공민으로 수렴되었던 조선족은 그동안 비교적 소수민족 친화적인 공산당의 정책하에 1952년 옌벤조선족자치주에서 독자적인 언어와 문화를 유지한 채 중국 사회의 인정을 받으며 살아왔다. 이들은 재외동포 727만 명 가운데 192만 명으로 가장 큰 비중을 차지하고 있어, 재외동포정책에 있어서 무시할 수 없는 커다란 비중을 차지하고 있을 뿐만 아니라, 중국과 북한 사이의 접경지역에 거주하고 있어 북한과의 매개자로서의 역할을 할 수 있다는 점에서, 그리고 사회주의 국가의 제도적 장벽을 넘어 중국에 진출하기 위한 중요한 파트너로서의 역할을 하고 있다는 점에서, 남한 사회에 있어 매우 중요한 의미를 지니는 존재라 할 수 있다. 더불어 조선족 이주가 본격화된 지 20여 년 만에 재중조선족의 1/4에 해당하는 조선족들이 한국으로 이주해 왔으며, 또한 이들의 숫자는 남한 인구의 1%에 이를 정도로 상당한 비중을 차지하고 있기도 하다.

　　국가의 동원이나 기획에 의한 것도 아니었고, 오히려 이입국인 한국 정부가 지속적으로 입국을 규제하기 위해 펼쳐 왔던 각종 제도와 정책들이 이주의 차단요인 및 여과요인으로 작용해 왔음에도 불구하고, 역/이주 조선족과 고려인의 수는 이처럼 급속히 증가하여, 이들은 현재 한국 사회의 중요한 구성원 가운데 하나로 자리 잡아 가고 있다. 그럼에도 불구하고 이들의 이주 및 체류에 대한 각종 법·제도상의 처우는 여전히 외국인 노동자에 준하는 수준에 머물러 있을 뿐만 아니라, 불과 4년 전까지만 해도 재한조선족 가운데 절반 가까운 사람들이 불법체류자의 신분으로 법망을 피해 숨어 다니며 국민국가의 음지에 갇혀 있어야 했을 정

〈표 2-1〉 조선족 관련 인구 분포 및 비율

	한민족 (북한/재외동포 포함)	남한	재외동포	조선족	재한 조선족	서울 지역 조선족	영등포· 구로 지역 조선족
인구 수(명)	8,183만	5,051만	727만	192만	49만	17만	6만
한민족인구 대비	100.00 %	61.73 %	8.88 %	2.35 %	0.60 %	0.21 %	0.08 %
남한인구 대비		100.00 %	14.39 %	3.80 %	0.97 %	0.34 %	0.12 %
재외동포 대비			100.00 %	26.41 %	6.74 %	2.34 %	0.85 %
조선족 대비				100.00 %	25.52 %	8.85 %	3.23 %
재한조선족 대비					100.00 %	34.69 %	12.65 %
서울지역 조선족 대비						100.00 %	36.47 %

출처: 2010~2011년 외교통상부, 법무부, 위키피디아의 관련 통계 자료 등을 참조하여 재구성

도로 열악한 처지에 놓여 있다. 또한 1980년대부터 시작된 조선족과 고려인들의 이동은 친척방문으로부터 중국 약재장사로, 그리고 다시 불법취업과 불법체류, 그리고 위장결혼 등으로 이어지면서 이들의 역/이주가 한국의 사회적 문제로 점차 부각되기 시작하였다. 언어문화적 동질성을 지닌 한민족이지만, 중국 국적을 지닌 외국인이라는 점에서 이중적내지는 경계적 존재일 수밖에 없는 조선족의 이주로 인해 한국은 새로운 딜레마에 직면하게 된 것이다.

이처럼 한국 사회에 있어 조선족과 고려인이 지니는 의미는 양가적인 것이라 할 수 있을 텐데, 그동안 한국 정부가 이들에 대한 포섭과 배제 사이를 오가며 취해 왔던 이중적인 태도는 바로 여기에서 기인하는 것이라 하겠다. 그렇다면 지난 30년간 조선족·고려인의 한국으로의 이

주와 그에 대한 한국 정부의 규제 국가장치가 과연 어떻게 변화해 왔는지 좀더 자세히 살펴보도록 하겠다.

3. 조선족·고려인의 초국적 이주와 규제장치의 변천

1) 냉전으로부터 탈냉전으로

1971년 중국의 유엔 가입을 비롯하여 1972년 미국 닉슨 대통령의 중국 방문과 중일수교, 1976년 문화대혁명 종결, 1978년 중미수교와 중국의 개혁개방정책 공표에 이르기까지 1970년대부터 중국과 자유진영 국가들 사이의 관계가 서서히 개선되고 있었고, 고르바초프에 의해 1985년 페레스트로이카 정책이 펼쳐지면서 소련의 대외관계 역시 해빙무드로 접어들고 있었다.

이처럼 1980년대에 본격화되기 시작한 탈냉전의 흐름에도 불구하고 1986년 아시안게임 이전까지 한국은 중국이나 소련과의 관계 개선이나 교류가 거의 전무하다시피 하였다. 비록 1983년 중국 민항기가 납치되어 한국의 김포공항에 착륙한 사건은 사실상 한국과 중국 사이의 첫 공식적인 접촉의 기회를 만들어 주기는 하였지만, 당시만 해도 중국 둥베이 지역에 살고 있는 조선족들과의 교류나 이주는 꿈도 꾸지 못하고 있던 상황이었다. 이 같은 당시의 외교적 단절 상태는 오히려 민간에서의 이산가족찾기 열풍과 '그리움'의 정서를 더욱 크게 만들고 있었다. 중국 민항기 납치사건과 같은 해인 1983년 KBS에 의해 진행되었던 '이산가족찾기'를 통해 헤어진 가족과 친지, 그리고 잃어버린 고향에 대한 '망향'과 '그리움'의 망탈리테(mentalité)가 민간에서 분출되기 시작하였고, 또한 이러한 민간의 움직임이 해외, 특히 사회주의권 국가의 가족과 친척들에게까지 확산되기 시작하면서 조선족·고려인과의 교류의 물꼬가 트이기 시작하였다. 1986년 KBS라디오 사회교육방송에서 시작된 조선족 대상 이산가족찾기 프로그램 역시 그러한 사례 가운데 하나였는데, 조선족도 들을 수 있었던 이 방송을 통해 많은 사람들이 친척 생존여부를 확인할 수 있었고, 또한 이를 통해 친척의 초청을 받아 한국을 방문하는 이들이 늘어가기 시작하였다. 또한 1986년 아시안게임이나 1988년 올림픽 때 중국 대표로 참가하여 국내 언론의 조명을 받았던 조선족 선수의 경우에서 볼 수 있듯이 당시 점차 진행되기 시작하던 몇몇 민간교류들은 당시 조선족에 대한 한국 사회의 관심이 더욱 커지는 계기가 되었다. 뿐만 아니라, 이를 통해 조선족과 고려인들이 자본주의 한국 사회의 경제발전상에 대해 새롭게 인식하게 되는 계기가 되기도 하였다. 덧붙여 당시 민간의 통일운동 열기에 대응하여 정부의 북방정책의 일환으로 시행되었던 '한민족체전'과 같은 행사를 통해서도 조선족과 고려인이 공식적으로 초청받아 한국 방문의 기회를 갖기도 하였다.

그리고 중국과 한국, 소련(독립국가연합)과 한국 사이를 오가는 교통편이 늘어난 것 또한 더 많은 조선족들이 남한을 찾아올 수 있는 물리적 조건을 형성하기도 하였다. 1990년 산둥성 웨이하이(威海)와 인천 사이를 오가는 위동항운이 취항함에 따라 선박 편을 이용하여 조선족들이 한국을 오고갈 수 있는 길이 열렸고, 같은 해에 사할린과 모스크바로 갈 수 있는 직항편이 운항되기 시작하면서 고려인들 역시 한국을 찾아올 수 있는 공식적인 교통편이 생겨났다.

하지만 무엇보다도 1990년을 전후로 해서 조선족 입국자 수가 급증하도록 만든 결정적인 배출/흡인요인은 경제적 격차, 즉 한국과 중국 사이의 임금 격차였다. 1991년 당시, 구매력평가지수(PPP)를 기준으로 한

〈그림 2-1〉 한국, 중국, CIS 구매력평가지수 기준 1인당 국민총소득 추이

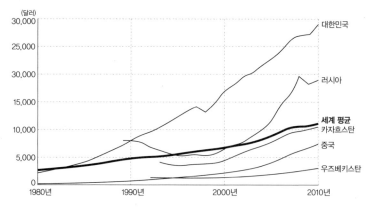

출처: 세계은행 세계개발지표(2011년 11월 2일 기준)

국의 1인당 국민총소득(GNI)은 8,960달러로 890달러였던 중국에 비해 10배 넘게 차이가 나고 있었고, 구매력평가지수를 적용하지 않은 1인당 국민총소득의 경우는 20배가 넘게 차이가 나고 있었다. 더욱이 개혁개방 이전까지만 해도 중국 전체 평균보다 상대적으로 높은 편이었던 옌볜 지역의 경제 수준은 개혁개방 이후로 딱히 경제적 성장요인을 찾지 못하였던 탓에 중국 평균 이하로 내려가 있었다. 그 점을 감안한다면 조선족들이 느끼는 한국과의 경제력 차이는 그보다도 더욱 컸을 것이다. 이런 상황에서 한국에서 장사를 하거나 취업을 하여 큰돈을 벌어 왔다는 소문이 퍼지기 시작하면서, 수많은 조선족들이 한국행에 나서게 되었던 것이다.

한편 고려인들의 경우 비록 조선족들에 비해 상대적으로 역/이주의 규모가 작은 편이기는 하지만, 이들 역시 한국과의 경제적 격차가 이들의 배출/흡인의 중요한 요인으로 작용하였다. 고려인들이 가장 많이 분

포해 있는 CIS국가인 러시아(22만 명), 우즈베키스탄(17만 명), 카자흐스탄(10만 명)의 경우를 살펴보면, 1990년대 초반에 국민총소득이 적게는 2배에서 크게는 10배 정도의 차이를 보이고 있었기 때문에 돈을 벌기 위해 한국으로 이주해 오는 고려인들이 늘어나기 시작하였다. 하지만 러시아와 카자흐스탄의 경우 상대적으로 한국과의 격차가 그리 크지 않은 데다가, 23세 이하의 고려인들은 언어문화적으로 러시아화된 경우가 많아 돈을 벌기 위해 한국보다는 CIS국가, 특히 러시아로 이주해 가는 경우가 많았던 탓에 조선족에 비해 한국으로 일하러 오거나 장기체류하는 경우가 그리 많지는 않았다. 다만 1인당 국민총소득이 중국보다도 낮은 편인 우즈베키스탄의 고려인의 경우가 한국으로 역/이주하는 경우가 비교적 많은 편이었다.

이 같은 민간의 변화들이 전 세계적 차원의 냉전 해빙무드와 결합되면서, 입국관리제도에도 중대한 변화가 일어나기 시작하였으며, 이는 조선족과 고려인의 한국 이동/이주를 급증시키는 중요한 요인으로 작용하였다. 1990년 이전까지의 이들과 관련된 입국관리제도는 소위 '북방 사회주의 국가 국민'의 입국에 대한 개방 및 입국절차 간소화의 방향으로 발전해 나갔다.

1988년 통일운동을 비롯한 다양한 민간의 움직임과 서울올림픽의 개최, 그리고 미·소 간의 신(新)데탕트와 같은 요소들이 복합적으로 작용하면서, 노태우 정권은 북한을 비롯하여 중국, 소련과 같은 사회주의권 국가들과의 경제교류와 수교를 포함하는 전반적인 대(對)북방 개방 정책을 표명하는 이른바 '7·7선언'(민족자존과 번영을 위한 대통령특별선언)을 내놓게 되었다. 이는 그 이전까지 사회주의권 국가들과 한국 사이의 초국적 이동을 가로막아 왔던 냉전 이데올로기와 외교상의 차단요인이 국적과 비자를 통한 여과요인으로 대체되는 계기가 되었다. 이를 통해 고려인과 조선족들의 한국으로의 역/이주가 비로소 본격화하기 시작하였다.

우선 조선족의 경우 1988년 이전까지 한국을 방문하기 위해서는 국내거주 4촌 이내의 혈족이 대한적십자사에 초청을 신청하면 정부의 관계부처 협의를 거친 뒤 홍콩 총영사에 이를 송부하고, 조선족 피초청자는 730달러를 예치한 뒤 초청장을 가지고 홍콩으로 가서 수속을 밟아 여행증명서를 발급받아야만 하였다.[9] 그러나 '공산권 거주동포의 모국방문 자유화'의 내용을 담고 있는 '7·7선언'의 발표 이후로, 외무부는 그 후속조치로서 '중국 거주 한국교포', 즉 조선족의 초청과 입국절차를 간소화하였다. 초청자의 혈족 4촌 이내 규정을 철폐하고, 그동안 사용해 오던 여행증명서를 별지비자인 입국허가서로 변경하고, 초청자 예치금 제도를 폐지하고, 대한적십자사를 경유하던 초청절차를 친지의 직접초청 형식으로 변경하는 것 등을 그 내용으로 하고 있었다. 이 같은 조치의 배경에는 비록 "속인주의에 의해 자국민에게 발급해 주는 여행증명서를 방문교포에게 발급해 줌으로 해서 영주귀국 러시가 초래될 것을 우려하여 입국허가서로 발행한 것"[10]이라는 한국 정부의 의도가 담겨 있었다. 이를 통해서도 확인할 수 있듯이, '7·7선언' 이전까지만 해도, 냉전 이후로 조선족의 입국 상황에 처음으로 직면하게 되면서 미수교국이자 적성국인 중국의 국민과 그들의 여권을 처리할 제도적 근거나 사례를 찾기 힘들었던 한국 정부는 조선족들을 일단 동일민족으로서 내국인과 동등한

---

9) 「중국교포 모국방문 개방」, 『경향신문』 1988년 10월 6일자 참조.
10) 「재중국교포 초청 간소화」, 『동아일보』 1988년 10월 6일자 참조.

신분으로 대우하였던 셈이다. 하지만 '7·7선언' 이후로 한국 정부는 점차 조선족들을 법적 신분상 미수교국 중국에서 온 외국인으로 간주하기 시작하였으며, 법무부가 외국인의 입국을 위해 마련한 입국허가서 제도를 통해 입국하도록 바꾸었던 것이다. 그런 의미에서 보자면, 지금까지도 이어져 오고 있는 조선족에 대한 외국인으로서 신분 규정과 배타적 입국관리정책은 사실상 이 무렵부터 시작된 것이라 할 수 있겠다. 그 이듬해인 1989년 2월부터는 입국허가서 대신 중국여권에 비자를 발급받아 입국하도록 절차를 더욱 간소화하게 되면서 입국절차상으로 완전히 외국인으로서 취급받게 되었지만,[11] 결과적으로 이는 조선족의 한국 입국 환경에 획기적인 변화를 가져와 조선족 입국자 수가 급증하도록 만들었다. 이러한 전반적인 변화 속에 조선족 입국자 수는 1987년 364명에 불과했던 것이 1991년에는 3만 6,147명으로 5년 만에 100배나 증가하였다.[12] 1991년 한국에 입국한 외국인 입국자 가운데 조선족은 1.45%로, 국적별로 봤을 때 이미 6위에 해당할 정도로 높은 비중을 차지하고 있다.

고려인들 역시 기본적으로 '7·7선언'의 '공산권 거주동포의 모국방문 자유화' 정책의 대상이었다는 점에서는 조선족과 크게 다르지 않았다. 그리고 중국보다 앞서 1990년에 한소수교를 맺었던 점만 놓고 보자면, 입국절차상 수교국 국민이라는 이점 또한 있었다. 하지만 한국의 비자를 받아 입국하는 CIS고려인의 수는 조선족보다는 훨씬 적은 편이었는데, 1990년대 초반의 경우 한 해 평균 2,000~3,000명 정도 수준으로

---

11) 「미수교 국가 국민 30일 미만 체류 때 입국허가 재외공관장에 위임 법무부 절차 간소화」, 『한겨레』 1989년 2월 2일자.
12) 「외국인 범죄 급증 불법체류 6만 명 추산」, 『한겨레』 1992년 5월 21일자.

조선족 입국자의 1/10이 채 못 되었다. 이는 수교 이듬해인 1991년 12월 소련이 붕괴하고 연방국들이 독립하여 독립국가연합을 구성하게 되는 등 구소련 지역에서의 정치적·사회적 혼란이 거듭되었고, 또한 앞서 언급하였듯이 중국에 비해 경제적 격차가 상대적으로 적은 편이었던 데다, 상당 부분 이미 언어문화적으로 러시아화되어 고려인들이 한국으로 이주해 올 만한 흡인/배출요인이 조선족에 상대적으로 약한 편이었기 때문이라 여겨진다. 거기에 덧붙여 중국에 비해 먼 거리와 비싸고 제한적인 교통편 등도 한 요인으로 작용하였을 것이다.

하지만 냉전기간 동안 전혀 없었던 코리안 디아스포라의 역/이주, 특히 조선족 입국자 수의 갑작스러운 증가는 당시 한국 사회에 있어 하나의 사회문제로 부각되기 시작하였다. 이들 가운데 돈을 벌기 위해 중국 약재를 밀수입하거나 불법취업을 하는 경우가 많아졌기 때문인데, 특히 조선족 가운데 체류기한을 넘겨 국내에 체류하는 사람들이 늘어나면서 조선족 불법체류 문제가 이슈화되고 있었다. 1992년 5월 전체 불법체류자 6만 5,200여 명 가운데 조선족이 2만 6,700여 명으로 가장 큰 비중을 차지하고 있었다.[13] 때문에 한국 정부는 이들의 입국을 통제하고 체류를 관리하기 위한 몇몇 제도상의 변화를 시도하게 되는데, 이는 곧 기존의 개방 및 간소화의 방향에서 입국 제한과 통제 강화의 방향으로의 전환을 의미하였다.

우선 1990년 12월 외무부는 한약재 면세통관허용량을 초과하여 반입하거나 불법체류를 하지 않을 것을 초청자가 보장하는 각서를 제출

---

13) 「외국인 불법체류 급증 한달에 5~6천 명씩 늘어」, 『매일경제』 1992년 5월 21일자.

하도록 하여 조선족 초청 허가 심사를 더욱 강화하였다.[14] 그리고 1992
년 6월에는 지금까지 초청목적에 따라 초청자가 문화상공부, 재무부, 교
통부, 교육부, 공보처 등 각 소관부처에 신청해 오던 '북방사회주의국가
국민 초청허가서'를 일원화하여, 중국을 비롯한 '북방사회주의국가국민
사증발급인정서'에 관한 초청업무를 법무부가 관할하도록 하고, 또한 법
무부 산하 출입국관리소가 이들의 국내에서의 활동을 일괄적으로 관리
하도록 하였다. 그동안 특정 국가 국민 입국자들의 국내 체류기간 중의
활동을 제대로 파악하지 못했던 문제를 해결하기 위해 입국자 주소지의
관할 출입국관리소가 이들이 불법취업과 같이 체류자격 이외의 활동을
하는지의 동향을 파악토록 의무화시켰다. 이 같은 조치는 당시 "불법체
류 중인 조선족이 2만 6,000여 명으로 늘어난 데다 중국과 CIS중앙아시
아에 거주하는 모국입국 대기자가 100만 명에 달하는 것으로 파악돼 불
법체류가 심각한 사회문제로 대두될 우려에 따른 것"이었다.[15]

　　이처럼 한국 정부의 조선족과 고려인의 입국에 대한 대응정책이 한
민족으로서의 동포에 대한 포용적 제스처로부터 외국 국적자에 대한 통
제의 입장으로 급선회하게 된 배경에는, 예상치 못했던 조선족 입국자
수 및 불법체류자의 급증과 중국 약재 밀수입 및 불법취업과 같은 사회
적 문제도 있었지만, 냉전시기 동안 지속되어 왔던 '그리움'의 망탈리테
로 대변되는 혈통주의적 민족주의가 자본주의적 '욕망'의 망탈리테로
대변되는 새로운 탈냉전적 신자유주의와 충돌·갈등하며 문제를 일으키
기 시작하던 모순적인 상황 변화가 놓여 있었다. 이 같은 재국민화와 탈

---

14) 「중국교포 초청 허가심사 강화」, 『경향신문』 1990년 12월 11일자.
15) 「국내 체류 관리 강화」, 『매일경제』 1992년 5월 27일자.

국민화라는 두 개의 상반된 모순적인 경향은 이후 한국에서의 조선족·고려인 이주와 관련된 문제의 가장 핵심적인 배경이 된다.

2) 신자유주의적 규제 국가장치의 도입과 형성

한중수교 이듬해인 1993년에는 또다시 이주노동자 및 조선족과 고려인의 입국 체류를 규제하기 위한 제도장치상의 몇몇 변화가 나타났는데, 가장 핵심적인 내용은 현재에 이르기까지 이들의 이주를 규제하고 관리하는 가장 중요한 제도적 장치로 활용되고 있는 외국인 입국관리제도로서의 비자제도의 재정비였다. 이는 이른바 '세계화'를 모토로 내걸며 신자유주의적 질서 재편에 적극적으로 나서기 시작한 김영삼 정권이 들어서면서 본격화되었던, 저임금 노동력의 수입을 위한 전반적인 제도 정비의 연장선 위에 있었다. 비자를 발급받아 입국하게 된 1989년 이래로 대부분의 조선족과 고려인들은 단기비자(C비자)를 발급받아 입국하였다. 주로 여행이나 친척방문을 목적으로 단기간만 체류할 수 있되 취업은 불가능한 단기비자, 특히 그 가운데서도 단기상용비자(C-2), 단기종합비자(C-3)는 조선족과 고려인의 입국비자 가운데 가장 큰 비중을 차지하였다.

우선 고려인의 경우를 살펴보면, 〈그림 2-2〉에서도 확인할 수 있다시피, 입국자 수 자체가 그리 커다란 변화를 보이지 않은 채 해마다 평균 2,000~3,000명 수준으로 유지되고 있고, 또한 거의 대부분의 입국자가 방문취업제가 도입된 2007년 이전까지 단기비자를 가지고 한국에 입국한 것을 알 수 있다. 전체적인 입국자 수가 인구 대비로 봤을 때 조선족에 비해 1/3 정도 수준으로 적었던 점이나, 단기비자 이외에 다른 비자를 통해 입국한 경우가 거의 없었던 점 등은 조선족과 다소 다른 양상을 보

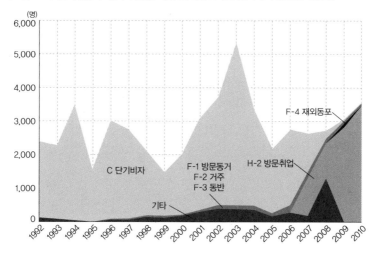

이고 있는데, 이는 앞서 언급한 상대적 임금 격차나 언어문화적 차이 면에 있어서 고려인이 조선족과는 다른 상황에 놓여 있었고, 또한 이 때문에 불법취업이나 불법체류가 그리 쉽지 않았기 때문이라 여겨진다.

한편 조선족의 경우, 전체 입국자 수 대비 단기비자 입국자 수를 살펴보면, 1991년에는 99.8%나 되었고, 1993년에는 66.7% 정도로 내려가지만, 이후로 김대중 정권 말기인 2002년까지 60% 내외의 수준을 유지하였다. 이들 가운데는 단순한 방문 목적인 경우도 있었지만, 상당수가 국내 노동시장 보호를 위해 외국인의 국내 취업을 상당 부분 제한하

---

16) 법무부 통계 자료에 따르면 분류항목이 1992~1996년까지는 한국계 CIS국적자로 되어 있던 것이 1997년 이후로는 한국계 러시아 국적자로 바뀌었다. 이러한 변화의 이유가 무엇인지 명확하지는 않지만, 현재 공개된 통계 자료로는 러시아를 제외한 다른 CIS국가로부터 온 고려인 입국자 수의 파악이 힘든 관계로 편의상 일단 이를 동일 계열로 놓고 그림을 그려 보았다.

고 있던 한국의 보호주의 정책으로 인해 외국인이 취업용 비자를 받는 것이 쉽지 않았기에, 취업을 목적으로 하던 사람들도 일단은 입국을 위해 단기비자라도 발급받으려 했기 때문이었다. 하지만 이는 오히려 조선족의 불법취업과 불법체류를 양산해 낸 구조적인 요인으로 작용하였다. 다음의 〈그림 2-3〉에서 확인할 수 있듯이, 1991년도에 3만 6,147명이나 되던 조선족 입국자 수는 1993년도에 1만 2,227명으로 급감한 이후로 1998년까지 그리 커다란 변동 없이 1~2만 명 수준에서 유지되고 있었다. 당시 정부는 조선족에 대한 입국자 수, 특히 단기비자 입국자 수를 일정한 수준으로 제한하였지만, 이는 앞서 언급하였듯이 당시 100만에 가까운 조선족 한국 입국 희망자 수에 비하면 턱없이 부족한 상황이었다. 이처럼 극심한 경쟁률로 인해 엄청난 비용을 치르더라도 한국 비자를 발급받으려는 사람들이 많았고, 이를 노린 입국 브로커들이나 사기 또한 횡행하였다.[17] 때문에 막대한 비용을 들여 간신히 입국한 조선족들의 입장에서는 단속의 위험을 감수하고서라도 돈을 더 벌어 가기 위해 불법취업과 불법체류의 길로 들어설 수밖에 없었다.

---

17) 한중수교 무렵인 1992년에는 '북방사회주의국가국민 초청허가서'를 불법위조하여 판매하다 적발된 사례가 있으며, 그 밖에도 위조여권, 위장결혼, 위장유학, 위장공무, 위장친척 방문, 밀항, 신분증 위조, 초청장 매매 등과 관련하여 갖가지 형태의 브로커들이 나타났고, 1990년대 중반이 되자 이들 브로커에게 지불해야 하는 비용은 8~10만 위안까지 올라갔으며, 이를 지불하기 위한 사채 이자율도 월리 5%나 되었다고 한다(권태환, 2005: 153). 1996년 옌벤 지역의 1인당 국민총생산(GDP)이 587달러(약 4,900위안 정도)였던 것을 감안한다면, 입국을 위해 옌벤에서의 1년 벌이의 거의 20배 가까운 비용을 들여야만 했던 셈이다. 당시 한국의 구매력평가지수 기준 1인당 국내총소득(GNI)이 1만 2,518달러였으니, 조선족의 입국 초기비용은 한국인 1년 평균수입에 거의 상응하는 수준이었으며, 이들이 한국에서 저임금 노동을 하였다는 점을 고려한다면 최소한 2~3년 동안을 거의 쓰지 않고 벌어야 초기비용을 상환할 수 있었던 셈인데, 이는 당시 조선족들의 경험담에 공통적으로 나오는 이야기이기도 하다.

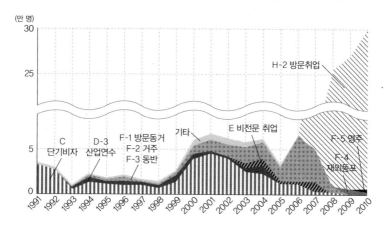

〈그림 2-3〉 입국체류자격(비자종류) 기준 연도별 조선족 입국자 수(1991~2010)

    그리고 단기비자에 이어 다음으로 많은 비중을 차지하였던 조선족 입국비자 종류는 바로 산업연수비자(D-3)와 동거·동반비자(F-1, F-2, F-3)였다. 산업연수비자는 1993년부터 외국인 이주노동자를 대상으로 하는 산업연수제가 도입됨에 따라 새로 생겨난 비자로, 고려인 가운데 산업연수비자를 발급받아 입국한 경우는 3~4명 수준에 불과하였던 반면, 조선족 가운데 적지 않은 사람들이 산업연수비자를 받고 입국하기 시작하였다. 첫해인 1993년 2,276명에서 이듬해인 1994년 6,561명으로 급증하였다가 1995년부터 1998년까지는 3,000여 명 정도 수준으로 줄어들었다. 당시 김영삼 정권은 전 세계 차원의 신자유주의적 질서 재편 과정 속에서 한국의 '국가 경쟁력' 강화를 위해 저임금 구조를 유지하고자, 국내 3D업종 분야의 노동력을 동남아시아나 중국과 같은 지역에서 수입함으로써 해결하고자 하였다. 명목은 교육을 위한 산업연수였지만, 실상은 3년 동안의 연수생 신분을 이용하여 저임금과 열악한 노동조건을 강제하기 위한 구실로 사용되었다. 이는 조선족들이 합법적으로 취업할 수 있는 거의 유일한 체류자격이었다. 하지만 입국 과정에서 브로커들에게 들어가는 초기비용을 충당하기에도 턱없이 부족한 낮은 임금과 열악한 노동조건 등으로 인해, 일단 산업연수비자로 들어온 조선족들은 대부분 지정된 연수업체를 이탈하여 좀더 나은 조건의 직장, 특히 당시 신도시 건설 등으로 인해 수요가 많았던 건설업체로 불법취업하는 경우가 많았다. 또한 국내거주자의 가족이나 친척에게 허용되는 동거·동반비자가 도입되면서 이를 통해 입국하는 사람들도 생겨나기 시작하였다. 이들은 대부분 한국에 있는 가족이나 친지의 초청을 받아서 들어오는 경우로, 특히 방문동거비자(F-1)의 비중이 컸고 또한 남성에 비하여 여성의 비중이 월등히 컸는데, 이들 가운데서도 역시 입국 이후 불법으로 취업하거나 장사를 하거나 하는 경우가 적지 않았다.

1993년부터 1998년 사이에 조선족 입국자 가운데 94%에 가까운 이들이 위에서 언급한 단기비자, 산업연수비자, 동거·동반비자 등을 통해서 입국하였는데, 이들의 상당수가 비자의 체류자격이 정하는 제한 범위를 벗어나 불법취업을 하거나 체류기간을 넘김으로써 불법체류자가 되었다. 이처럼 돈을 벌기 위해 불법체류자가 되는 것을 감수하였던 것은 다만 조선족만이 아니었다. 조선족과는 달리 주로 사증면제(B-1)를 통해 입국한 방글라데시·파키스탄인이나 무사증(B-2)을 통해 입국한 필리핀·네팔 등과 같은 동/남아시아 지역의 입국자들 역시 불법취업을 하거나 불법체류자가 되는 경우가 적지 않았다. 이는 앞서 언급하였듯이 기본적으로 1980년대 이후로 국내 임금상승으로 인해 형성된 출신국과의 임금 격차가 근본적인 배출/흡인요인으로 작용한 데다, 탈냉전의 흐름 속에서 취하였던 적극적인 북방정책과 '세계화'를 위해 도입한 다양한 개방정책들로 인해 외국인의 입국에 대한 규제가 완화되었기 때문이었다. 그리고 이런 '불법'이라는 불리한 신분 조건을 이용하여 더욱 저렴한 임금을 강요할 수 있게 된 고용주의 수요 역시 불법취업과 불법체류 급증의 중요한 원인이었다.

조선족 역시 이러한 외국인 이주노동자 유입 증가라는 전반적인 흐름의 연장선 위에 있기는 하지만 이들과는 다른 특수성 또한 존재한다. 우선 당시 중국과의 수교 이후로도 중국인들의 대거 유입을 우려하여 사증발급신청과 허가를 거쳐야만 하는 복잡한 입국절차를 통해 입국을 철저히 제한하고 있었기 때문에, 중국 국적을 지닌 조선족들은 사증면제나 무사증입국이 가능했던 동/남아시아 지역의 노동자보다도 입국하기가 더욱 어려웠다. 친척 초청과 같은 조건에 있어서 다른 중국인보다는 상대적으로 유리한 편이긴 하였지만, 철저한 입국비자 발급자 수의 제한으로 인해 조선족 입국자 수는 2만 명 내외로 제한되고 있었던 것이다. 이처럼 입국에 있어서는 조선족들이 다른 외국인 이주노동자들보다 불리한 위치에 있었지만, 체류와 취업에 있어서는 오히려 유리한 위치에 있었다. 동/남아시아 지역의 외국인 이주노동자들과는 달리 한국인과 외모가 같고 언어와 문화가 거의 같기 때문에, 상대적으로 동/남아시아의 노동자들보다 나은 조건의 노동을 할 수 있었고, 또한 단속을 피하는 데 상대적으로 유리하였다. 이처럼 입국하기는 힘들지만 일단 입국하고 나면 불법으로라도 오래 체류하는 데는 상대적으로 유리하다는 조건으로 인해 조선족들이 불법취업과 불법체류의 길로 들어서는 비율은 월등히 높을 수밖에 없었다. 1994년 당시 5만 2,000여 명의 외국인 불법체류자 가운데 40%가 넘는 2만 2,000여 명이 조선족이라는 추산에서도[18]

---

18) 「中교포 밀항 "한국가면 큰돈 번다" 집단入國」, 『동아일보』 1994년 7월 24일자 5면.

확인할 수 있듯이, 조선족들 가운데 불법체류자 비율이 그처럼 높을 수밖에 없었던 것은 사실 입국 규제장치의 구조적 문제점과 밀접히 결부되어 있었던 것이다. 입국 규제장치가 지니고 있던 국내 노동시장의 보호라는 원래의 목적에도 불구하고, 조선족들은 이 무렵부터 단기비자라는 우회를 통해 대규모로 입국하여 불법취업·불법체류의 방식으로 국내 노동시장의 최하층 저임금 노동시장으로 진입하기 시작하였으며, 이는 조선족과 관련하여 수많은 인권문제와 사회문제를 야기하는 출발점이 되었다. 이 과정에서 조선족은 탈냉전 초기의 '동포' 이미지로부터 점차 '불법체류자', '저임금 이주노동자'로 전환해 가기 시작하였다.

3) 신자유주의적 재편의 전면화와 조선족 인정투쟁

이러한 상황은 김영삼 정권 내내 유지되다가 1998년 IMF 구제금융 사태의 발발과 뒤이은 김대중 정권의 탄생으로 다시 한번 변화의 계기를 맞게 된다. IMF 구제금융을 받아들이면서 시행되었던 전반적인 구조조정 과정은 본격적인 세계화, 즉 신자유주의 질서로의 재편을 의미한 것이었다. 그러한 변화 가운데 자본시장의 전면적인 개방과 노동시장 개방 확대는 외국인의 입국·체류 및 다양한 활동에 대한 제한과 규제를 상당 부분 완화하였고, 이는 이주노동자들은 물론 조선족의 입국 규제 역시 대폭 완화하는 결과를 가져왔다.

우선 비자제도의 측면에서 살펴보자면, 〈그림 2-2〉와 〈그림 2-3〉에서도 확인할 수 있듯이 IMF 구제금융 위기로부터 벗어나기 시작한 1999년부터 2003년까지 고려인과 조선족 입국자 수가 급증하였다. 고려인의 경우는 2003년 입국자 수가 5,400여 명으로 1999년에 비해 4배 가까이 증가하였고, 조선족의 경우 2001년에 기존 수준의 3배가 훨씬 넘는 6만

7,679명까지로 대폭 늘어났다. 그 가운데 단기비자 입국자 수가 가장 큰 비중을 차지하고 있다는 점은 이전과 마찬가지였다. 하지만 조선족의 경우 산업연수비자의 비율이 줄어들고 대신 동거·동반비자가 크게 늘어났으며, 또한 다른 다양한 비자들을 통해서 입국하는 사람들도 늘어나게 된 것은 기존과 상당히 달라진 점이었다. 그동안의 민주화 성과가 일부 수용되면서 기존의 3년 산업연수제가 1998년 2년 연수 1년 취업의 연수취업제(2002년에는 1년 연수 2년 취업으로 전환됨)로 일부 개선되기는 하였지만, 열악한 노동조건과 저임금은 여전하였다. 때문에 이를 통한 조선족 입국자 수는 1999년 한 해에만 큰 폭으로 늘어났다가 이후로 점차 감소하였다. 반면, 결혼, 출산, 가족·친지초청과 같은 요인들과 함께 동거·동반비자의 비중이 크게 늘어났고, 입국비자의 세분화와 함께 관광통과(B-2)나 기업투자(D-8)와 같은 비자를 받고 입국하는 경우 또한 크게 늘어났다.

이처럼 체류자격 종류의 다양화와 입국자 수 제한의 완화는 조선족과 고려인 입국자 수의 급증을 가져오기는 하였지만, 이들 대부분이 여전히 취업이 불가능한 단기체류조건이었기 때문에, 오히려 조선족과 고려인 불법취업과 불법체류자 수만 더욱 늘리는 역효과를 가져왔다. 결국 김대중 정권 말기인 2002년에는 비공식통계에 따르면 조선족 불법체류자가 10만여 명에 이를 정도로 급증하였다.[19] 이처럼 전체 외국인 노동자 가운데 80%에 해당할 정도로 폭발적으로 늘어난 외국인 불법체류

---

19) 2002년도 법무부 공식 통계상으로는 조선족 불법체류자 수가 7만 9,737명이었지만, 그해 5월에 시행된 자진신고 기간에 접수된 불법체류자 가운데 조선족은 9만 2,000명(전체 외국인 불법체류자 26만 6,000명 가운데 35%)인 것으로 드러났으며, 여기에 자진신고하지 않은 경우까지 포함한다면 그 수는 그보다 훨씬 더 많았을 것으로 추정된다.

자 문제가 사회문제로 부각되자, 법무부는 이에 대해 불법체류자를 강력히 단속하여 강제출국시키겠다는 방침으로 대응하였다. 그리하여 2002년 3월 12일에는 '불법체류자 방지 종합대책'을 발표하였는데, 이는 5월 25일까지 자진신고 기간 내에 출국하는 불법체류 외국인은 재입국 규제를 면제하고, 이에 응하지 않고 기간 내에 신고하지 않는 불법체류 외국인 및 그 고용주에 대해서는 집중단속을 실시하여 적발될 경우 엄중히 처벌하는 것을 그 내용으로 하고 있었다. 이처럼 불법체류자에 대한 대대적인 단속으로 인해 고용주와 불법체류자들의 불만과 반발이 심해지자, 일종의 유화책으로서 외국인 체류자 가운데 불법체류기간이 3년 이내인 사람의 경우 출국일을 1년간 유예하는 조치를 시행하는 한편, 2002년 12월에는 조선족과 고려인에 대해서는 방문동거비자(F-1) 대상자에 한해 2년간 서비스업 분야에서의 노동을 허용하는 취업관리제를 도입하여 취업관리비자(F-1-4)로 입국할 수 있게 하였다.

한편 김대중 정권 동안 전반적인 구조조정과 시장 개방의 흐름은 조선족의 불법체류과 불법취업의 급증뿐만 아니라, 조선족·고려인 이주 규제와 관련된 여러 주변 조건들의 변화 또한 가져왔다. 우선 1999년 무렵 유행하였던 '바이 코리아'(Buy Korea)라는 유행어가 잘 상징하고 있듯이, 당시 정부는 자본시장 개방과 자본유치를 위하여 한국과 관련된 외국인들의 돈을 끌어들일 수 있는 다양한 대책을 내놓게 되는데, 1998년 국내 주식시장을 외국인에게 전면 개방하고 외국인에 대한 토지소유 제한을 철폐하는 외국인 토지법을 제정함과 동시에, 1999년에는 재외동포의 출입국 및 재산권 행사와 관련된 법적 지위에 대한 제한을 풀어 내국인과 동등한 수준으로 끌어올리는 법안, 즉 '재외동포의 출입국과 법적 지위에 관한 법률'(이하 재외동포법)을 제정하였다. 그동안 한국 국적

<표 2-2> 2001~2010년 국내 체류 조선족 및 불법체류자 변동 추이

연도	2001	2002	2003	2004	2005	2006	2007	2008	2009	2010
국내체류 조선족	112,334	118,300	132,305	161,327	167,589	236,854	328,621	376,563	377,560	409,079
불법체류 조선족	72,332	79,737	33,546	48,141	36,699	29,472	34,448	27,207	25,156	18,290

출처: 법무부 통계

법에 근거하여 미국 시민권을 자진해서 획득함과 동시에 자동으로 한국 국적을 상실할 수밖에 없었던 재미동포들은 이로 인해 국내에서의 부동산 거래나 재산권 행사에 있어서 외국인이라는 법적 신분상의 제한을 받아 왔으며, 또한 출입국 절차에 있어서도 외국인으로 취급받아 비자를 받아 입국해야만 했다. 때문에 재미동포들은 1980년대부터 국내 정치권에 로비를 하여 이중국적을 인정할 수 있도록 법 개정을 요구해 왔지만, 국내 정서상 한국에서의 의무는 회피하면서 양국에서 권리와 이득만을 챙기려 한다는 부정적인 시각으로 인해 법 개정을 성사시키지 못하였다(정인섭, 2004). 하지만 IMF사태 이후로 신자유주의적 질서 재편 과정 속에서 해외 자본을 유치하고 한국의 경제회생에 대한 재미동포의 동참을 유도하기 위하여, '재외동포법'을 제정함으로써 그동안 국민의 범주 바깥으로 배제당하였던 재외동포에 대해 탈영토적 재국민화를 시도하고자 하였던 것이다.

1999년 제정된 재외동포법은 재외동포에게 2년간의 체류기간(체류기간 연장 가능)과 함께, 출입국이나 재산권 행사, 취업(단, 단순노무 취업은 제외) 및 기타 경제활동 등에 있어서 한국 국적자와 거의 동등한 자격과 권리를 부여하고 있다. 하지만 거의 이중국적을 인정하는 것이나 마찬가지일 정도로 재외동포에게 유리한 이 법은 8월 12일 국회를 통과한 지 11일 만인 8월 23일에 또다른 재외동포인 조선족 동포들(조연섭, 문현순, 전미라 등)에 의해 헌법소원심판 청구를 당하게 된다. 재외동포법 제2조 2항의 "대한민국의 국적을 보유하였던 자 또는 그 직계비속으로서 외국 국적을 취득한 자 중 대통령령이 정하는 자"라는 정의와 시행령 제3조에서 규정한 "1.대한민국 정부수립 이후에 국외로 이주한 자 중 대한민국의 국적을 상실한 자와 그 직계비속 2.대한민국 정부수립 이전에 국외로 이주한 자 중 외국 국적취득 이전에 대한민국의 국적을 명시적으로 확인받은 자와 그 직계비속"이라는 정의에 따르면 조선족과 CIS동포인 고려인들은 '재외동포'의 범위에서 제외되기 때문이었다. 재일동포들 역시 "대한민국 정부수립 이전에 국외로 이주"하기는 하였지만, 일본 정부의 배제정책으로 인해 일본 "국적을 취득"하지 않았기 때문에 별 문제가 되지 않았으나, "대한민국 정부수립 이전에 국외로 이주"한 조선족과 고려인 가운데 중국과 소련의 국적을 취득하기 전에 "대한민국의 국적을 명시적으로 확인받은 자"는 거의 없었기 때문에, 이들은 재외동포법 시행령 정의에 해당하지 않게 되는 것이었다.

결국 재미동포의 요구하에 제정되었던 재외동포법은 재미동포, 특히 미국 시민권을 획득한 재미동포를 위한 법이나 다름없게 되었다. 그동안 주로 단기비자를 통해 외국인 이주노동자, 혹은 불법체류자로서의 법적 신분으로만 대우받아 왔던 조선족과 고려인의 입장에서 봤을 때, 이러한 재외동포법은 이른바 '돈포'라 불리는 재미동포만을 위한 것이지, 자신들과 같은 '똥포'는 제외시키기 위한 그야말로 '제외동포법'에 불과한 것이었다. 이에 국내 재외동포의 다수자였던 조선족을 중심으로 '재외동포'에 대한 '정의'를 문제 삼으며 헌법소원을 제기하여, 결국

2001년 11월 29일에 헌법재판소로부터 헌법불합치 판정을 얻어 낼 수 있었다. 이로부터 2년 뒤인 2004년 3월 5일 재외동포법 제2조 2항에는 "대한민국의 국적을 보유하였던 자(대한민국 정부수립 이전에 국외로 이주한 동포를 포함한다)"라는 문구가 삽입되었지만, 그 시행령은 사실상 개정되지 않음으로 인해 조선족과 고려인에게까지는 전면 시행되지 않아 2008년까지 재외동포 비자를 받고 입국한 사람은 한 명도 나오지 않았다.

  1999년 재외동포법의 제정 이후로 여러 가지 문제들이 제기되었는데, 우선 재외동포법이 이주국가별로 재외동포를 차별함으로써 혈통주의적 동질성과 형평성을 훼손하고 있음에 대한 문제제기를 비롯해서, 재외동포법의 제정 자체가 혈통주의에 입각한 이민족 차별의 소지가 있다는 문제제기, 외국 국적자로서 국민의 의무는 회피할 수 있도록 남겨 둔채 국민의 권리만을 부여함으로써 국내의 국민들에 대해 오히려 역차별의 소지가 있다는 문제제기, 그리고 조선족을 포함할 경우 중국과의 외교적 마찰을 야기할 수도 있다는 문제제기에 이르기까지 재외동포법이 안고 있는 다양한 문제들 속에는 세계화의 흐름 속에서 재국민화와 탈국민화가 동시에 진행되고 있는 포스트국민국가의 모순적 상황이 잘 반영되어 있다. 다시 말하자면 재외동포법이라는 포스트국민국가적 제도 장치 속에는 탈영토화된 국민(민족)에 대한 재국민화와 영토화하려는 (혹은 재영토화하려는) 국민(민족)에 대한 탈국민화가 동시에 내재해 있는 것이다. 하지만 다른 한편으로 그동안 불법체류자라는 신분으로 인해 저임금 노동과 열악한 생활여건을 감수하며 살아왔던 한국 사회의 조선족과 고려인들은 1999년 재외동포법의 차별에 대한 헌법소원을 전후로 다양한 형태의 인정투쟁(박우, 2011)을 통해 점차 탈국민화의 흐름에 대해 저항하고 적극적으로 정체성정치를 실현하기 시작하였다는 점에서 새로운 변화의 가능성을 보여 주기 시작하였다.

4) 탈국민화, 그리고 재국민화

2003년 이후로 현재에 이르기까지 기본적인 흐름은 김대중 정권 때 이뤄진 제도적 틀을 유지하고 있기는 하지만, 조선족에 의한 정체성정치의 성과가 일부 반영되면서 이들과 관련된 입출국 및 체류 관련 국가장치들이 상당 부분 개선되는 방향으로 발전해 왔다.

우선 비자와 관련된 입국 규제장치를 살펴보면, 비공식 추산으로 10만 명을 넘어설 정도로 급증한 조선족·고려인 불법체류자 수를 줄이기 위하여 정부는 2003년도부터 점차 비자발급자 수를 줄이기 시작하였다. 이로 인해 고려인의 경우 입국자 수가 2003년부터 2005년 사이에 절반 이상 급격히 줄어들었고, 단기비자 입국자 수는 방문취업비자(H-2)가 도입된 2007년에는 2003년 대비 24%, 그 이듬해인 2008년에는 5% 정도 수준까지 급감하였다. 그리고 조선족의 경우도 단기비자 입국자 수가 2006년에 전체 입국자 수 가운데 16.9%, 그리고 2007년에는 2.13%로까지 급감하였다. 하지만 전체 입국자 수는 그리 크게 줄어들지 않았는데, 이는 단기비자 대신 동거·동반비자의 비중이 커졌기 때문이다. 전반적으로 한국에 들어와 있는 이주자 수가 늘어나면서 이들의 초청에 의한 방문동거비자(F-1)나 동반비자(F-3) 입국자 수도 증가하고, 또한 동포변경(F-1-2), 국민배우자(F-1-3), 영주배우자(F-2-3), 투자(F-2-4) 등과 같이, 보다 세분화되고 다양한 체류자격이 늘어나게 되면서 F비자 입국자 수가 크게 늘어나게 되었다. 그리고 '불법체류 외국인 근로자가 일정기간 취업활동을 할 수 있도록' 하는 것을 목적으로 마련된 비전문취업(E-9) 체류자격이 2003년 8월부터 신설됨에 따라, 조선족들도 이를 통해 체류자격조건을 얻을 수 있게 되었다. 그리고 2004년 8월부터 산업연수생과 연수취업제를 대신하여 외국인 이주노동자가 외국인 등록 후 고용주와의 계약을 통해 단순노동분야에 취업할 수 있도록 하는 고용허가제가 시행됨으로써, 산업연수비자(D-3)와 연수취업비자(E-8) 입국자는 급감한 대신, 비전문취업비자를 통한 조선족 입국자의 수는 급증하였다.

그러나 무엇보다도 조선족·고려인의 입국 및 체류 관리에 관한 정책에 있어서 가장 커다란 변화는 정부가 조선족·고려인 불법체류자를 합법화하고 수용하는 쪽으로 방향을 전환하기 시작하였다는 점이다. 저임금 노동시장에서의 조선족·고려인에 대한 수요가 이 같은 방향 전환의 주요한 원인이 되기도 하였지만, 다른 한편으로 그동안 재외동포법 헌법불합치 판정 이후로 조선족·고려인 커뮤니티가 사회의 양지로 나오기 시작하면서, 불법체류자 집중단속 등에 대한 집단적인 항의와 저항을 통해 지속적으로 인정투쟁을 진행해 왔던 점 또한 적지 않은 영향을 주었으리라 여겨진다. 이에 법무부는 그동안 입국 제한과 불법체류 단속만을 위주로 해왔던 정책에서 벗어나, 2005년 3월 15일 '동포 귀국 지원 프로그램'이라는 특별조치를 발표하고 그동안 강제출국되면 다시는 입국할 수 없던 불법체류자들에 대해 자진출국 후 6개월이나 1년 후 다시 재입국할 수 있도록 하는 방안을 내놓았다. 그동안 불법체류자의 신분으로 인해 중국이나 CIS국가와의 왕래를 꿈도 꿀 수 없을 뿐만 아니라, 항상 단속의 두려움에 떨며 열악한 노동과 생활환경을 견딜 수밖에 없었던 조선족과 고려인들에게 있어서, 잠시 동안 출국해 있어야 한다는 단서가 붙기는 하지만 합법화된 신분을 제공하겠다는 이러한 전향적인 조치는 가히 획기적인 변화라 할 수 있었다. 〈그림 2-2〉와 〈그림 2-3〉에서도 확인할 수 있듯이, 2005년도에는 조선족과 고려인 입국자 수가 급감하였다가 2006년에 다시 2004년도 수준으로 회복되는데 이는 '동포 귀국 지원 프로그램'의 시행을 위해 비자발급을 잠시 제한하였던 데다, 불법체류자들이 대거 귀국하게 되면서 일어난 현상이라 여겨진다. 그리고 조선족의 경우 2006년도에는 다른 비자의 발급은 모두 줄어든 반면 유독 취업관리비자(F-1-4)만이 전년도에 비해 4배가 넘게 증가하였는데, 이는 방문취업제가 아직 도입되기 이전이라 취업하려는 조선족에게 임시적으로 취업관리비자를 늘려 발급하게 되면서 나타난 현상으로 보인다.

2007년도 3월 방문취업비자(H-2)가 도입된 이후로, 고려인의 경우 입국자 수 자체는 거의 늘어나지 않았지만, 그동안 단기비자로 입국하던 고려인들의 상당수가 방문취업비자로 전환되었다. 한편 조선족의 경우 전체 입국자 수가 18만 1,974명으로 대폭 늘어나게 되는데, 이는 전년도 대비 3배 가까운 증가세였다. 이는 기존에 큰 비중을 차지해 왔던 단기비자(C), 동거·동반비자(F), 취업관련비자(E)를 통한 입국자는 물론, 그동안 누적되었던 불법체류자와 신규 입국자들이 거의 대부분 이 방문취업비자로 흡수되었음을 의미한다고 하겠다. 방문취업제가 기존의 입국관리제도와 다른 점은 그 대상 폭을 넓히고, 취업이 비교적 자유로우며, 체류기간이 길고, 상대적으로 자유로운 왕래가 가능해졌다는 점이었다. 그동안 국내에 연고자가 있는 사람들에게만 주로 국내 입국비자를 발급해 왔던 데 반해, 방문취업제에서는 연고가 없더라도 한국어 시험을 통과한 조선족과 고려인에 한해 추첨제를 통해 체류자격을 얻을 수 있도록 하였고, 연령 제한도 만 25세 이상의 동포로 대상 폭을 더욱 넓혔다. 단순노무행위를 금하는 재외동포법과는 달리 36개의 단순노무분야 업종에

만 취업할 수 있도록 한 방문취업비자는 "유효기간 5년의 복수비자(사증)로 한 번 입국하여 최장 3년(단, 고용주의 재고용요청이 있을 경우에는 4년 10개월)까지 체류할 수 있으며, 체류기간 내에는 재입국허가를 받지 않고도 자유롭게 출입국할 수 있도록" 하였다.[20] 그리고 이와 별도로 불법체류자를 선별 구제하기 위해 불법체류 1년 미만인 경우는 자진신고를 할 경우 소정의 벌금 추징 후 방문취업 비자를 내주는 조치도 시행하였다. 이처럼 방문취업제라는 획기적인 개선을 통해 불법체류자 문제의 상당 부분이 해결되었을 뿐만 아니라 입국 브로커에 의한 막대한 초기 비용 소요와 같은 문제도 상당 부분 해결될 수 있었고, 또한 조선족과 고려인의 생활과 인권에 관련된 제반 문제의 상당 부분이 해결될 수 있었다.

하지만 방문취업제의 도입을 통해 모든 문제가 해결된 것은 아니었다. 우선 국내 노동시장의 혼란을 막기 위해 추첨제의 대상이 되는 무연고자에 대해 매년 방문취업비자 쿼터(허용인원)를 정하여 놓고 있는데, 그 쿼터 수가 2008년 글로벌 경제위기 이후로 크게 줄어들기 시작해 2010년과 2011년에 쿼터가 0명이 됨에 따라 한국어 시험 합격자 가운데 추첨 대기자의 적체 현상이 심각한 상태에 이르게 된 것이다.[21] 이를 해결하기 위해 정부는 2010년 7월부터 '재외동포 기술교육지원단'(이하 지

---

20) 외국인을 위한 전자정부 하이코리아(http://www.hikorea.go.kr/).
21) 이처럼 2010년부터 쿼터가 사라지게 된 것에 대해 『세계한인신문』의 한 기사에서는 "외국인력에 대한 취업 쿼터제는 이중으로 이뤄지고 있다. 일반외국인의 경우는 출국할 인원을 감안, 대체할 수요를 산정한 다음 쿼터를 정한다. 반면 재외동포의 취업 쿼터는 총취업인원수(總名) 기준으로 관리하고 있다. …… 결국 출국자가 발생해야 들어올 수 있는 기회가 생기는 것이다"라고 설명하고 있다. 그리고 고용노동부는 2010년 이후로 재외동포의 총취업 인원수를 30만 3,000명 수준을 유지하는 것으로 정해 놓은 상태라고 부연하고 있다(「법무부 재외동포 기술교육연수제, 누구를 위한 것인가」, 『세계한인신문』 2010년 12월 30일자).

원단)에 위탁하여 '재외동포 기술연수제'를 실시해 왔지만 이 역시 제대로 된 해결책이 되지는 못하였다. '재외동포 기술연수제'에 따르면, 한국어 시험을 통과한 추첨 대기자에 한해 우선 90일 체류 가능한 단기종합비자(C-3)를 받고 입국하여 일반연수비자(D-4)로 전환한 다음, 지원단에 등록된 학원에서 9개월간 약 300여만 원의 비용을 들여 기술연수를 받고 자격증을 따거나 연수기간을 다 채우고 나면 방문취업비자(H-2)로 전환 발급해 준다는 것이다. 이처럼 복잡하면서도 매우 비효율적인 이 제도의 문제점에 대해 비판의 목소리가 높아지자, 2011년 9월부터는 C-3비자를 D-4로 전환하지 않고도 연수를 받을 수 있게 바꾸고, 연수기간을 6주로 대폭 줄이기로 하였다. 하지만 여전히 단순노무분야에서만 취업이 가능한 조선족들에게 그러한 기술연수교육의 필요성이 있는 것인지에 대해 문제를 제기하는 목소리가 남아 있는 상태이고, 이러한 제도의 도입이 '지원단'과 학원가의 권력유착으로 인한 것이 아닌가 하는 혐의를 제기하는 사람들까지 나오고 있다.

그리고 방문취업비자의 유효기간을 5년으로 제한하고 있기 때문에 2007년으로부터 5년째가 되는 2012년부터 중국, 혹은 CIS국가들로 귀국해야만 하는 상황에 놓이게 되었다. 이 같은 상황에 대해 2011년 8월 법무부에서 내놓은 해결책은 만기 자진출국자 가운데 55세 미만인 사람은 1년(혹은 지방제조업·농축어업 분야에서 1년 이상 취업했던 사람의 경우 6개월)의 유예를 두고 방문취업비자로 재입국할 수 있도록 하고, 55세 이상인 사람은 만기 출국한 다음날부터 방문취업비자 대신 단기종합비자로 입국하도록, 그리고 60세 이상인 사람은 재외동포비자(F-4)를 발급받을 수 있도록 하는 것이었다.

그 획기적인 개선효과에도 불구하고 방문취업제 자체가 재외동포법의 수혜 대상범위에서 사실상 제외되다시피 하였던 조선족·고려인을 무마시키고, 그들에게 재외동포와 이주노동자 사이의 중간적인 신분 지위를 마련하기 위해 나온 것이었다는 점에서, 애초에 한계를 지닌 것일 수밖에 없었다. 다시 말해, 조선족과 고려인들의 경우 방문취업제를 통해 30여만 명 정도의 취업비자 쿼터를 보장받고, 출입국과 체류상의 일부 편의를 제공받는다는 점에서는 다른 외국인 이주노동자보다 나은 조건에 있다고 할 수 있겠지만, 다른 한편으로 재외동포법의 시행 대상에서 배제당한 채[22] 국내 단순노동시장의 수요에 따라 입국과 체류가 제한될 수밖에 없다는 점에서는 다른 재외동포들과는 다른 불리한 조건에 놓여 있다고 할 수 있을 것이다.

그럼에도 불구하고 노무현 정권 후반기부터 시행된 획기적인 제도 개선은 조선족의 인정투쟁의 산물일 뿐만 아니라, 조선족과 고려인이 합법적 신분을 가지고서 한국 사회에서 정체성정치를 펼칠 수 있는 중요한 기반을 제공해 주고 있다는 점에서 그 중요성을 간과해서는 안 될 것이다.

4. 나가며: 포스트국민국가 시기, 조선족·고려인 이주와 정체성정치의 가능성

이처럼 탈냉전 이후 진행되어 온 조선족과 고려인의 초국적 이주에 대한 한국의 규제 국가장치들은 일관되고 안정적으로 발전해 왔다기보다

---

22) 단 2008년부터 조선족 가운데 노동하기 힘든 고령자(60세 이상)나 고학력자(석사학위 이상), 혹은 재력을 갖춘 이들에 한정해서 재외동포(F-4) 체류자격을 부여하기 시작하였는데, 이 역시 조선족을 노동력 이상으로 보지 않는 재외동포정책의 이중잣대를 보여 주는 것이라 하겠다.

는 거의 임시변통이라 느껴질 만큼 자주, 그것도 상당히 큰 폭으로 바뀌어 왔다. 그 획기적인 변화의 주기는 기본적으로 5년마다 바뀌는 정권의 교체주기와 일치하는데, 그 변화의 방향에 따라 적지 않은 갈등과 혼선을 빚어 왔다. 거의 30년 가까운 조선족·고려인 역/이주의 역사 속에서 한국 정부의 정책은 기본적으로 개방과 포용으로부터 규제와 차별로, 그리고 또다시 제한적 포용의 방향으로 변모해 왔다고 할 수 있겠다. 하지만 이 같은 잦은 정책과 제도상의 변화에도 불구하고, 한 가지 기조만은 지속적으로 유지되어 왔다. 그것은 바로 신자유주의적 질서 재편이라는 기조이다. 세계화와 자유경쟁, 시장개방과 국가경쟁력 강화라는 기본 틀 속에서 저임금 노동력에 대한 한국 노동시장의 수요와 저임금을 경쟁력으로 하는 조선족과 고려인의 '코리안 드림'이 맞물리면서 이들의 대규모 초국적 이주가 발생하게 되었다. 다시 말해, 이 노동시장 보호라는 명분하에 이뤄진 이주에 대한 규제와 불법화 과정은 중국과 CIS국가들의 노동시장으로부터 유리되어 나온 조선족·고려인 이주노동자들을 보다 저렴한 임금구조에 속박되도록 만드는 장치로서 구실해 온 것이다. 그런 의미에서 봤을 때 조선족·고려인 이주라는 현상은 중국과 CIS국가, 그리고 한국의 탈국민화의 합작품이라 할 수 있을 것이다. 이처럼 신자유주의적 변화에 맞추기 위한 수단으로서 배제되거나 탈국민화되었던 것은 사실 단지 조선족·고려인만은 아니다. 동/남아시아 지역 국가에서 온 수많은 이주노동자들은 물론 한국의 농민과 노동자, 그리고 서민들 역시 탈국민화의 대상이 되어 왔다고 할 수 있을 것이다. 한마디로 신자유주의 질서하에서의 탈국민화는 국내 국민에 대해서건 조선족과 고려인에 대해서건 기본적으로 경제적 약자와 빈자에 대하여 진행되어 왔다고 할 수 있다.

반면 이러한 탈국민화는 동시에 재국민화의 과정이기도 하다. 다만 이는 주로 기득권층과 강자에 대해서만 제한적으로 적용되어 왔다는 점에서 다를 뿐이다. 탈영토적 국민의 확장의 일환이라 할 수 있는 재외동포법이나, 2011년 1월 1일부터 국적 자동상실 조항을 폐지하고 '외국 국적 불행사 서약'을 전제로 복수국적(혹은 이중국적)을 허용하도록 한 새로 개정된 국적법은 이른바 탈영토화·탈국민화해 가는 국민을 다시 재국민화하려는 시도라 할 수 있을 것이다.

이 같은 신자유주의 질서 재편에 대한 대응으로서의 탈국민화와 재국민화라는 측면에서 보자면 중국이나 CIS국가들 역시 그리 크게 다르지 않다. 최근 중국 변방지역 소수민족들 사이에서의 마찰과 소요, 그리고 선부(先富)론의 정책으로 인한 빈익빈 부익부의 확대, CIS국가들에서의 혈통주의나 종교적 근본주의에 근거한 민족갈등 등도 역시 포스트국민국가적 탈국민화와 재국민화 과정의 한 일면을 보여 주는 것이라 할 수 있을 것이다. 이 같은 중국 내에서의 탈국민화 과정에서 옌벤 지역의 조선족 역시 예외는 아니다. 1980~1990년대의 옌벤 사회는 해체 직전의 농촌 사회의 그것에 다름 아니었고, 해체의 탈출구가 중국의 대도시가 아니라 주로 국외인 과거에 떠나온 모국이었을 뿐이다. 이러한 전반적인 상황은 CIS국가나 고려인에게 있어서도 역시 마찬가지이다. 사실상 국민에 대한 국민국가로서의 역할과 기능이라는 차원에서 보자면, 신자유주의적 질서 재편과 결합된 탈국민화 및 재국민화의 과정에 불과했다고 할 수 있을 것이다.

조선족과 고려인이 한국에 와서 느낄 수밖에 없었던 반감은 그에 대한 반동으로 중국과 CIS국가들에 대한 귀속감이 더욱 강화되는 데 있어 상당한 중요한 작용을 해왔다. 즉 조선족과 고려인들이 경제적으로

나 사회적으로 한국에서 느껴야 했던 상대적 박탈감과 상처, 그리고 중국이나 CIS국가들에서 느낄 수 있었던 상대적 보상감과 안정감이 바로 조선족 90%가 "내 조국은 중국"이라는 최근의 설문 조사[23] 결과를 낳게 한 원인이었을 것이다. 이 같은 모국 한국에 대한 반감과 조국 중국(혹은 CIS국가)에 대한 귀속감에 대해 이들의 이중성을 문제 삼기 이전에 우선 그러한 이중성이야말로 원래 한국 사회 안에 내재된 모순의 산물이며, 또한 거시적 차원의 신자유주의적 질서 재편과 연결되어 있다는 사실을 깨달을 필요가 있다. 그런 의미에서 봤을 때, 국가장치의 규제에 저항하고 타협하면서 정체성정치를 펼치고 있는 조선족·고려인의 초국적 이주야말로 탈국민화와 재국민화의 흐름이 혼재되어 있는 신자유주의적 질서 재편하의 포스트국민국가를 가장 잘 보여 주는 풍경 가운데 하나라 할 수 있을 것이다.

---

23) 2011년 10월 12일자에 『서울경제』, 『스포츠경향』 등의 언론매체가 보도한 내용은 건국대학교 통일인문학연구단의 주최로 2011년 10월 12일 열린 '디아스포라와 다문화' 국제 학술 심포지엄에서 발표된 박영균의 「재중조선족의 정체성과 다문화의 사회심리적 토양」이라는 제목의 발표문을 바탕으로 작성되었다.

3장_한국 내 조선족동포 커뮤니티의 구성과 교류[1]

이정은

1. 머리말: 조선족동포 커뮤니티의 등장

2005년 재외동포법이 개정되고 2007년 3월부터 방문취업제가 도입되면서 국내에 거주하고 있는 조선족동포의 수가 40만 명을 훌쩍 넘어서면서 그들의 일상세계도 변화된 양상을 보이고 있다. 한국 정부로부터 합법적인 체류자격을 부여받으면서 제한적이지만 한중 간 이동의 자유를 보장받게 되었고, 그로 인해 한국에서의 생활에 새로운 의미를 부여하는 '적극적인 행위자'로 등장하게 된 것이다.[2] 한국은 경제적으로 '코리안 드림'을 실현할 수 있는 장(場)이자, 자식의 교육과 자신의 노후를 준비할 수 있는 기회의 땅이며 '조상의 나라'로, 심리적 자긍심을 가질 수 있는 곳이기도 하다.

---

1) 이 글은 전남대학교518연구소, 『민주주의와 인권』 제11권 3호, 2011에 게재된 논문을 수정·보완한 것이다.
2) 2013년 1월 현재 재한중국동포는 46만 6,055명으로 국내거주 전체 외국 국적 동포 중 84.1%에 해당하며 이 중 22만 3,382명이 방문취업비자이다(출입국·외국인정책본부의 『통계월보』 2013년 1월호 참조). 방문취업비자로 한국에 거주하고 있는 중국동포들의 생활세계에 대해서는 김현미(2009) 참조.

하지만 조선족동포들의 이런 적극적인 사고와는 달리, 그들에 대한 한국인들의 편견은 외국인 노동자들에 대한 태도와 유사하다. 오히려 '같은 언어'를 사용한다는 것이 문화적 공감대를 형성하기보다 다른 형태의 차별의 동기가 되면서 그들이 느끼는 모국에 대한 일종의 '배신감'은 무엇보다도 두텁고 강하다. 중국동포[3]들은 분명 '외국인'이지만 같은 혈통을 가지고 있는 '동포'이기에 한국 사회가 외국인 노동자들과는 다르면서도 동시에 미국, 일본 등 다른 외국 국적 동포들과 동등한 자격을 부여하기를 바라고 있다.

중국동포와 한국 사회 간에 서로에 대한 인식의 차이가 발생하는 원인을 담론 수준에서 본다면, 그들의 강한 '민족 담론'과 현재 한국 사회에 만연해 있는 민족이나 국가의 경계를 넘고자 하는 '다문화 담론'과의 접합면이 넓지 못하기 때문이라고 할 수 있다. '같은 민족'을, '우리 동포'를 외국인보다 더 잘 대우해 주지 않는다는 중국동포들의 비난과 불만은 개별 지역에서 행해지는 '타 문화 알리기'나 '한국문화 배우기' 등의 다문화사업과 쉽게 만나기 어렵다. 현재 한국 사회의 다문화 논의는 국제적인 이주나 정착과정에서 새롭게 만들어지거나 변용되는 복잡한 문화구도를 설명하지 못하면서 오히려 국민국가의 경계를 강고히 하는 측면이 강하다.

신자유주의 세계화가 노동의 국제적인 이동을 가속화시키면서 동

---

3) 국내에서 중국 국적 동포들을 호명하는 방법에는 여러 가지가 있다. 일반적으로 국내거주 '조선족'으로 통용되고 있지만, 중국교포, 재한동포, 중국동포 등도 사용되고 있다. 이 글에서는 2007년에 방문취업제를 실시하면서 공식적으로 사용하는 '재한중국동포'(이하 중국동포)로 호명하며 문맥에 따라 '조선족'을 병행하도록 한다. 중국에서 통용되는 '조선족' 용어에 대한 검토로는 이진영(1999) 참조.

시에 현실적인 경계를 만드는 상황에서, 한국 사회와 중국동포들과의 경계가 강화되는 현실적인 이유의 하나는 두 사회가 소통할 수 있는 구체적인 장이 마련되어 있지 못하기 때문이기도 하다. 직장 내의 고용주와 고용인의 관계가 아닌, 대림·가리봉으로 대표되는 조선족 거주밀집지역의 '타자화된' 그들이 아닌 당사자들로서 한국 사회와 소통할 수 있는 가능성은 어디에 있을까? 이 글은 그 역할의 하나를 개인의 조선족이 아닌 중국동포 사회의 소규모 모임, 단체, 네트워크 등이 활동하는 커뮤니티에서 찾고자 한다.[4]

커뮤니티는 구성원들의 상호작용을 통해 공동의 유대감을 가지고 있는 공동체로, 개체화된 개인이 해소하기 어려운 사회적 관계를 공동으로, 혹은 집단의 힘을 빌려 정치화할 수 있는 가능성이 있다. 따라서 이 글은 중국동포들이 한국 사회로 이동하며 인적·물적 교류를 만들어 가는 네트워크의 형성, 특히 중국동포 사회 내의 커뮤니티 간 교류와 지역의 경계를 넘어 한국 사회와 접촉하고 소통하는 과정에 초점을 두고자 한다.

지금까지 조선족 사회의 커뮤니티와 공동체에 관한 연구들은 주로 중국 내에서 형성된 조선족 공동체와 도시문화에 관한 연구가 주를 이뤄 왔다.[5] 최근에는 한국으로 이동한 조선족들의 수가 급증하면서 한국 내 거주밀집지역에 대한 관심이 높아지고 있으며, 재한조선족 노동자집

---

4) 커뮤니티는 지역사회, 공동체 등 다양한 언어로 사용되고 있지만, 여기서는 사회조직체로서의 공간적·지역적 단위로서 동질성을 띤 주민들이 소속감을 가지고 형성한 사회관계로, 인근집단(neighborhood)과 구별되는 뜻으로 사용한다. 커뮤니티는 사회집단적 특성이 있지만 그보다 규모가 작고 공통적 관심을 가진 하위집단을 일컫는다.
5) 윤인진(2004), 권태환·박광성(2004), 박명규(2005), 박광성(2006), 예동근(2010), 구지영(2011) 참조.

단의 형성과정이나 제3의 국가로 이주한 조선족들에 대한 연구도 새롭게 시도되고 있다.[6] 그러나 그들이 이주한 경로와 네트워크에 대한 연구는 일정 부분 축적되어 있지만 조선족 사회 내의 단체나 소모임 등의 공동체 커뮤니티에 대한 연구는 일부에 지나지 않는다.[7] 그것은 그동안 미등록 노동자 신분으로 자신들의 지위향상을 위한 공식화된 '조선족 커뮤니티 그룹'으로의 활동이 어려웠고, 기존에 조직되어 있던 소모임, 단체들의 경우에도 재외동포 관련 정책변화에 따라 이합집산하며 새롭게 활동영역을 찾아가는 시기였기 때문인 것으로 보인다. 따라서 중국동포들이 맺고 있는 사회적 교류의 양태와 성격, 내용 등을 '커뮤니티'를 통해 분석함으로써 한국 사회에서 중국동포들의 문화적 특성을 살린 '차이의 정치'의 전략과 그들의 위치를 가늠해 보는 것은 의미 있는 작업이 될 것이다.

2. 조사방법과 조사대상자들의 성격

이 연구는 재한조선족들에 대한 참여관찰과 심층인터뷰로 이뤄졌다. 재한조선족 사회에서 어떻게 커뮤니티가 조직되어 한국 사회와 소통하고 있는지, 그 지형을 파악하기 위해서는 관련행사나 모임에 참여하는 것이 중요하였다. 그리고 조선족 거주밀집지역인 구로, 대림, 가리봉의 지

---

6) 거주밀집지역에 대한 연구로는 김현선(2010), 박세훈(2010), 임선일(2010) 참조. 국내에 거주하는 조선족의 노동자 집단형성에 대해서는 이진영·박우(2009), 영국으로 이주한 중국조선족 한인타운 거주자에 대한 사례연구에 대해서는 김현미(2008) 참조.
7) 조선족들의 이주 경로와 네트워크에 대해서는 권태환(2003), 이진영·박우(2009), 김현미(2009) 참조. 조선족동포들의 연합 가능성에 대해서는 문민(2010), 조선족단체의 변화에 대해서는 박우(2011) 참조.

역민들과 관련단체·소모임의 대표, 회원들을 만나 면접조사를 실시하였다.[8] 면접대상자는 지역의 소규모 자영업자와 단체들의 소개로 눈덩이 표집(snowball sampling)하였다. 한국에 거주하고 있는 조선족들의 직업분포에 따라 인구비례로 면접대상자들을 선정하고자 하였지만, 그것은 어려웠다.[9] 조선족들은 3D업종에 종사하며 노동시간이 긴 경우가 대부분이어서 안정적인 조건에서 인터뷰를 진행하기는 힘들었다. 가장 쉽게 만날 수 있었던 대상은 대림동 지역에서 소규모 식당을 운영하는 자영업자들로, 영업이 한산한 시간을 이용하여 인터뷰를 진행하면서 그들의 친인척들을 소개받을 수 있었다.

이런 몇 가지 한계로 인해, 이 연구의 면접대상자가 될 수 있었던 사람들은 새로운 일거리를 찾아 잠시 쉬고 있거나 치료 중인 사람들, 건설업 종사자 중 장마철에 휴지(休止)기를 갖고 있던 이들이다. 조사는 2011년 2월부터 8월까지 이뤄졌으며 조선족 사회의 커뮤니티를 구성하고 있는 소규모 모임, 단체, 지역언론의 대표들과 회원들에 대한 심층면접을 진행하였다.

최종 면접대상자는 〈표 3-1〉과 같이 전체 22명으로 남성은 10명, 여성은 12명이다. 성별에 따라 직업이 확연하게 구분되는데, 남성의 경우는 건설일용직이 대부분이었으며, 그 외 자영업자, 주방보조, 전기통신, 통역 등 다양한 일에 종사하고 있었다. 이에 반해, 여성의 경우는 입주도우미와 간병인, 자영업으로 크게 구분되었다. 여성들도 주방도우미, 청

---

8) 중국동포들은 경기도 안산과 서울의 동대문, 신촌, 자양동 등에도 거주하고 있지만, 서울의 가장 큰 조선족 거주밀집지역인 세 지역을 주요 연구지역으로 선정하였다.
9) 재한조선족 사회의 지위분화와 성원권에 대해서는 이정은(2012) 참조.

〈표 3-1〉최종 면접대상자

사례	성별	생년	입국 시기	비자 종류	중국 직업	현 직업	출생지	입국 조건
1	남	1951	2008	H-2	농민	건설일용직	옌볜	한국어능력시험
2		1964	2000	H-2	은행	건설일용직	옌지	미등록체류
3		1965	2010	H-2	농사, 건축	건설일용직	룽징	한국어능력시험
4		1966	2008	H-2	농업, 이사	건설일용직	옌볜	한국어능력시험
5		1971	1997	H-2	교사	자영업	선양	미등록체류
6		1960	1993	F-4	노동	자영업	투먼	미등록체류
7		1952	2007	H-2	목탄업	전기통신	룽징	친지초청
8		1957	2009	H-2	공무원	주방보조	옌지	친지초청
9		1937	1994	H-2	공무원	번역, 통역	투먼	미등록체류-고령
10		1981	2003	F-4	대학생	대학원생	룽징	유학
11	여	1953	2007	H-2	부녀주임	입주도우미	옌지	친지초청
12		1948	2007	H-2	식품공장	입주도우미	투먼	친지초청
13		1954	2005	H-2	백화상점	입주도우미	훈춘	친지초청
14		1949	2007	H-2	수도검사원	입주도우미	헤이룽장성	고령
15		1945	1997	H-2	농업	입주도우미	옌볜	친지초청-고령
16		1960	2008	H-2	서비스업	간병	투먼	친지초청
17		1953	2008	H-2	간호사	간병	옌지	친지초청
18		1950	2007	H-2	철로일	간병	룽징	친지초청
19		1954	2007	H-2	가사	자영업	옌지	친지초청
20		1957	1998	한국적	가사	자영업	옌지	결혼
21		1954	1997	한국적	출판사	자영업	옌지	귀화
22		1952	1993	F-4	상점근무	단체활동	룽징	미등록체류

소업, 가사도우미 등 다양한 일에 종사하고 있었지만, 심층면담을 진행할 수 있는 대상을 선정하다 보니, 몇몇 특정 직업에 한정될 수밖에 없었다. 여성들의 다양한 직업은 그들의 이직경험을 통해서 확인할 수 있었다. 다른 직업에 비해 상대적으로 수입이 높으면서 주거문제도 해결되는 입주도우미나 간병 일을 하기까지, 그들은 보통 식당도우미, 청소업, 공장생활, 농어촌 돕기, 시간제 가사도우미 등 해보지 않은 일이 거의 없을

정도였다.

그들의 직업은 중국에서 어떤 일에 종사하였는가와 커다란 상관성이 없었다. 사회적 지위를 고려하기보다는 단시간에 경제적 이익을 얻는 것이 목적이어서 비록 일도 더 힘들고 차별받는 경험도 많지만, 중국과 비교하여 월등히 높은 고수입은 많은 것들을 상쇄시킬 수 있었다.

입국시기별로는 1990년대에 한국으로 이동한 조선족들의 경우는 미등록상태로 한국에 거주하다가 재외동포법 개정으로 H-2비자를 발급받아 합법화된 경우가 많았고, 이들은 한국으로의 이동이 다른 사람들보다 상대적으로 빨라서 경제적인 기반을 가지고 자영업을 하는 경우가 많았다.

3. 문화자원을 활용한 커뮤니티의 구성

1) 슬럼화된 노동자 거주밀집지역에의 정착

현재 한국에 거주하고 있는 중국동포들은 전국적으로 분포되어 있다. 특히 농어촌 지역의 일손 부족을 메우기 위해 한국 정부가 F-4비자발급의 보완제도를 실시하면서 전국의 농어촌과 지방의 공장 등에는 중국동포들의 비율이 높다. 한국으로 입국하여 처음부터 농어촌 지역에서 일하게 되는 조선족동포들은 한국과 인적 네트워크가 없는 무연고자들로, 그들을 대상으로 하는 정보지, 전단 등을 통해 지방에서 일을 시작하게 된다. 그러다가 한국 사정에 익숙해지고 조선족동포들 간의 정보교환이 활발해지면서, 일자리도 다양하고 상대적으로 보수가 높은 서울·경기 지역으로 이동한다.

〈표 3-2〉에 따르면, 국내에 거주하고 있는 조선족동포들의 약 50%

<표 3-2> 2006~2011 서울시 조선족동포 주요 집거지 거주인원(명)

지역	2006	2007	2008	2009	2010	2011
영등포구	18,242	27,775	32,049	32,688	35,400	38,132
구로구	14,933	22,256	25,398	25,172	26,381	28,378
관악구	8,331	12,465	14,155	14,018	14,476	15,652
금천구	8,404	12,959	15,573	16,137	17,177	18,463
광진구	4,630	7,044	8,269	8,542	8,896	9,765
동작구	4,948	7,048	7,929	7,749	8,067	8,591
계	59,488	89,547	103,373	104,306	110,397	118,981
서울시 총계	105,178	150,270	169,385	166,413	170,125	172,620
국내 총계	236,854	328,621	376,563	377,560	409,079	406,682
구로·영등포구/ 서울시(%)	31.5%	33.3%	34%	34.8%	36.3%	38.1%

출처: 2006~2011년 『출입국통계연보』에서 재구성

에 달하는 17만여 명이 2011년에 서울에 거주하고 있었다. 이들 중에서도 구로·영등포구에 전체의 38%에 이르는 중국동포들이 거주하고 있다. 이렇게 서울의 몇 개 구에 한정되어 그들이 거주하는 것은, 장기간의 이주로 특정 지역을 중심으로 경제영역이 형성되어 이주국에서의 정주화를 실현해 가는 보편적 현상이라고 할 수 있다.

서울의 구로·영등포·금천구를 중심으로 중국동포들의 거주지역이 형성된 것은 이 지역의 역사·지리적인 특성과 관련이 크다. 구로구는 개항기 서울과 제물포를 잇는 중간지점으로 사람과 상품의 이동이 많았고 해방 이후에도 월남민, 해외동포의 귀국으로 인구가 집중되었던 지역이다. 한국전쟁 휴전 이후에는 서울과 인천을 잇는 이 지역으로 인구가 집중되었고 1960년대에는 수출공업단지가 조성되면서 이농한 여공들이 거주하게 되었다. 1980년대 말에는 한국의 산업구조가 중화학공업으로

개편되면서 제조업공장이 외국으로 이전, 주거지 공동화현상이 일어나기도 하였다. 그후 구로 지역은 노동자의 문화와 의식을 대변하는 지역으로 자리매김하게 되었다(이미애, 2008: 41~42).

특히 구로구는 노동자계급을 대변하는 지역으로 가장 슬럼화된 곳 중 하나이다. 이 지역을 1990년대 중반부터 외국인 노동자들과 조선족들이 채우게 되는데, 외국인 노동자들이 수도권의 공단지역으로 이동하게 되면서 조선족동포들은 상대적으로 집값이 저렴하고 이동이 편리한 구로·가리봉 지역에 계속 거주하게 되었다. 이 지역은 1970~1980년대 공단노동자를 수용하기 위해 만든 일명 '벌집방' 구조를 현재까지도 그대로 유지하고 있어서 어느 지역보다도 임대료가 저렴하다. 조선족들은 1990년대 초에 빚을 내어 친척방문, 공무비자, 여행비자, 위장결혼 등으로 한국에 들어온 경우가 많아서 값싼 임대료는 자연히 그들을 유입하는 요인이 되었다.

2000년대 들어서 이 지역에는 조선족 음식점과 환전소, 소매상, 관련 단체와 신문사 등이 모여들게 되면서 옌벤 지역의 축소판이라고 할 수 있을 정도로 조선족 문화가 형성되어 가고 있다. 국내거주 조선족들이 문화공동체의 하나인 '중국동포타운'을 만들고자 노력하여 한국의 '차이나타운'과는 다른 '조선족 문화'가 그대로 재현·실험되고 있는 장이라고 할 수 있다.

2) '언어'자원을 이용한 소통과 단절

국제적인 이주과정에서 사회적인 연결망은 매우 중요한 기제이다. 글로벌 시장경제상황에서 더 나은 삶을 위해 자신의 노동력을 팔아 해외로 이주하는 경우, 정착하고자 하는 지역의 정보와 사회경제적 연결망은 이주과정에서 결정적이다.[10] 조선족들의 경우, 한국으로의 이동을 결정하게 되는 가장 큰 문화적 자원은 '언어'이다. '조선어'를 자유롭게 구사할 줄 안다는 것은 새로운 사회에 정착하는 과정에서 겪게 되는 어려움을 줄일 것이라는 기대감으로 작용하고, 그것은 한국행을 결정하도록 하는 현실적인 자원이 된다. 서울 대림동 지역에서 자영업을 하고 있는 S씨(남/사례6)의 경우에도 '조선어'를 자유롭게 구사할 줄 안다는 것이 다른 지역이 아닌 한국으로의 이주를 결정하게 한 가장 중요한 요소가 되었다.

'소통의 자유로움' 이외에 한국으로의 이주과정에서 중요한 요인은 가족, 친척이나 고향사람, 동창과 같은 인적 연결망이다. 이것은 한국으로 이주·적응하기 위한 정보공유 네트워크로 작동한다. 조선족 여성이 한국 남성과 결혼한 후, 또는 미등록 노동자로 입국한 가장이 일정 정도 사회적인 기반을 마련한 후에 가족과 친척들을 초청하는 방식으로 이동이 일어나면서, 한국에서 조선족 지역 동창회를 열 수 있을 정도로 지역 단위의 이동이 발생하기도 한다. 한국 남성과 1998년도에 결혼하여 이주한 Q씨(여/사례20)의 경우는 현재 대림동에서 식당을 경영하고 있는데, Q씨의 두 언니와 가족들이 2007년에 모두 대림동으로 이주하였다. 미등록 거주자로 1993년도에 중국으로 추방되었다가 친척초청비자로 입국하여 자영업을 하고 있는 S씨의 경우도 한국으로 이주 후, 처남 가족을 초청하여 일할 수 있게 하였다.

Q씨와 S씨의 경우 모두 전형적인 인적 네트워크를 통한 이주로, 공

---

10) 한국계 노동자의 이입과 문화적응, 그리고 그로 인한 에스니시티의 변형과정에 대해서는 임선일(2010) 참조.

통점은 이주 초기에 이동하여 한국의 사정을 파악하고 있어서 식당을 운영할 정도로 경제적인 기반이 마련되어 있다는 점이다. 반면에 최근에 가족초청으로 입국한 사람들은 단순일용직에 종사하는 경우가 많다. 중국동포 사회에서 중소규모의 자영업을 한다는 것은 일정 정도의 부를 축적하여 사회경제적 기반을 마련한 사람들로, 그들을 중심으로 지역 네트워크와 연결망이 유지되고 있다.

S씨 부인은 혼자 식당을 운영하고 S씨는 '더 많은 돈을 벌기 위해' 건설현장에서 일용직으로 일하며 동창들이 한국에서 직업을 구하고 거주지를 마련하는 데 실질적인 도움을 주고 있었다. 그들은 특별한 일이 없으면 요일을 가리지 않고 S씨의 식당에 모여 술을 마시며 외로움을 달래기도 하고, 정기적인 모임을 갖기도 한다. 이런 '조선족 지역 동창모임'은 다시 더 큰 규모의 한국 내 조선족협회를 구성하는 기반이 된다.

이런 연결망은 서로의 경험을 공유하며 한국생활에 쉽게 적응하도록 돕는 긍정적인 역할도 하지만, 오히려 한국 사회에 흡수되지 못하고 한국인과의 경계를 더욱 강화하도록 만드는 부정적인 측면도 있다(김영경, 2008: 175). 굳이 한국인과 접촉하여 차별의 아픔을 경험하거나 '조선족'으로의 설움을 느낄 필요도 없이, 그들만의 문화 속에서 노동과 여가를 보내며 생활할 수 있게 되었다는 것이다.

4. '정치적 집합행위'에서 일상문화 활동으로의 변화

1) 교회 중심에서 중국동포 당사자 중심으로

조선족들은 이주과정의 네트워크와 관계망들을 이용해서 한국 내의 각종 모임에 참여하며 한국에서의 네트워크를 넓혀 가고자 한다. 모임을 통해 일상생활을 위한 정보를 교환하고 외로움을 달래며 중국동포들의 공통의 의견을 낸다. "다섯 사람이 모이면 다섯 명이 모두 단체의 장"(L, 남/사례5)이 될 정도로 자신들의 권익을 위해 적극적으로 활동하고자 한다.

중국동포의 권익문제는 미등록 동포들이 많았던 1990년대 초부터 국내 종교단체들의 지원을 받으며 외국인 노동자의 인권문제와 함께 논의되었다. 그러다가 1999년에 제정된 재외동포법에서 '중국동포'들이 제외되자 이들의 문제는 외국인 노동자 문제와 분리되면서 '민족 담론·동포 담론' 속에서 다루어졌다. 물론 이때도 종교단체의 영향이 컸다.[11] 국내의 조선족 단체들이 교회 중심에서 벗어나 당사자들이 주축이 되어 활동하게 된 것은 2005년 재외동포법의 개정 영향이 크다. 재외동포법의 개정으로 불법체류에서 합법적인 체류자격을 획득한 중국동포들은 종교단체로부터 독립하거나 스스로가 권익단체를 만들어 활동하게 되었다.

〈표 3-3〉에 의하면 국내에서 활동하고 있는 중국동포단체들은 만들어진 지 채 10년이 되지 않는다. 이 단체들 외에도 지역내 소규모 모임들이 많지만 활동내용은 거의 유사하다. 법률구조와 노동상담, 한국생활 정착지원이나 친목도모 등이 그것이다. 위 단체들 중에 1995년에 조직된 '중국노동자협회'가 가장 오래되었지만, 이 단체는 조선족 사회 내에서 인지도가 낮을 뿐만 아니라 초창기 단체로서의 명맥을 유지하고 있을 뿐, 현재는 조선족 노동자를 위한 뚜렷한 활동을 하지 않는 것으로 조

---

11) 시기별 조선족단체의 변화 양상과 그들의 인정투쟁에 대해서는 박우(2011) 참조.

<표 3-3> 중국동포단체 현황

단체명	설립년도	주요사업내용
중국노동자협회	1995	법률무료상담·피해여성·이혼소송·사기피해·인권보호·민형사사건·임금체불·퇴직금체불 산재(근재)보상·산재합의·부당해고 등등
조선족연합회	2000	재외동포법 개정운동, 우리집 쉼터운영
재한조선족유학생네트워크	2003	릴레이세미나, 유학생들 간의 수평적 연대
귀한동포연합총회	2005	국적취득자들을 위한 한국생활정착지원사업, 귀화교육, 법무부지정 동포체류지원센터 운영
중국동포한마음협회	2006	자율방범 봉사, 체육대회 주최, 서예동호회 등
한중경제친선교류협회	2007	동포자녀초청문화탐방사업, 동포정책 홍보 및 체류상담
재한동포연합총회	2008	각종 고충상담, 출입국 관련 업무상담, 노동 관련 상담과 안내를 통해 동포들의 어려움 해소
국적취득자 생활개선위원회	2009	국적회복자, 동포 1세 및 그 자녀들의 한국생활개선을 위한 입법추진
중국연맹총회 대경해외교류협회	2010	한국에 거주하고 있는 중국 공민과 교민, 동포들을 위하여 정의를 주장하고 어려움을 해결해 주며 무료자문과 무료서비스를 제공

출처: 문민(2010: 75) 재구성

사되었다.[12] 이 단체가 만들어졌을 당시에는 소수민족을 배려하기 위해 협회 이름에 '교포'라는 문구를 사용하지 않을 정도로 차별문제에 민감하였고, 법무부에서 "불법체류외국인조직 '중국노동자협회' 적발"이라는 원색적인 표현을 사용하며 이 단체를 범죄화하여서 인권단체들이 강하게 비판하기도 했다.[13]

---

12) 이 단체는 "인권단체로서 유지비가 필요하기에 2008년 9월 1일 '한중여행사'를 설립"하였다고 소개하고 있는데(「중국노동자협회 설립 15주년 기념행사 진행」, 『동북아신문』 2010년 4월 26일자 참조), 최근에는 "법률무료상담, 피해여성상담, 사기피해, 국제이혼, 인권보호, 임금체불, 산재처리 등 상담을 무료로 해주고 있다"고는 하지만 중국노동자 중심의 활동은 적어 보였다.
13) 민주화운동기념사업회 민주화운동아카이브, 「피를 나눈 중국동포를 보호하지 못할망정 인

따라서 이 글에서 주목하고자 하는 조직은 중국동포들의 권익신장을 위하면서 과거와 달리 교회와 분리되어 활동하고 있는 모임과 상대적으로 젊은 세대들로 구성된 모임들이다. 젊고 지식인 집단에 속하는 유학생들은 자신들의 커뮤니티 공간을 어떻게 활용하며 한국 사회와 소통하고 있는가?

① 중국동포들의 권익신장을 위한 당사자 모임

한국 사회에서 조선족들의 권익향상을 위한 대표적인 당사자 모임으로는 '조선족연합회'와 '재한동포연합총회'를 들 수 있다. 이 두 단체의 차이는 조선족연합회가 교회로부터 분리·독립되어 구성된 반면 재한동포연합총회는 처음부터 당사자 모임으로 출발했다는 것 외에도 계층적인 차이를 보인다. 조선족연합회는 주로 3D업종에 종사하고 있는 이들이 주축이 되었다면, 재한동포연합총회는 대림동 지역의 자영업자들이 중심이 되어 조직되었다.

현재까지도 교회의 지원이 중국동포들의 삶에 커다란 영향을 미치는 상황에서, 조선족연합회가 교회로부터 분리되어 자신들만의 권익모임을 만들었다는 것은 중국동포 사회의 변화된 특징 중 하나이다. 조선족연합회는 홍제동의 의주로교회로부터 도움을 받아 2000년에 출범하였는데, 당시 중국동포들의 권익신장을 위해 모인 사람들 대부분이 미등

권옹호단체까지 음해해선 안 된다」, 중국노동자협회 탄압에 관한 공대위 성명서(등록번호: 00356170) 참조. 여기에 이 단체는 "중국동포들이 한국 내에 체류하면서 당하는 각종 노동, 인권침해에 관하여 공동의 해결책을 모색하고, 비록 고국 땅이지만 온갖 차별대우를 감내하기 위하여 친목과 상호부조를 목적으로 활동해 온 단체"로 소개되어 있다. 그러나 이 단체는 활동 초반에는 종교단체, 인권단체들과 연대활동을 하였지만, 현재는 독자적인 영리활동조직으로 변하였다.

록체류상태였기 때문에 교회 내의 '조선족복지센터'가 주축이 되었다.

창립 초기부터 조선족연합회는 '동포법 개정, 불법체류 사면, 완전한 자유왕래 보장'을 요구하였다. 1999년에 제정된 재외동포법 개정을 위해 2003년 12월부터 83일간 한국의 기독교 100주년 기념회관에서 농성을 하며 재외동포법 개정안이 통과되도록 하였다. 또한 불법체류자 합법화 운동에 참여하여 자진신고자에 대한 출국유예, 출국기한연장 등의 정책을 시행하도록 하였다.[14] 그러나 재외동포법 개정안에 대한 시행령등 더욱 명확한 제도개선을 요구하는 중국동포들과 교회가 마찰을 빚으면서 조선족연합회는 2005년 교회를 떠나게 되었다.

그후 조선족연합회는 홍제동 근처의 낡은 고시원을 임대·개조하여 현재는 조선족동포들의 쉼터인 '우리집'을 운영하고 있다. 그곳은 조선족들이 한국에 정착하는 과정에서 임시 주거지로 활용되고 있다.[15] 한국으로 이동하여 연고지가 명확하지 않을 때나 직장을 알아보는 과정에서 그리고 외국인 등록증을 발부받을 때까지 대략 두어 달간 임시거처로 사용하는 이들이 많다. 또한 주말에만 잠자리가 필요한 입주도우미, 간병인과 일용직에 종사하는 남성들이 많이 이용하고 있다.[16]

조선족연합회의 회원은 2011년 7월 당시 800여 명으로 회원의 회비와 재정사업으로 운영되고 있었다.[17] 이 단체가 교회와 결별한 후에도

---

14) 이것이 한국에서 2002년에 발표된 '불법체류자 종합방지대책'(2002. 3. 12)이다.

15) 쉼터는 이곳 외에도 재한동포연합총회, 조선족교회, 동포타운신문사 등이 운영하고 있다.

16) 하룻밤 사용료는 3,000원에 식사는 한 끼 2,000원으로 매우 저렴하여 특별히 홍보를 하지 않아도 매일 16개의 방이 모두 차며 평균 40여 명이 묵는다고 한다.

17) 일단 회원이 되면 한 달에 만 원의 회비를 내야 하며 회원이 되어야 쉼터를 사용할 수 있다. 회원이 되기 위해서는 일정한 자격이 필요하다. 다단계에 종사하거나 중국 파룬궁 숭배자, 마작을 하는 사람은 회원이 될 수 없다. 그 이외에는 지역이나 연령에 상관없이 누구나 회원이 될 수 있다지만, 사실상 조건이 까다로워 회원자격도 박탈되고 쉼터도 사용할 수 없

조직적인 활동을 할 수 있었던 것은 엄격한 규율과 중점 활동 때문이다. 이 단체는 조직부와 생활부, 사업부, 신용호조부, 문화홍보부의 다섯 개 부로 나뉘어져 있는데, 여러 부서 중에서도 생활부와 신용호조부가 가장 특징적이다.[18] 생활부는 자발적인 자원봉사자들에 의해 아이돌보기, 옷가지 수선하기 등의 구체적인 일상생활에 도움을 준다. 이것은 서로 도움을 주어 빨리 '코리안 드림'을 실현하기를 바라는 가족 같은 분위기이기 때문에 가능하다. 2006년에 만들어진 신용호조부는 경제적인 기반을 가지게 된 회원들과 돈을 필요로 하는 사람들을 연계해 주는 역할을 해 왔다. 5년간의 활동으로 상당한 자금을 모은 것을 보면, 조선족연합회에 대한 믿음과 신뢰가 회원 간의 결속을 강화시키고 자발적인 조직의 기반이 되는 것을 알 수 있다.[19]

조선족연합회가 교회로부터 분리되어 조선족 당사자들의 권익단체로 뿌리내릴 수 있었던 것은 무엇보다도 경제적으로 어려운 노동자들에게 생활밀착형 지원을 하고 있기 때문이다. 조선족들의 한국행이 장기화되면서 중국동포 사회에서도 다양한 계층이 형성되고 있는데, 이 단체는 "약자의 소리를 듣는 것에서부터 단체의 활동이 가능하다"고 보고 있

는 사람들도 많다고 한다. 2011년 7월 4일 조선족연합회 유봉순 회장 인터뷰 내용 중.

18) 중요한 일들은 열다섯 명의 임원들이 한 달에 한두 번 토의를 거쳐 결정한다. 부서별 활동을 보면, 조직부에서는 조직확대에 중점을 두고 사업부는 재정사업을 담당한다. 중국 농촌 지역의 집이나 땅을 구입하여 재원으로 활용하기도 한다. 문화홍보부는 노래교실, 교양강좌, 정책토론회 등을 담당한다. 이들은 지난 10월 16일에 은평문화회관에서 '가을맞이 중국동포 문화공연'(9·18 만주사변 80주년 기념음악회)을 열기도 하였다.

19) 대출금리는 월 2%이고 기금조성을 위해 돈을 낸 이들에게는 1.5% 이자를 지급하고 0.5%는 신용호조부에서 수수료로 가져간다. 대출을 받을 때는 보증인 두 명이 필요한데, 보증인은 신용호조부 기금에 돈을 내놓은 사람이어야 한다. 이런 엄격한 대출규정 덕분에 4년이 넘는 기간 동안 돈을 떼인 적도, 보증인이 대신 돈을 갚아준 적도 한 번도 없다고 한다. 「조선족의 든든한 경제적 버팀목 '신용호조'」, 『연합뉴스』 2011년 1월 3일자 참조.

다. 이들은 '우리집'을 통해 가난한 조선족들이 한국에서 안정적인 조건에서 꿈을 이룰 수 있도록 도와주고, 쉼터를 이용하는 사람들은 생활이 안정되면 신용호조부에 돈을 맡겨서 초기 정착과정에 어려움을 겪는 사람들을 돕는다. '완전한 자유왕래 보장'을 주장하며 모든 조선족들에게 재외동포체류자격비자(F-4)를 발급해 줄 것을 요구하고 있는 조선족연합회는 자신들의 활동을 다음과 같이 규정하고 있다.

> 어떤 사람은 조선족 문제는 교회에서 어쩌구[라고 말하지만] 절대, 역사라는 건 당사자가 만들어 가는 거예요. 조선족 역사는 조선족이 써 가는 거예요. 단지 옆에서 부축해 주고 도와주고 이런 것은 있을 수 있죠. (……) 우리 동포들이 거지들이 온 거 아니잖아요. 어디 가서 구걸하고 그런 게 없어요. 우리끼리 하니까 밀고 나가야죠. (2011년 7월 4일 조선족연합회 총무면담 중)

② 젊은 세대들의 소통의 네트워크

한국에 거주하고 있는 많은 수의 조선족 젊은이들은 학생이다. H-2비자(방문취업)나 C-3비자(기술교육)로 국내에서 일하고 있는 이들도 적지 않지만, 그들은 정치력도 부족하고 노동시간이 길어 공동의 모임을 조직하기는 쉽지 않다. 이에 반해 '재한조선족유학생네트워크'는 학생이라는 신분을 이용하여 자유로운 조건에서 조선족들의 권익신장을 위해 결성된 조직이다.[20]

---

20) 한족 중심의 '재한중국유학생연합회'와 '재한조선족유학생네트워크' 모두 중국대사관에 등록되어 있다. 재한조선족유학생네트워크의 경우는 한국에서 정치적인 입장을 발표할 때

재한조선족유학생네트워크(Network of Korean-Chinese Students in Korea, 이하 KCN)는 2003년 12월에 한국에서 유학하고 있는 조선족 석박사생들이 '조선족 유학생 간의 친목과 교류, 민족발전과 한중 간 우호증진'을 목적으로 조직하였다. 회원은 현재 5,000여 명으로 추정되는데, 이 수는 국내에서 유학하고 있는 조선족 학부생들도 포함된 것으로 2008년부터 유학생들에 대해 F-4비자가 부여되면서 정확한 수를 파악하기 어렵게 되었다.[21]

이 조직이 2003년에 만들어진 것은 당시 중국동포 문제가 사회적으로 불거지면서 '조선족에 대한 이미지 쇄신'이라는 목적에서 출발하였다. 2003년은 한창 중국동포들의 불법체류문제로 그들에 대한 한국 내의 이미지가 좋지 않았는데 그 상황에서 이 모임은 '①재한조선족 사회 이미지 향상 ②유학생 정보교류 및 인적 네트워크 구축 ③중한 친선 및 경제문화교류를 위한 유대 역할'을 취지로 출범하였다.

학생들은 동포 사회의 이미지 향상을 위해 자원봉사와 정기적인 학술세미나, 워크숍 등을 담당하였다. 이런 활동들을 통해 불법체류하는 조선족만 있는 것이 아니라, '공부하기 위해 온 학생들도 있다'는 것을 알려 주고 싶었다고 한다. 중국동포들에 대한 한국 사회의 편협된 시각을 바꾸고자, 이들은 정보를 교환하고 문제를 이슈화하였다. 젊은 세대들이 중국동포 사회에서 담당했던 중요한 역할 중의 하나는 무엇보다도 중국동포 단체들과 협력하여 그들의 권리향상을 위한 현안을 만들며 동

문제가 발생할 것을 우려해 등록하였지만, 대사관으로부터 실질적인 관리나 통제는 받지 않는다고 한다.
21) 이하 KCN에 대해서는 홈페이지(http://club.cyworld.com/kcn21)와 2011년 6월 30일 KCN 대표 T씨와의 인터뷰 내용으로 구성하였다.

포들의 목소리를 대변하는 것이었다.[22]

그러나 동포들의 권리찾기를 위해 정치활동에 주력했던 KCN은 2010년 들어 활동의 새로운 전환을 선언하였다. 즉, '학생'으로서의 본분에 무게중심을 두겠다는 것이었다. 그래서 릴레이세미나, 석박사학위논문발표회, 신입생환영회 등 핵심이 되는 세 개의 사안만 중점적으로 담당하며 다른 활동들은 최대한 줄이고 있다.

현재도 방문취업제나 기술연수제 등 중국동포들에게 불리한 정책들이 있지만, 정치적인 사안에 대해서는 의도적으로 거리를 두고자 한다. 유학생들이 담당했던 중국동포들의 권익향상을 위한 홍보 역할을 이제는 다양한 동포언론사들이 담당하고 있기 때문이다. 인터넷의 보급으로 중국동포들이 발간하는 신문들은 빠른 속도로 그들의 목소리를 대변하고 있고 단체들 또한 자생적인 활동이 가능할 만큼 성숙했기 때문에, KCN은 학생으로서 학문에 매진하는 것이 한국 사회와 소통하고 인정받을 수 있는 길이라고 보고 있는 것이다.

2) 중국동포 커뮤니티의 문화형성과 갈등

KCN이 유학생 본연의 활동을 하도록 하는 데에 결정적인 역할을 한 것이 동포언론인 만큼 중국동포 사회에서 언론은 정보를 교환하고 소통하며 한국 정부 정책을 비판하는 중요한 역할을 하고 있다. 동포언론들은 2000년 이후 인터넷의 급격한 보급으로 빠르게 늘어나고 있는데, 대표

---

22) 특히, 비슷한 시기인 2003년에 만들어진 동포타운신문사와는 다양한 학술행사를 위해 활발한 연대활동을 하였다. KCN을 만든 초창기 멤버들이 동포타운신문사가 있던 가리봉에 거주하고 있었기에 탈종교적 성격의 동포타운신문사와 자연스럽게 연대할 수 있었다고 한다. 이것은 지역 간 네트워크를 통한 연대라고 할 수 있다.

적으로 『동북아신문』, 『동포타운신문』, 『중국동포신문』, 『동포소식』, 『신화보』, 『재외동포신문』, 『한중동포신문』, 『한민족신문』, 『한중법률신문』, 『한중상보』, 『흑룡강신문』 등이 있다(문민, 2010: 77). 많은 신문 중에서 『중국동포타운신문』은 중국동포 사회에서 소통의 공간을 마련한 대표적인 언론일 뿐만 아니라, 구로·가리봉 지역에 '중국동포타운'을 만들고자 지역문화운동도 함께 벌여 온 곳으로, 특별히 그 과정과 전략에 주목해 보자.

대림동 지역에 '중국동포타운센터'라는 지역 네트워크를 만들고자 노력했던 사람들 중에는 중국동포타운신문사의 편집국장이었던 김용필이 있다. 그는 한국 사회와 교류하기 위해서는 중국동포들이 가장 많이 거주하고 있는 구로·대림·가리봉 지역을 특성화하는 것이 중요하다고 생각하였다.[23] 그래서 중국동포들에게 다양한 정보를 제공하고 한국 사회와 소통하여 지역의 특성화된 문화를 만들고자 '중국동포신문사'가 아닌, '중국동포타운신문사'라고 하였다.

2003년에 창간된 중국동포타운신문사는 무가지(無價紙)로 동포들의 다양한 정보를 실었다. 무가지는 운영 면에서는 어려움을 주었지만 전파력은 폭발적이어서 중국동포 사회 내에서 중요한 소통의 역할을 담당하고 있다. 그러나 언론을 매개로 구로 지역에 중국동포들의 문화를 형성하고 한국인과 소통하는 '동포타운'을 만들었는가에 대해서는 회의적이다. 구로·가리봉 지역은 중국의 조선족 문화를 쉽게 접할 수 있고 다

---

23) 주위에서는 '차이나타운'으로 하자는 제안도 받았지만, 이름이 인천 지역이나 화교 거주지역과 겹쳐지고, 실제로 대림·가리봉 지역은 다른 성격을 가지고 있어서 중국동포타운으로 짓게 되었다. 2011년 6월 30일 김용필 대표와의 인터뷰 내용 중.

양한 정보가 공유되는 곳이기는 하지만, 한국 사회와 소통하기보다 오히
려 점차 고립되어 간다고 중국동포들 스스로가 판단하고 있다.

그렇다면 앞에서 살펴본 다양한 중국동포단체, 모임, 언론들이 있음
에도 불구하고 그 지역의 문화가 '중국동포타운'이라는 공동의 활동을
만들어 내지 못한 이유는 무엇일까? 그 이유 중의 하나는 중국동포 사회
내의 단체, 모임들 간에 서로가 연대를 이루지 못하기 때문이라고 할 수
있다. 비슷한 성격과 유형의 단체들이 새롭게 만들어지며 커뮤니티 내의
이합집산이 이뤄지고 있는 과정을 보면 그 이유가 더 명확해진다. 구체
적으로 단체들이나 모임 간에 어떤 활동의 차이가 있는지 살펴보자.

2005년에 출범한 '귀환동포연합회'는 한국 사회로 귀환한 중국동포
들의 모임으로, 국적취득을 위한 한국생활정착사업, 귀화교육, 동포체류
지원센터를 운영하고 있다. 이와 비슷한 성격의 단체가 2008년에 '귀국
동포연합회'라는 이름으로 활동을 시작하였다. 공식적인 이름은 '금천
구 귀국동포연합회'로 '각 나라에서 국적회복, 귀화, 영주 등으로 귀환하
여 금천구에 거주하고 있는 동포들의 모임'이다. '각 나라'라고 하고 있
지만 실제로 중국동포들을 대상으로 하고 있으며 형식은 '연합회'이지
만 친목모임의 성격이 강하다. 이들 단체들은 귀환동포연합회와의 차별
성을 보이지 못하면서 같은 해 8월에 몇 개의 단체가 연합하여 '재한동
포연합총회'를 만들었다. 이 단체에는 귀국동포연합회, 동향친목회, 중
국동포상인연합회가 포함되었지만 귀환동포연합회와 연합체를 이루지
는 못했다.

또한 재한동포연합총회는 기존에 활동하고 있던 조선족연합회와
결합하지 못하였다.[24] 조직의 이름만으로 보면, '조선족연합회'와 '재한
동포연합총회'는 큰 차이가 없어 보이는데, 이들은 왜 연합체를 형성하

지 못한 것일까? 그것은 두 단체 간의 지역적 기반과 계층적 성격이 다르기 때문이다. 조선족연합회는 홍제동 지역을 근거로 전국의 중국동포들을 대상으로 하고 있지만 재한동포연합총회는 금천구 가리봉 지역민을 중심으로 한다. 계층적으로는 조선족연합회는 상대적으로 생활이 어려운 중국동포들을 지원하는 데 반해, 재한동포연합총회는 자영업에 종사하는 상인들이 주축이 되고 있다. 이런 기본적인 차이는 두 단체 간의 연대를 어렵게 하고 있는 것으로 보인다.

> [단체들이] 한국에 와서 무엇을 해야 하겠는가가 조금 관점이 달라요. (……) 우리는 처음에 너도나도 돈 벌려는 목적에 왔어요. 생계를 위해서. 여기에 온 사람들은 보통 연령층이 높거든요. 여기서 온 한 가지 목적은 어떻게 하면 자식들을 잘 먹이고 잘살게 하는가예요. 근데 우리는 중국에서 어떻게 한국 사회에 진출하는가보다는 중국 사회에 진출하고 거기서 뿌리내리는 게 조선족들이 한국행을 하는 목적이라고 봐요. 여기 와서 동포비자만 주면 제일 좋은 것으로 생각하지만 중국의 조선족들이 만주땅 개척하고 노력한 것을 우리 스스로 없앨 필요는 없다고 생각해요. 우리 후손들이 중국 사회에 진출하는 그게 생각이 다른 거예요. 그게 다른 단체와 다른 거예요. (조선족연합회 총무면담 중)

국내에 있는 조선족 관련 단체·모임들 간에는 의견의 차이가 크지만, 공동의 연합체를 만들기 위한 노력은 계속되고 있었다. 한국에 거주하는 중국동포 간의 불화는 중국동포 사회는 물론 한국 사회에도 좋은

---

24) 2011년 7월 25일 재한동포연합총회 김숙자 회장과의 인터뷰.

인상을 주지 못하기 때문에 이들은 중국동포들의 권익향상과 문화 담론의 생산과정에 공동으로 노력하고자 한다. 하지만, 현실에서 그것은 좀 더 많은 시간이 필요할 것으로 보인다.

5. 중국동포 사회와 한국 사회와의 교류

1) 작업장에서의 소통 단절

현재 한국에서 노동에 종사하고 있는 중국동포들은 대부분이 중장년층들이다. 이들의 노동경험에서 특징적인 것은 이직률이 매우 높다는 것이다. 그것은 성별에 관계없이 남녀 동일한데, 처음에는 무슨 일에든 종사하다가 중국동포 네트워크에 편입되면서 더 좋은 일자리를 찾아 직장을 옮기게 된다. 남성의 경우는 건설노동현장에서 일하는 경우가 가장 많고, 여성의 경우는 모텔이나 식당에서 일을 하다가 다른 직종에 비해 보수가 높은 입주도우미나 간병인으로 일하며 정착하게 된다.

건설노동현장에서 일하는 남성들은 일용직이 아닌 좀더 안정적인 회사, 기업에 소속되기를 희망하고 있다. 남성들 중 일부는 건설 분야에서도 전기나 통신 등 전문직에 종사하며 일에 대한 자부심이 강하다. 자신들은 단순일용직에 종사하는 한국인에 비해 교양이나 문화수준이 높고 일의 숙련도도 높아서 직장에서 인정받는다고 생각한다. 여성들의 경우도 일에 대한 자부심은 큰데, 입주도우미나 간병일을 하며 주인으로부터 값비싼 선물을 받은 사례를 이야기하곤 하였다. 그것은 다른 직종에 비해 한국인이 동포로부터 보살핌을 받아야 하는 것으로, 한국인과 대화의 기회가 많아서 그만큼 서로에 대한 신뢰도가 높다고 평가하였다.

중국동포들이 한국 사회에서 숙련 노동자로 인정받고 있다고 생각하면서도 그들의 이직률이 높은 이유는 더 높은 임금을 받기 위한 것도 있지만, 그것이 결정적이지는 않다. 노동현장에서 한국인들로부터 받는 무시와 차별이 커서 한국에서의 생활과 미래상이 그려지지 않을 때, 이들은 다니던 일을 그만둔다. 이런 현상은 그만큼 중국동포들이 구할 수 있는 일자리가 많다는 것을 의미하기도 하고 그들에 대한 차별이 매우 심각하다는 것을 확인하게도 한다.

노동현장에서의 차별은 이전보다 많이 약화되었다고 하지만, 한국 사회에서 중국동포들에 대한 무시와 차별은 여전히 심각하다. 그렇다면 그들은 차별이 발생하는 이유를 무엇 때문이라고 생각하고 있을까? 중국동포들은 모든 한국인들이 그들을 차별하는 것이 아니라, 한국인의 교육수준과 직종에 따라 차별의 정도가 다르다고 본다.

일하는 장소에 가도 이 한국사람들이 우물 안에 개구리여…… 어떻게 보면 대화를 해보면, 특히 내가 일하는 장소는 노가다기 때문에 차원이 낮을 수도 있잖아요, 회사가 아니고. 그래 저는 일시적으로 회사 차원이 높은 사람하고 접촉도 하고 대화를 해보면 "중국에 사과가 있냐", "뭐 이런 게 있냐" 물어보면 우린 억울해요. '너 있는 데 이게 있냐' 하면 우린 속으로 '중국에는 더 잘 먹어요'라고 생각하지요. (C, 남/사례2)

한국에 와 있는 조선족들은 대부분이 3D업종에 종사하지만, 중국에서는 다양한 직종에 종사했던 사람들이다. 〈표 3-1〉에서 알 수 있듯이 사회주의 국가에서 비슷한 교육과 비슷한 생활수준을 가지고 있었고 직종도 공무원에서 은행원, 상가직원 등 다양하였다. 그러나 한국에서는 비슷하게 3D업종에 종사하게 되면서 중국동포들은 한국인들의 무지(無

知)로부터 받는 차별이 어떤 힘든 일보다 견디기 어려운 고통이라고 말한다.

> 완전 우린 인간도 아니지 뭐. 그거, 한국은 무슨 애완견도 그렇게 입양하고 그러더라구요. 그런데 우리 교포들한테는 왜 이렇게 하느냐고요. (……) 그런데 교포들은, 우리는 짐승만도 못하게 취급하잖아요 지금. (A, 여/사례16)

> 사장님들이 사람 얄밉게 잔소리를 해도 눈 시선이 사람 깔보는 그런 시선이니까 제일 힘들죠. (……) 사람 시선을 내리 밑으로 깔보며 일이 끝나기 전에 처리해라, 이거 해라 반말하시고, 마지막에는 쌍욕 같은 거 어떤 때는 하시는 분들도 많아요. 완전히 사람 개 취급하니까 일단은 가서 두 시간, 세 시간 하다가 그런 시선이 있으면 앞치마를 내치고 나와요. (F, 여/사례13)

필자와 인터뷰를 하는 중에도 사장에 대해 존댓말을 사용하는 F씨는 한국에서 조선족들이 할 수 있는 일은 얼마든지 있기 때문에 그런 모욕을 들어 가며 일을 하지는 않는다고 한다. 한국에서 경험한 차별 중 가장 힘든 것의 하나는 임금체불이다. 돈을 벌기 위해 이국땅에 온 사람들에게 임금체불은 다른 어떤 차별보다도 견디기 어려운 고통이다. 이런 현상은 서울보다 지방이 더 심각하며, 실제로 임금이 체불되고도 다시 조선족 노동자들을 고용하는 사업장들이 많다고 한다. 그런 사업장을 노동청에 고발해도 아무 효과가 없는 것이 그들은 억울하고 속상하다. A씨(여/사례16)는 몇 년 전 밀린 임금 90만 원을 받기 위해 지방노동청에 신고를 했더니, 삼자대면을 통해 '50만 원이라도 받든지 일 전도 못 받고 그만두든지'라고 해서 합의를 했다. 하지만 중국동포들을 고용해서 일주일, 열흘씩 일하게 하며 노동을 착취하는 공장을 계속 운영할 수 있게 허락하는 한국이 신기하기까지 하다고 하였다.

동포라 그러면 더 무시해요. 그래서 더 무시하는가 하면 아⋯⋯ 그게 동포들은 너네는 못살아서 여기 왔다 이래 가지고서래는 무시하는 거 같아요. 그래서 너는 못살아서 여기 왔기 때문에 내보다 못하기 때문에 무시하는 거는 당연하게 무시하게 해야 되는 것 같다고 생각해요. (L, 남/사례8)

중국동포들이 한국에서 차별과 무시에 대응하는 방법은 개인의 성향과 연령에 따라 큰 차이를 보인다. 노동현장에서 갈등이 일어났을 경우, 한국인들에게 먼저 손을 내밀며 잘 지내자고 소통을 시도하는 사람들이 있는 반면, 혼자 삭이거나 역으로 한국인들을 무시하는 이들도 많다. 연령이나 연륜이 많을수록 젊은 한국 동료를 "음식점에 데려가 음식 먹고, 소주 한잔 사 주며, 화목하게 지내"는 M씨(남/사례4)와 같은 사람도 있고, 일하는 능력에 따라 대우받는다는 것을 알게 된 후로는 사소한 갈등은 전혀 개의치 않는 L씨(남/사례8)와 같은 사람도 있다.

하지만 그런 화해의 방식은 같은 직장에서 그래도 말이 통할 사람이라는 생각이 들 때나 가능한 행동이다. 그런 인간적인 모습이 서로의 관계를 개선시키고 한국인 친구를 사귀게 하는 방법이지만, 대부분의 경우는 혼자 삭이거나 심적으로 한국인들을 무시하는 방법을 택한다. 현장에서 일을 하던 C씨는 한국인과 마찰이 일어났을 때 다짜고짜 '너희들

교포들 아니야? 불법이지? 신분증 가지고 와라'는 말을 들어도 '아, 너는 못 배웠거나 이 시대를 아직도 모르는구나'라고 인정하며 웃고 만다. 더 이상 대화를 안 하는 이유는 그럴 가치가 없다고 생각하기 때문이다. 중국동포들이 한국인들에게 인정받고자 하는 노력 이면에는 그들을 인정하지 않는 한국인들을 무시하고 한국인들의 무지를 인정하는 이중전략을 취한다.

그렇다면, 한국 사회가 이처럼 "짐승만도 못하게", "개 취급"을 하며 중국동포들을 무시하고 차별하는 이유는 무엇일까? 중국동포들은 그 이유를 무엇 때문이라고 생각하고 있을까? 그들은 한국인들 전체의 성향이나 개인적인 성격보다는 배울 기회를 갖지 못한 어려운 형편 때문에 혹은, 자본주의의 특성이라는 사회구조적인 원인에서 이유를 찾는다.

배운 게 없는 사람들이 그런 거예요. 보니까 그 사람들은 부모형제 없이 집을 아예 떠나 가지고 일을 쭉 하다 보니 또 위에서 그렇게 [무시] 당해 봤고 그 당한 걸 바로 중국교포들에게 또 사용하는 거죠. (L, 남/사례8)

아무 곳에 가서도 우리가 예를 들어서 논쟁이 붙었다 할 때 도리 없이 그저 소리만 높여요. 소리만 높여서 도리를 안 따지고 상대방을 제압해요. 그리고 모임장소에 갔을 때 딱 보게 되면 음…… 남을 배려할 줄을 몰라요. 그저 나만 챙기면 돼요. 그 이유는 자본주의 나라고 그렇다 보니까 자랄 때부터 남보다 우세해야 내가 살 수 있잖아요. 이게 첫째 이유 같아요. 그러니까 사람 성격이 어릴 때부터 이렇게 키워 놓으니까 남한테 지지 않으려고……. (F, 여/사례13)

이렇게 볼 때, 작업장 내에서 중국동포들과 한국인과의 대화나 소통은 한국인이 케어(care)를 받아야 하는 간병인이나 가사도우미의 몇몇 사례를 제외하고는 크게 이뤄지지 않는 것으로 보인다. 인터뷰 대상자들 중 일부를 제외하고는 한국인 친구들이 거의 없고 또 무엇보다도 한국인을 잘 믿지 않는다. 그 이유는 식당이든 가정에서든 결정적으로 문제가 생기면 일단 중국동포들을 의심하고 따돌리며 경계를 만드는 분위기에서 한국인에게는 마음을 쉽게 열지 않도록 스스로 훈련되었기 때문이라고 한다. 이런 한국인 개개인에 대한 폐쇄적인 태도는 그래도 집단적인 모임이나 커뮤니티를 통해서는 어느 정도 해소하려는 노력들이 보이고 있다.

2) 중국동포 커뮤니티의 '차이의 정치'

중국동포 거주밀집지역에는 비록 단일화된 연합체는 없지만 각각 성격이 다른 단체와 모임들은 그들만의 방식으로 한국 사회와 교류하고 소통한다. 역사의식을 강조하는 조선족연합회는 "같은 조선족이기 때문에 연대해야 하는 것이 아니라, 관점이 같으면 한국의 어느 단체와도 연대하고 교류할 수 있다"고 한다. 그래서 재외동포문제로 활동하는 지구촌동포연대(KIN)와는 지난 2001년부터 연대를 맺어서 10여 년이 넘게 관계를 유지하고 있다. KIN과는 2008년 일본의 재일조선인 거주지역인 '우토로 살리기 운동'과 2009년 '사할린 살리기 운동'에서도 함께하였다. 한국에서 조선족 문제는 많은 부분이 노동인권문제와 관련이 있는데, 한국의 노동단체와는 정치적인 사안이 있을 때마다 연대하는 형식을 취하고 있다.

재한동포연합총회는 조선족연합회와는 다른 성격의 한국단체들과 연대활동을 하고 있다. 한국적취득자가 회원의 72%에 이르는 이 단체는 "한국에서 사는데 물하고 기름처럼 분리되면 안 되기 때문"에 문화·예술적인 부분에서부터 가까워지자는 취지로 2010년에 한국문화예술총협회와 연대를 맺어 '사랑의 입쌀 나누미 행사'를 하였다. 또 인천에서 주최한 '아세안 이주민대축제'에 중국대표로 인천의 화교가 참가하는 것을 보고, 직접 부스를 요구하여 중국동포들의 음식, 입쌀만두, 옥수수국수, 찹쌀순대 등을 홍보하였다고 한다. 그것을 계기로 『인천신문』에 중국동포와 관련된 연재물을 싣게 되었다. 이것은 한국인이 주 독자인 신문에 중국동포 관련 정보를 제공한다는 점에서 그들에 대한 이해를 높이는 하나의 통로로 사고하였다.

이 단체는 또한 역사교육의 일환으로 한국의 중앙천도교와 정기 세미나를 개최한다. 그리고 '안동재래시장 살리기' 등 한국지역문화에 중국동포들의 존재를 알릴 수 있는 곳이면 어디든 참가한다. 이렇게 문화활동에서부터 적극적인 이유는 "한국적을 취득한 회원들이 앞으로 한국인으로 살아야 하고 한국인과 동화(同化)되어야 하며 한국 땅을 알아야 하기 때문"이다. 중국동포 사회와 한국 사회와의 교류는 단순히 단체들 간의 연대활동이라는 형식을 통해서가 아니라, 지역 내에서 중국동포들의 존재를 알리고 그들 스스로가 참여할 수 있는 일상문화 활동의 하나로 진행되고 있다.

귀한동포연합회도 노인들을 중심으로 대림동 지역의 청소를 담당하며 중국동포들에 대한 이미지를 바꾸기 위해 노력한다. '중국동포한마음협회'의 한마음봉사단은 주로 지역사회의 이웃을 돕는 봉사활동을 하는데, 2007년에는 태안기름유출사건 봉사활동에 직접 참여하였고 대림지역 초등학교의 결식아동후원도 계속하고 있다. 또한 자율방범대를 조직해서 치안과 범죄예방을 위해 지역경찰과 순찰업무를 담당하기도 하였다. 중국동포들을 중심으로 구성된 자율방범대는 그들에 대한 부정적 이미지가 확대·재생산되거나 한국인의 부정적 시선들로 그들의 사회적 입지가 축소되는 것을 막고 한 사회의 정당한 행위자로서의 정체성을 확보하기 위한 것이다. 다른 한편으로는 소외계층이면서 비국민인 그들을 경찰이 직접 관할하는 것보다 "스스로 화합과 공존의 중국동포타운을 안전하고 살기 좋은 마을로 가꾸어 나가자"는 중국동포들의 자발적 참여의사와 결합되어 경찰의 선전활동에 동원되는 측면도 있다. 하지만 한국 사회와 타협하여 이미지를 쇄신하고자 하는 노력을 보여 주는 것임은 분명하다.[25]

구로, 대림, 가리봉을 중심으로 거주하고 있는 중국동포들은 지역의 경계 내에서 생활하는 경향이 강하지만, 그 이면에는 문화적으로, 정치적으로 한국 사회와 교류하고 소통하기 위한 다양한 방법들을 모색하고 있다. 개개인이 아닌 모임이나 단체, 커뮤니티를 통해서 혹은 개별적인 만남에서 한계를 느낀 중국동포들이 자신들의 존재를 알릴 수 있는 기회와 만났을 때 소통의 가능성은 열리게 되는 것이다.

6. 맺으며

찰스 테일러는 다문화주의로 공동체를 설명하기 위해 '차이의 정치'

---

25) 일종의 동원장치라 할 수 있는 이들 자율방범대는 여러 면에서 제한적일 수밖에 없다. 실제로 각 구 지역 경찰서 외사과에서 담당하고 있는 자율방범대는 치안실적을 높이기 위한 경찰의 대외사업의 일환으로 시행되고 있으며, 경찰의 대주민계도선전활동에 동원되기도 하였다. 이에 대해서는 윤영도(2011) 참조.

(politics of difference)라는 개념을 사용하고 있다. 공동체주의에서 차이의 정치는 다수의 정체성으로 동화될 것을 강요당해 온 개인이나 집단의 고유한 정체성을 인정하고 '문화적 생존'의 중요성을 강조하고 있다. 낸시 프레이저의 경우는 '지구화 시대 정의의 당사자는 한 영토 내에 거주하는 시민들인가, 지구의 인류인가, 아니면 초국적 위험 공동체인가?'라는 질문에서 출발하여 정의의 새로운 틀로서 경제적 분배(redistribution), 문화적 인정(recognition), 그리고 정치적 대표(representation)를 포함한 삼차원적인 것이 되어야 한다고 주장한다(프레이저, 2010: 16~36).

이런 관점으로 한국에 거주하는 조선족 동포들에게 시선을 옮겨 보면, 이들이 한국 사회에서 문화적 결집체를 조직하고 그들 내에서 소통을 시도하며 한국 사회와의 갈등을 해결하고자 하는 개인적·집단적인 노력들은 결국 차이의 정치의 발현, 문화적 인정의 틀로서 해석될 수 있을 것이다. 하버마스가 말하는 행위자들의 의사소통을 통한 공론장의 재생산, 재구조화의 과정이라고도 할 수 있을 것인데, 재외동포법이 개정되면서 합법적으로 국내로 이동하는 조선족들은 자신들의 사회와 문화를 새롭게 형성해 가며 한국 사회와의 소통과 교류를 만들어 가고 있다.

중국의 조선족들은 조상의 나라, 모국인 한국에 대한 영광과 자부심을 가지고 한국으로 이동하였지만, 한국 사회에서 차별과 무시와 갈등과 좌절을 경험하며 한국은 정주할 고국이 아니라 그들이 가지고 있는 문화적 자원을 활용하여 경제적 이득을 얻어 가는 곳으로 변질된다. 이것은 다시 말하면, 신자유주의 세계화 시대에 중국동포들은 값싼 노동력으로밖에 취급되지 않으면서 이들의 강한 민족 담론은 한국 내에서 설 자리를 잃게 되는 것이다. 그리고 외국인 노동자도, 같은 민족도 아닌 어정

쩡한 위치에 놓이게 된다.

　　그러나 지금까지 살펴보았듯이 한 사회에서 길든 짧든 일정 지역을 점하며 정주하게 되는 외국인들, 중국동포들은 그 사회의 구성원으로서 끊임없이 사회와 소통하고 교류하기 위해 정보를 교환하고 문화를 습득하며 갈등한다. 그리고 서로 다른 사회구조적 조건에서 양산된 차이를 확인하며 서로를, 그리고 스스로를 어떻게 위치 지을 것인가, 관계에 대해 고민하게 되는 것이다.

　　따라서 담론의 정치에서는 '중국동포들이 어떻게 다문화적인가'라는 질문을 하기 전에 중국동포들과 한국 사회가 함께 새로운 공론의 장을 만들어 가야 할 것이며 그들을 다문화나 동포 담론의 이중적 틀에 가두기 전에 먼저 새로운 중국동포들의 문화형성에 관심을 가져야 할 것이다. 같은 혈연에서 출발했지만, 전혀 같지 않은 생활세계와 문화를 공유하고 있는 중국동포들과 한국 사회의 다양한 차이의 선들을 확인하는 것, 그리고 그것을 정치하게 드러내는 것, 이것이야말로 한국 사회의 배타적 다문화주의에 대한 비판이면서 한국 사회 내에서 '조선족 문화'로 새롭게 소통할 수 있는 가능성을 만들어 가는 것이 아닐까 생각해 본다.

4장 _ 포스트소비에트 공간에서 재한고려인들의 월경 이동과 과문화적 실천들[1]

신현준

1. 서: 포스트소비에트 공간에서 고려인을 위한 복수의 장소들의 발생

1991년 12월 소비에트 연방(소련)의 해체는 세계 전역에 심오한 파장을 미친 거대한 사건이었지만, 그 사건들의 파장을 가장 강하게 느낀 장소들은 구소련에 속해 있다가 독립하여 새로운 (국민)국가들을 형성한 나라들이었다는 점에는 논란이 없을 것이다. 이른바 '독립국가연합'(CIS)에 속하는 장소들에서 살고 있는 사람들의 삶에 대한 포괄적 연구는 이 글의 범위를 넘는 것이겠지만, 그 삶에 대한 일반적 효과 하나를 지적할 수는 있을 것이다. 그것은 소비에트 시대의 엄격한 인구정책으로 특정한 장소에 속박되어 생활해야 했던 대다수의 사람들이 상이한 장소로 이동할 수 있는 가능성이 발생했다는 점이다. 즉, '포스트소비에트'는 정치(학)적 시간일 뿐만 아니라 지리(학)적 공간을 지칭한다. 포스트소비에트 공간이란 사람들이 복수의 장소들로 이동하고 그곳들에 거주하면서

---

[1] 이 글은 『사이』 12호(2012)에 게재된 논문을 이 책의 취지에 맞게 근본적으로 수정·보완한 것임을 밝혀 둔다.

새로운 의미를 생산할 가능성의 조건들로 작용하고 있는 것이다.

소련이 해체된 이후 구소련에 속해 있던 나라들 일부가 독립했다는 사실 자체가 포스트소비에트 공간의 내적 구조가 복잡성을 배태하고 있다는 것을 보여 준다. 독립국가연합(CIS)이라는 정치적 커뮤니티는 소비에트 연방에 비해 훨씬 느슨한 권역 조직체(regional organization)[2]이고, 이 광활한 영토들의 각지에 거주하는 사람들은 (구)소련, CIS, 국민국가, 소수민족 등의 상이한 정치적 단위들의 역사적 및 현재적 효과들하에서 새로운 정체성을 형성하고 있는 중이다.

고려인들의 경우도 예외는 아니며, 오히려 다른 민족집단들에 비해 존재 조건의 불안정성과 불확실성의 정도가 상대적으로 더 심하다고 말할 수 있다. 여기서 고려인의 경우 CIS에 실존하는 다른 소수민족들과 공유하지 않는 특징들이 많다는 점을 확인할 필요가 있다. 이는 ①강제이주의 결과 문화적 자치구를 형성하지 못했다는 점 ②모국어도 현지어도 아닌 러시아어를 제1언어로 사용한다는 점 ③'역사적 고국' (istoricheskaya rodina)이 구소련/독립국가연합 외부에 실존하고 있다는 점 등으로 요약할 수 있는데,[3] 이 특징들은 이 책에서 다루는 조선족

---

2) CIS의 정회원국은 러시아, 몰도바, 벨라루스, 아르메니아, 아제르바이잔, 우즈베키스탄, 우크라이나, 카자흐스탄, 키르기스스탄, 타지키스탄 등 10개국이다. 우크라이나는 공식 회원국이 아니지만 실질적으로 참석하고 있고, 투르크메니스탄은 2005년 탈퇴했지만 준회원국이고, 조지아는 2008년에 탈퇴했다. 다른 한편 소련의 일부였던 발트 3국(에스토니아, 라트비아, 리투아니아)은 CIS에 참여한 사실이 없다.

3) 소련 시대 소수민족으로서 고려인들의 특수성은 다른 민족들, 특히 그리스인(Greeks), 쿠르드인(Kurds), 볼가 독일인(Volga Germans), 크림 타타르(Crimean Tatars), 메슈케티 터키인(Meskhetian Turks)과 강제이주의 역사를 공유한다. 단, 독일인들을 제외한 다른 소수민족들의 경우 자신들의 언어와 문화를 어느 정도 유지할 수 있었던 반면, 독일인과 고려인은 언어 문화적으로 철저한 동화(assimilation) 과정을 거쳤다는 점에서 다른 소수민족과 다르다. 고려인과 독일인을 디아스포라의 관점에서 비교한 연구로는 김 나탈리아(2004)를 참고하라.

이나 자이니치 혹은 여타 '코리안 디아스포라'와 구분된다.

이런 불안정성과 불확실성은 이들을 지칭하는 용어가 극히 혼돈스럽다는 사실에서 그 일면이 드러난다. 한국의 각종 공식 통계에서는 '한국계 러시아인'이라는 용어를 사용하지만 이는 여러 점에서 문제적이다. 러시아에 거주하는 고려인들을 'Rossiyskie Koreitsy'(영어로 'Russian-Korean') 혹은 '재러고려인'(정진아, 2011)이라고 부르는 것은 연해주와 사할린을 포함하여 러시아 연방에 거주하게 된 고려인들을 지칭하는 범주로는 문제가 없겠지만, 러시아가 아닌 다른 신생독립국가들의 고려인들을 연구 대상에서 배제할 수 있다. 예를 들어 우즈베키스탄, 카자흐스탄, 우크라이나에 거주하는 고려인들은 비록 그들이 아직도 러시아어를 제1언어로 사용하고 있지만, 그들에게 '재러'나 '러시아인'이라는 호칭을 붙이는 것은 더 이상 적절치 않게 되었다. 실제로 러시아가 아닌 CIS국가들에 거주하는 고려인들이 출입국통계에서 별도의 범주로 설정되고 있지 않다는 점은 유감스러운 일이다.

뒤에서 살펴보겠지만, 고려인들은 CIS의 여러 나라들 사이의 경계를 넘어 이동하고 그 결과 여러 장소들에 산포되어 거주하고 있으면서도, 그들 사이의 공식·비공식 네트워크를 형성하고 있다. 따라서 '국민국가'라는 단위는 포스트소비에트 공간에서 이동하는 고려인들을 분석하기 위해 불충분하다. 그렇지만 국제법과 시민권 제도가 작동하는 현실에서 국민국가의 불가피한 효과를 간단히 무시할 수는 없다. 이 모든 결과로 인해 고려인들의 정체성을 재축조하는 요인들은 매우 복합적이어서, 한반도와 연해주라는 역사적 뿌리들 외에도 소비에트 인민의 이데올로기, 러시아 언어와 문화에 대한 부착(attachment), 법률적 국적국(國籍國)의 국가 건설 등이 서로 착종되어 작용하고 있는 것이다. 예를 들어 우즈베키스탄에서 거주하면서 서울에서 체류하고 있는 있는 고려인을 위한 이름은 'CIS고려인'일 수도 있고, '우즈베키스탄 고려인'(국가적 정체성을 강조할 경우)일 수도 있고, 한발 양보한다면 '한국계 러시아인'일 수도 있다(문화적-언어적 정체성을 강조할 경우).[4] 나아가 이 복수의 요인들 사이의 관계가 안정적으로 연접(conjuncture)된 것은 아니며, 그 관계는 지금도 변화하고 있다. 즉, 이념, 언어, 장소 사이의 이접(disjuncture)이 발생하고 있는 것이다. 호미 바바(Homi Bhabha)의 말을 빌리자면, 고려인의 물리적 이동은 "초국적이면서 번역적"(transnational translational)(Bhabha, 1994: 173)이고, 나는 이 글에서 이런 과정을 '과문화적'(transcultural)이라고 총괄하고자 한다.

그렇다면 이 글의 제목에 등장하는 '재한고려인'으로 돌아오자. 우선 이 용어가 다분히 임의적이라는 것을 밝혀 둔다. 이는 한국에 체류하는 조선족을 지칭하는 하나의 용어인 '재한조선족'으로부터 차용하고 응용한 것에 가깝다. '재한'도 '고려인'도 스스로에 의해 작명된 것은 아니라는 뜻이다. 이는 단지 고려인들이 한국이라는 공간으로 어떻게 이동해 왔고, 이 장소에서 어떠한 일상의 삶을 살아가는가를 탐구하려는 지향을 표현할 뿐이다. 고려인 앞에 '재소', '재CIS', '재러'가 아닌 '재한'이라는 표현이 붙는 것은 그 자체로 모순되어 보이지만, 구소련의 영토라는 장소에 계박되어 있던 고려인이 포스트소비에트의 공간 외부에 있는 한국(남한)의 영토에 체류하는 것은 이제 엄연한 현실이 되었다. 이들이

---

4) 한 예로 한 구술자는 우즈베키스탄에서 한국으로 이동하여 거주하고 있고 러시아는 방문한 적도 없었지만, 친하지 않은 사람들이 "어디에서 왔어요?" 하고 물어보면 "러시아에서 왔어요."라고 대답한다고 말했다. 그 이유들 가운데 하나는 '설명하기 너무 복잡해서'일 것이다.

치환된 장소에서 어떤 삶을 살아가고 어떤 의미를 찾는가가 이 글의 대상이다. 이제까지 고려인의 이동에 대한 대부분의 연구들이 주로 구소련 혹은 CIS 권역 내부에서의, 이른바 역내 이동에 주목해 왔다면, 이 글은 그 연구성과를 토대로 고려인들의 한국이라는 구소련/CIS 역외로의 이동에 주목하고자 한다.

즉, 이 글에서 이동하는 고려인들을 위한 장소들은 서울, 경기도, 강원도(동해), 부산에 국한했다. 이들의 국적국의 몇몇 장소들인 러시아(모스크바), 우즈베키스탄, 카자흐스탄, 우크라이나(키예프와 하리코프)에서 짧은 체류기간 동안의 필드워크가 이루어졌지만, 그 결과는 한국에 체류하고 있는 고려인들과 연관되는 한에서만 이용할 것이다. 더 큰 그림을 그려 내고 비교분석을 수행하기 위해서는 중앙아시아(우즈베키스탄, 카자흐스탄)와 극동 러시아(연해주와 사할린) 등지에서 장기간의 다부지 현장연구가 요구되는 사안이라는 점도 밝혀 둔다. 구체적으로 이 글은 2010년 5월부터 12월까지 8개월 동안 집약적으로 이루어진 40명의 한국 체류 고려인들과의 인터뷰에 대한 분석을 기초로 쓰여졌다.

면접은 눈덩이 표집(snowballing sampling) 방법을 취했지만, 하나의 접촉선에 의존할 경우 편향된 결과를 얻을 위험을 방지하기 위해 세 가지 상이한 접촉선을 택했다. 인터뷰는 기본적으로 심층면접의 형식을 취했지만, 필요한 경우 이메일 교환과 짧은 대화에서 얻은 정보들도 이용했다. 또한 교회 예배와 환갑잔치 등 공식적인 의례(ritual)에 대한 각각 수차례의 참여관찰도 이루어졌다는 점도 밝혀 둔다. 인터뷰는 러시아어, 한국어, 영어의 세 언어로 이루어졌는데, 러시아어 능력이 매우 낮은 글쓴이의 한계는 우즈베키스탄 출신 고려인 조교 장 이리나(Irina Tyan)의 도움으로 상쇄하려고 노력했다. 그녀는 인터뷰를 통역하고 녹취를 번

역해 주었고, 소중한 아이디어를 제공하고 연구자와 의견을 교환하면서
이 연구를 헌신적으로 보조해 주었다.

　재한고려인의 삶이 이 글의 초점이기는 하지만, 포스트소비에트 공
간에서 고려인의 이동에 대한 큰 그림을 먼저 그리는 일은 불가피해 보
인다. 그래서 다음 절에서 기존 연구성과들을 비판적으로 평주하면서 이
동하는 고려인들에 대한 지도그리기(mapping)를 수행한 뒤, 본론으로
이동하고자 한다.

2. 영토화된 '소비에트 고려인'으로부터 탈영토화된 'CIS고려인'으로

1) 이동의 의사결정: 압출 - 흡인 모형을 넘어서

1990년 한소수교 이후 한국(남한)과 러시아 및 독립국가연합 사이의 '한
민족'의 이동은 양방향적이면서 비대칭적이다. 국가 간 공식 외교를 통
한 이동을 무시한다면, 한국인의 경우 선교, 사업, 유학 등의 형태를 취
한다면, 고려인의 경우 취업, 유학, 결혼 등의 형태를 취한다. 한국인들의
CIS국가들로의 이동에 대해서는 별도의 연구가 필요하지만, 그 이동이
장기적으로 외국 국적을 취득하기 위한 이민의 형태라기보다는, 한국으
로의 귀국을 전제하여 재외국민으로서 국외거주(expatriation)라는 형
태를 취한다는 점에는 큰 이견이 없을 것이다. 반면 고려인들의 한국으
로의 이동은 이와는 양상이 다른데, 이 절에서는 이를 이동의 동기, 경로,
과정으로 세분하여 살펴보고자 한다.

　그에 앞서 1990년대 초 소련의 해체라는 역사적 계기의 중요성을
다시 한번 확인하고 싶다. 소련의 해체는 그전까지 계획경제하에 존재
하던 인구 이동에 대한 규제가 완화되었다는 것을 의미하고, 이는 고려

인들이 포스트소비에트 공간들의 여러 장소로 이동할 가능성을 제공했다. 즉, 그 이전까지 거주의 장소에 계박되어 있던 실질적인 경직된 부동성(immobility)이 포스트소비에트 시대의 잠재적인 유연한 이동성(mobility)으로 변환된 것이다. 이는 구소련/CIS 영토 내부에서의 역내 이동도 이제는 국제적 이동의 형식을 취하게 되었다는 것, 그리고 이전 시대에는 거의 불가능했던 구소련/CIS 영토 외부로의 이동의 가능성도 개방되었다는 것을 의미한다. 그렇지만 이동이 현실화되기 위해서는 복잡한 과정이 수반되고, 이동의 주체들은 여러 가지 변수들을 복합적으로 고려해야 한다. 어디로 이동할 것인가(목적지), 얼마나 머물 것인가(체류기간) 등의 세부적 결정을 내리기 위해서는 '왜' 이동하는 것인가, 즉, 이동의 동기에 대한 문제를 해결해야 한다.

이 '왜'에 대해서는 일단 고전적인 압출-흡인(push-pull) 모형[5]을 통한 설명들이 다수 존재한다. 압출에 해당하는 요인에 대해 한 연구는 중앙아시아 고려인의 압출요인들로 '회교 민족주의의 부흥', '선주민족 중심의 언어정책', '취업과 교육기회의 제한'(전신욱, 2007: 84~90)을 들고 있고, 다른 연구는 경제문제, 정치적 불안정, 공용어의 무지, 자녀교육

---

5) 어니스트 라벤스타인(Ernest Ravenstein) 이래의 고전적인 압출-흡인과정 모형은 송출국과 수용국 사이의 사회경제적 불균형이라는 조건하에서 개인이 압출과 흡인의 요인들을 계산하여 합리적 의사결정을 내린 결과로 국제이주 및 월경 이동이 발생한다고 간주한다. 그렇지만 압출-흡인 모형에 기초하여 지구적 노동공급과 노동수요로 국제 이동을 설명하는 이주 이론은 월경의 이동의 '비합리적' 요인들에 대한 고려가 없다는 문제점을 갖는다. 이 글의 대상인 고려인의 한국으로의 귀환이주/역이주는 역사적 고국이나 고향에 대한 향수라는 비합리적 요인들이 작동하는 '감정적 결정'(emotional decision)에 근거할 때가 많다. 귀환이주/역이주가 아니더라도 현대의 이주 및 이동의 요인들은 경제적 요인으로 환원시키기 곤란하다. 이 글에서는 압출-흡인 모형의 골간을 유지하되 복수의 요인들을 종합적으로 고려하는 비환원론적 설명을 추구할 것이다.

문제, 개인문제 다섯 가지로 세분하고 있다(임 율리아, 2007: 26). 위 설명들 가운데 '회교 민족주의'라는 과도한 표현을 무시한다면, 고려인들에 대한 압출요인들이 강한 지역이 중앙아시아, 특히 우즈베키스탄이라는 점에는 합의가 존재한다.[6] 이는 독립 이후 정권을 잡은 뒤 현재까지 권좌에 있는 이슬람 카리모프(Islam Karimov)의 일련의 정책들의 효과들 때문이다. 그는 경찰과 군대 등의 억압적 국가기구를 통해 철권통치를 휘둘러 왔고, 통제경제체제를 유지하면서 경제사정의 악화를 방치하고 있고, 러시아의 문화적 영향을 탈피한다는 명목으로 민족주의적 문화정책을 추진해 왔다.[7]

이 점은 우즈베키스탄의 이웃 나라들인 카자흐스탄과 키르기스스

---

6) 실제로 우즈베키스탄은 CIS나라들 가운데 가장 인구유출이 많은 나라다. 2005년에 수행된 통계를 따르면 2001년부터 2004년 사이에 인구유출은 매년 5~8% 증가해 왔고, 2004년에는 105만 명이 노동이주를, 1,350명이 정치적 이유로, 3,720명이 결혼과 유학 등으로 이주했다. 목적지로는 러시아가 64%, 카자흐스탄이 28%, 한국이 5.2%, 터키가 1.4%, 유럽이 0.7%, 아랍에미리트가 0.4%, 기타가 0.2%다. CIS나라들을 제외하면 한국이 가장 높은 비중이라는 것을 확인할 수 있다. 이상은 NGO 통 자호님(Tong Jahonim)에서 수행한 조사를 인용한 일하모프(Ilkhamov, 2006: 4~5)로부터 재인용한 것이다.

7) 소비에트 시대 러시아 문화에 동화되어 러시아어만을 사용해 온 고려인들에게는 우즈베키스탄에서 계급적 상향 이동에 일정한 한계가 있다는 인식이 존재하는 것은 사실이라고 하더라도, 우즈베키스탄의 민족주의 정책에 따른 '인종차별'이나 '종교차별'이 고려인의 이동을 촉진하는 일반적 원인이라는 식의 견해에는 논란이 있다(예를 들어 성동기, 2001: 108; 임 율리아, 2007: 19). 성동기에 따르면 우즈베키스탄은 "다문화포용정책"(성동기, 2001: 108)을 공식적으로 시행하여 소비에트 체제하에서 억압된 다민족의 정체성 회복을 허락한다고 밝히고 있다. 실제로 헌법 8조는 "우즈베키스탄 공화국의 모든 시민은 민족에 상관없이 우즈베키스탄 국민이 된다"(임 율리아, 2007: 20에서 재인용)고 말하고 있다. 우즈베키스탄의 민족주의정책이 실존한다고 하더라도 그곳의 소수민족들 가운데 고려인들이 가장 큰 피해를 받은 집단이라고 말하기는 곤란할뿐더러, CIS권역에서 고려인들을 비롯한 소수민족에 대한 인종차별이 강한 곳은 우즈베키스탄 등 중앙아시아권에 속하는 나라들이라기보다는 오히려 유럽권에 속하는 나라들이기 때문이다. 우즈베키스탄에서 유학한 한국인 연구자(성동기)와 한국에서 유학하고 있는 우즈베키스탄 고려인 연구자(임 율리아)의 주장은 이제까지 한국 학계에서의 지배적 인식과 묘한 긴장을 이루고 있어서 흥미롭다.

탄과 비교하면 더욱 선명하게 이해할 수 있다. 카자흐스탄의 경우 정치적으로는 1인 지배가 계속되고 있지만 석유와 가스 개발을 통해 경제적 곤경을 벗어나 있고, 키르기스스탄의 경우 경제적 곤경에 처해 있지만 두 차례의 시민혁명을 통해 정치적 자유가 어느 정도 확보되어 있다. 또한 카자흐스탄과 키르기스스탄 모두 러시아어와 키릴문자를 공식 언어들 가운데 하나로 지정하고 있다는 점에서 우즈베크어를 유일한 공식언어로 지정하고 키릴문자를 로마문자로 대체한 우즈베키스탄에 비해 고려인들이 일상생활을 영위하는 데 상대적으로 유리한 상태다.

우즈베키스탄 등 중앙아시아에 거주해 오던 러시아어 사용 고려인들은 이런 압출요인들의 상존을 체감하면서 흡인요인들을 복합적으로 고려해 왔다. 인터뷰를 통해 확인한 흡인요인들로는 러시아어 사용의 빈도, 새로운 국적의 취득 가능성, 경제적 소득의 증대, 사회적 지위의 개선 등 네 가지가 가장 중요했다. 최종 목적지 혹은 임시 체류지를 결정할 때 각 요인들 사이의 우선순위가 달라진다는 점도 지적할 수 있다. 즉, 몇몇 미디어에서 고려인들을 마치 난민(refugee)처럼 묘사한 것은 현실과는 거리가 있다. 고려인들의 이동은 복수의 요인들의 상호작용을 통한 복합적 의사결정의 산물이지, 자발적 계획 없이 상황에 의해 강제된 것은 아니라는 사실이다. 심현용(2007)이 1990년대 고려인들의 이주를 전반기의 '강요된 이주'와 후반기의 '자발적 이주'로 구분한 것도 이런 맥락일 것이다.[8]

---

8) 실제로 1990년대 전반기의 강요된 이주는 타지키스탄에서 발생한 내전과 관계가 깊고, 다른 중앙아시아 나라들과는 관계가 없다. 또한 고전적 의미의 이주, 즉, 정착을 전제로 하는 이동이 아니라 월경의 이동 일반을 고려한다면, '강요된' 것과 '자발적인' 것을 이분법적으로 구분하기는 곤란하다.

한 예로 우즈베키스탄에 사는 고려인이 모스크바로 이동한다면, 모스크바라는 장소는 러시아어를 문화자본으로 사용할 수 있고, 새로운 러시아 국적을 취득할 수 있고, 교육 기회와 취업 가능성이 상대적으로 높다는 구체적 의미를 갖는다. 그렇지만 현지에서 구하는 직업의 경제적 소득과 사회적 지위에 대해서는 이동하는 주체의 사회자본과 문화자본을 기초로 복합적이고 신중한 판단을 내려야 한다. 또한 이동에 따르는 비용 혹은 리스크에 대한 고려도 필수적인데, 무엇보다도 체류 목적지에서 소수자에 대한 형식적·실질적 위협이 중요한 고려 대상이다. 모스크바로 이동하는 경우 러시아인들의 아시아인에 대한 인종주의와 일상적으로 교섭해야 한다는 리스크를 감수할 준비가 되어 있어야 한다. 간단히 말하면 중앙아시아의 고려인이 모스크바로 이주하는 것은 영어를 구사할 수 있는 한국인이 뉴욕으로 이주하는 것과 크게 다르지 않다. 이제 출발지와 목적지를 연결하는 고려인들의 복잡하고 다양한 이동 경로에 대해서 알아볼 필요가 있다.

2) 역내 이동의 발산적 경로들과 복합적 층들

포스트소비에트 공간에서 복수의 장소들이 존재한다는 사실은 방금 언급한 바 있다. 그렇지만 소비에트 시대 고려인들의 이동에 대해서는 많이 알려진 것이 없다. 스탈린 시대 고려인들의 이동은 거의 불가능했지만, 흐루시초프 시대(1956~1964)에 고려인들은 여권을 발급받아 소련 역내에서 이동할 자유를 부여받았다는 기본적 사실 정도가 연구되어 있다. 그 결과 고려인들 가운데 소수는 러시아, 우크라이나, 벨라루스 등 유럽에 속하는 소련의 영토로 이동하고 이후 그곳에 정착하여 거주했다는 사실을 관찰할 수 있고, 현재 모스크바와 상트페테르부르크(이상 러시아), 키예프(우크라이나), 민스크(벨라루스) 등 대도시에 거주하는 고려인들이 그 이동의 증거일 것이다. 이곳은 소비에트 공민의 계층적 상향 이동을 달성할 수 있는 장소이자 농촌공간으로부터 도시공간으로의 이동을 달성하는 장소이기도 했다.[9] 소련 해체 이후에도 위 대도시들의 의미는 지속되고 있고, 따라서 고려인들이 이 대도시들로 이동하는 현상은 계속되고 있다.

러시아 및 구소련의 영토가 유라시아 대륙 동서 양쪽으로 광활하게 걸쳐 있다는 점을 고려한다면, '우즈베키스탄에서 러시아로의 이동'이 대도시로의 이동에 국한되지 않는다는 것을 알 수 있다. 오히려 1991년 소련 해체 이후 약 10년 동안 주목되는 이동의 양상들은 러시아 남부의 우랄-볼가 지역(특히 볼고그라드)과 우크라이나 남부의 농촌 지역으로의 이동, 그리고 원동 러시아(특히 연해주)로의 동향 이동이었다. 이 이동의 특징은 도시공간으로의 이동이라기보다는 농촌공간으로의 이동이라는 점에서 냉전시대의 이동의 지배적 동기와는 다르다. 종합한다면, 우즈베키스탄을 중심으로 하는 지역으로부터 서향으로는 남부 러시아와 우크라이나, 북향으로는 카자흐스탄과 시베리아, 동향으로는 원동 러시아(특히 연해주)로의 발산형 이동이 1991년 이후 고려인들의 이동 경로의 특징적 양상이라고 할 수 있다.

---

9) 에피소딕한 사례지만, 소비에트 시대 고려인으로 한국에 이름을 알린 체조 선수 넬리 킴(Nelly Kim, 1957~)은 타지키스탄에서 태어나 현재의 국적은 벨라루스이고 미국에 거주하고 있다. 또한 1990년 요절한 '러시안 록의 영웅' 빅토르 초이(Victor Tsoi, 1962~1990)의 아버지는 카자흐스탄에서 태어나 상트페테르부르크(당시 레닌그라드)로 이동했다. 고려인들에게 서쪽으로의 이동은 계급적인 상향 이동이자 소비에트화를 보여 주며, 이는 때로 인종적 혼합을 매개로 했다. 참고로 넬리 킴의 어머니는 타타르인, 빅토르 초이의 어머니는 러시아인이다.

〈그림 4-1〉 포스트소비에트 공간에서 고려인들의 이동 경로와 방향

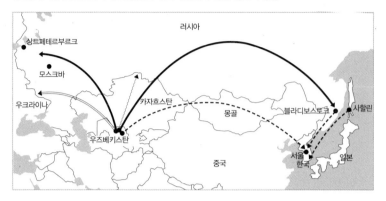

이상을 요약하면 포스트소비에트 공간에서 고려인들의 이동은 과거에 비해 다방향적 발산의 양상을 보이는 것을 알 수 있다. 〈그림 4-1〉에서 실선들은 러시아를 포함한 CIS 내부의 이동인 반면, 점선은 한국으로의 이동을 각각 표현해 준다. 이는 또한 중앙아시아를 중심으로 서향(유럽 지역으로의 이동), 북향(카자흐스탄과 시베리아), 동향(극동 러시아 지역으로의 이동)으로 이동의 경로가 다방향적으로 발산되고 있음을 보여 준다. 포스트소비에트 공간에서 고려인들의 이동 경로는 이전 시기에 비해 훨씬 복합적인 층들(layers)을 축조하고 있는 것이다. 『고려인 사회의 변화와 한민족』(임영상·황영삼 외, 2005)에서 다루는 고려인 사회가 모스크바, 상트페테르부르크, 우랄-볼가 지역, 시베리아, 연해주 다섯 곳을 대상으로 하고 있는 것은 이런 발산적 경로들과 복합적 층들을 반영하는 것이다.[10]

---

10) 중앙아시아에서 그 외부로 이동한 인구 규모를 정확히 추산하는 데는 어려움이 있지만, 1989년과 2002년에 수행된 공식 통계를 따르면, 러시아의 고려인은 10만 7,000명 수준에

이 가운데 연해주는 1937년의 강제이주 이전 고려인들의 전통적 거주 영역이었고, 따라서 현재의 고려인들에게는 러시아의 영토이자 선조의 고향이라는 문화적·상징적 의미를 갖는 장소다. 고려인의 연해주로의 동향 이동은 소련 시대에 비해 양적 규모와 강도가 증가했다는 점 외에도 이동의 방향이 20세기 전반기와 반대라는 점에서 역이주(reverse migration)라고 부를 수 있다는 점에서 특별한 주목을 받았다. 고려인의 중앙아시아에서 연해주로의 인구 이동은 '강제이주된 고려인의 재정착'이라는 시각에서 한국 각계의 관심을 낳았고, 실제로 한국의 정부단체 및 비정부단체가 매개된 여러 사업들, 특히 기금의 조성을 통한 영농 사업이 추진되었다(심현용, 2007; 전신욱, 2007; 이광규, 2008; 김덕중, 2009).

여기서 환기해야 할 두 가지 논점들이 있다. 하나는 고려인들의 이동은 포스트소비에트 공간에서 여타의 민족집단의 복잡한 이동들 가운데 하나라는 점이다. 이는 고려인의 이동은 소련 시대의 인위적 인구정책의 결과 형성된 각 민족집단의 지리적 배치가 전면적으로 재배치되는 더 큰 규모의 인구 이동의 틀에서 사유되어야 한다는 것을 의미한다. 다른 하나는 포스트소비에트 공간의 내부와 외부 사이에도 활발한 이동이 발생하고 있다는 것이다. 이른바 포스트소비에트라는 시공간은 지구화

서 2002년 14만 8,000명으로 4만 명 가까이 증가했다(심현용, 2007: 6). 이에 비해 소련 독립 이후 10년 동안 우즈베키스탄의 고려인은 18만 3,000명 수준에서 14만 7,000명 수준으로 3만 6,000명이, 타지키스탄 고려인은 1만 3,000명 수준에서 1,000명 수준으로 1만 2,000명이 각각 감소했다. 반면 카자흐스탄과 키르기스스탄의 고려인의 숫자는 대체로 안정되어 있다(이상은 임영상 외, 2007: 49~50). 한편 러시아와 우크라이나 각 지역에 거주하는 고려인들의 숫자는 연해주 3만 명, 우랄-볼가 5만 명, 우크라이나 3만 명 수준으로 각각 추정되고 있다. 이들 모두 공식 통계에 따른 것은 아니며, 실제로 거주하고 있지만 공식 거주증을 취득하거나 거주등록을 하지 않는 경우가 많기 때문에 현재로서 정확한 양적 파악은 곤란하다.

과정에 의해 창출된 더 넓은 시공간의 일부이고, 따라서 구소련에 속했던 사회들 및 그 사회들에 거주했던 사람들이 글로벌 경제로 통합되는 과정의 특수한 성격, 방식, 양상에 대한 폭넓은 조망을 필요로 할 것이다.

그렇다면 고려인들의 이동의 하나의 기착지로서 한반도, 정확히 말하면 한국(남한)의 의미를 더 명확히 이해할 수 있다. 고려인에게 한국은 역사적 뿌리 및 사회적 연고가 존재하는 장소라는 인식이 존재하는 것은 사실이다. 특히 1990년대 이후 한국과의 교류가 활발해지면서 고려인들에게 한국의 의미가 역외의 다른 나라들에 비해 특별해진 것을 부정할 수는 없다. 그렇지만 앞서 말한 이동의 현실적 동기들, 특히 흡인요인을 고려한다면, 한국이라는 공간에 대한 우선순위가 높다고 보기는 곤란하다. 러시아어를 사용할 수 없고, 국적취득의 가능성이 높지 않으며, 사회적 지위의 향상도 기대하기는 곤란하다.

실제로 2007년의 한 보고서에 의하면 "[취업이 아닌] 영주거주를 목적으로 한국으로 가겠다고 생각하는 고려인은 지금 현 단계로서는 거의 없거나 매우 적다고 판단하는 것이 합리적일 것이다"(임영상 외, 2007: 51)라고 서술하고 있다.[11] 한국으로의 이동의 동기는 이민을 통한 정주라기보다는 방문을 통한 취업이라는 성격이 더 강하다. 즉, 고려인들에게 한국이라는 장소는 취업을 통해 상대적으로 높은 소득을 획득할 수 있는 동기가 존재하고, 다른 동기들에 비해 우세하다고 판단될 때만 이

---

11) 2007년 10월 법무부의 공식 발표에 따르면 "우즈베키스탄은 실무한국어시험(B-TOPIK) 응시자가 국가쿼터에 미달하여 시험응시자 전원 추첨 없이 방문취업(H-2) 사증발급 대상에 포함", "러시아, 카자흐스탄 등 구소련 지역(CIS) 11국 역시 국가별 쿼터에 미달하여 재외공관 접수자 전원을 방문취업(H-2) 사증발급 대상에 포함"하였다.(http://www.moj. go.kr/20071030_imm.html) 결국 그 뒤 한국어 시험은 폐지되었다.

동의 목적지가 된다. 즉 고려인에게 한국이라는 기착지는 포스트소비에트 공간 내부의 장소와의 비교라기보다는 유럽, 아메리카, 일본 등과의 비교를 통해 결정되는 측면이 더 강하다.

고려인의 한국으로의 이동은 수십 년 동안 제도적·정책적으로 봉쇄되었던 경로의 개방이라는 점에서 '포스트소비에트적'일 뿐만 아니라 '포스트냉전적'이라고 말할 수 있다. 따라서 고려인의 한국으로의 이동은 단지 고려인들만이 아니라 구소련 영토에 거주해 왔던 비(非)고려인들이 한국으로 이동하는 과정을 포괄적으로 함께 고려할 것을 요구한다. 이는 고려인이 한국 사회와 갖는 역사적 뿌리와 사회적 연고(social ties)의 의미를 축소·부정하는 것이 아니라 그 역사적 뿌리와 사회적 연고가 글로벌 경제가 명령하는 흐름에 대해 어떻게 적응되고 변형되는가에 주목해야 한다는 것을 의미한다.

이 글을 위해 심층면접을 수행한 39명의 한국 체류 고려인들의 이동 경로를 추적하면, 우즈베키스탄에서 직접 한국으로 이주한 경우가 24명으로 절반을 넘었다. 그 외 우즈베키스탄에서 다른 나라(러시아 혹은 카자흐스탄)를 거쳐 한국으로 이동한 경우가 5명, 사할린에서 이동한 경우가 7명, (사할린을 제외한) 러시아에서 이동한 경우가 2명, 우크라이나와 카자흐스탄에서 이동한 경우가 각각 1명이었다.[12]

---

12) 이 글에서는 1945년 이전에 출생한 노년층을 대상으로 하는 사할린 동포의 영주귀국 사업에 대해서는 직접 다루지 않을 것이다. 사할린 고려인(혹은 조선인)의 경우 일본 제국주의와 연관된 문제이므로, 중앙아시아 고려인과는 다른 성격을 가지고 있다. 1990년 처음 영주귀국이 이루어진 이후 사할린동포들은 개별적으로 소수만 귀국하다가 1998년 152명, 1999년 95명 귀국했다. 2000년에는 안산 사동에 고향마을이라는 이름으로 집거지구(아파트 단지)가 형성되면서 408세대 815명이 영주귀국하게 된다. 그 뒤 2007년 인천(논현동)에 582명이, 그리고 2008년 청원, 아산, 화성, 원주, 부산, 김포에 적게는 80명, 많게는 132명이 각각 귀국하여 정착했다(이상은·나형욱, 2010: 112~113). 한편 2011년 영주귀국한 사

3) 한국으로의 월경 이동의 매개와 규모

포스트소비에트 공간에서 이동의 가능성이 증가하였다고 해도 그 가능성이 현실화되는 과정이 자연적이고 무매개적인 것은 아니다. 그 과정에는 복잡한 매개와 작인이 작동한다. 이들 가운데 1989년 한국과 소련 사이의 공식 외교관계의 수립이 결정적 계기로 작용한 것은 두말할 필요도 없을 것이다.

먼저 고려인의 남한으로의 이동에는 1990년대 이후 한국 정부의 공식 외교단체들의 활동 이외에 민간 기업, NGO단체(사회단체), 종교단체, 교육단체 등의 현지에서의 활동이 주요한 흡인요인으로 작용했다(최이윤, 2005). 한국어를 구사할 수 있는 중년 이하의 고려인들의 경우, 1990년대 이후 구소련으로 이동한 한국어 교육자, 기독교 선교사, NGO 활동가들과 접촉하여 공식적·비공식적으로 '고려말'[13]이 아닌 '한국말'을 교육받았다. 사회단체 및 종교단체는 고려인들을 비롯한 현지인들에게 한국의 언어와 문화를 전달하는 데 그치지 않고, 고려인들이 한국을 방문할 경우 물질적·비물질적 후원과 편의를 제공하기도 했다.

할린동포는 3,522명에 이른다고 보도되었다.

13) 70세 이상의 노년층인 고려인들은 '고려말'을 사용하는데, 한 연구에 따르면 함경도 방언에 기초하여 한국 문어체로부터 오랫동안 고립된 결과 발전이 중단된 언어로 주로 구어의 형태로 존재해 왔고 가족 내 일상용어 영역에서만 사용되고 있다(권희영·한 발레리·반병률, 2000: 79). 연해주로 (역)이주한 고려인 가정을 취재한 다큐멘터리 「마음의 거리 600km—연해주 고려인 마을 72시간」, 『다큐멘터리 3일』(KBS, 2009. 8. 22)의 두 장면에서의 언어적 소통의 착종 상황을 묘사해 보자. "한국말 할 수 있으세요?"라는 한국인 방송제작자의 질문에 한 고려인 중년 여성은 "한국말 할 줄 모르오"라고 (러시아말이 아닌) 고려말로 대답한 뒤 "우리 (한국사람으로) 보지 마오. 낯이 고려사람 낯이지 속은 다 소련사람이요. 성질 다 소련사람이요"라고 답한다. 다른 장면에서는 "한국말 아세요?"라는 한국인의 질문에 역시 고려인 노년 여성은 "모르오"라고 답한 뒤 "고려말은 조금 알지"라고 덧붙이고, 그 옆의 고려인 중년 여성은 "고려말 하면 알아듣소"라고 덧붙인다. 고려말을 한국말과 '같은' 것으로 간주하거나 '사투리'라고 생각하는 것은 또 하나의 해체되어야 할 '남한중심주의'다.

이 가운데 고려인들의 한국 방문 및 체류에 가장 적극적 매개자로 작용한 것은 한국의 개신교 교회 및 한국인 선교사로 보인다. 특히 한국의 기독교는 가장 공세적으로 CIS나라들에 진출했고, 그 결과 CIS지역에서 '한국인(남한인)=기독교인'이라는 인식을 가져온 것으로 보인다. 현지로 파견된 한국 선교사들은 고려인들의 기존 네트워크를 활용하면서 선교를 시작했고, 나아가 교회 공간을 통한 고려인들의 새로운 네트워크를 형성했다(서정렬, 2004; 김동원, 2010). 카자흐스탄에서 수행한 한 설문조사에 따르면 대상자 가운데 58.2%가 "종교가 있다"고 대답했고, 종교가 있다고 답변한 비율이 높은 층이 20~39세의 젊은 층이었다. 이들 가운데 개신교가 42%를 차지했고, 개신교의 경우 "교회의 설립자 및 목사들의 대부분이 한국 출신"(김 빅토리아, 2004: 72~73)이라면, 조사대상자 가운데 약 24%가 개신교 신자이며, 그들 대부분은 젊은 층이라는 추정이 나온다. 한국을 방문하려는 고려인들의 대다수가 개신교 교회를 다니면서 한국에 대한 정보를 접하고 한국에 대한 관심을 가졌다는 점에는 큰 논란이 없을 것이다. 이러한 정보의 축적과 관심의 심화가 이들이 한국을 방문하려는 욕구를 증폭시켰다는 것도 추론할 수 있다.

이런 매개들의 작동이 고려인들의 한국으로의 이동에 시기별로 어떤 영향을 주었는지를 살펴보자. 1990년대 내내 고려인들의 한국으로의 이동은 러시아인들 전반과 더불어 단기방문의 형태가 많았고 장기체류의 경우는 전문직에 국한되었다. 그 결과 한국에서 체류하는 고려인들의 숫자는 무시할 만한 수준이었다. 1장과 2장에서 상세히 검토했듯, 1999년 '재외동포법'이 제정된 뒤에도 고려인의 '동포'로서의 자격은 조선족과 더불어 불완전한 것이었고, 그 결과 고려인들의 한국으로의 대량 이입은 2000년대 중반 이후에 발생했다. 앞서 말한 것처럼 2000년대 초까지 중앙아시아 고려인들의 이동은 독립국가연합의 역내 이동의 형태가 지배적이었고, 한국에서의 체류는 단기방문에 머무는 경우가 대부분이었다. 그 가운데 일부는 단기비자를 받고 한국에 체류하면서 취업의 기회를 확보했지만, 3개월마다 현지에 돌아가야 하는 불편을 감수하거나 아니면 불법으로 한국에 체류하는 위험을 감수해야 했다. 이런 경우가 양적으로 많지는 않았지만, 이들 선발자들은 2000년대 중반 이후에 대량으로 입국하는 고려인들을 위한 국내 네트워크의 초기적 형태를 만들어 놓았다.[14]

여기서 고려인이 한국으로 이입되는 현상에 대해 공식 통계를 이용하여 양적 분석을 전개해 보자. 가장 최근의 공식 통계를 따르면 2010년경 방문취업제를 통해 H-2비자를 받고 체류했던 고려인은 모두 8,653명인데 우즈베키스탄(5,958명), 러시아(2,041명), 카자흐스탄(452명)으로 세 나라 출신의 합계가 8,451명으로 대다수를 차지하고, 그 외 키르기스스탄 출신이 157명, 우크라이나 출신이 28명, 타지키스탄 출신이 17명이었다. 한편 재외동포비자(F-4)를 취득하여 체류한 고려인의 규모는 전체 1,175명인데 이 가운데 우즈베키스탄(400명), 러시아(556명), 카자흐스탄(191명) 세 나라 합계 1,147명으로 역시 대다수를 차지했다. 동포인 경우에만 받을 수 있는 두 유형의 비자(F-4와 H-2)를 가진 고려인들

---

14) 고려인의 한국으로의 '대량입국'에 대해서는,「우즈백 고려인 1천 명 들어온다」,『파이낸셜 뉴스』 2005년 5월 30일자를 참고하라. 이 기사에 의하면 2005년 우즈베키스탄 출신 고려 인 1,000명이 외국인 산업연수생 자격으로 입국하여 600여 명은 "연수업체"(공장)에, 400명은 "건설현장"에 배정될 예정이며, "이전까지 우즈베키스탄은 한국에 산업연수인력 송출 시 고려인을 포함시키지 않았다"는 보도와 더불어 중소기업협동조합 회장이 그해 5월 우즈베키스탄을 방문하여 "고려인을 별도로 연수생으로 뽑아 줄 것을 현지 정부관리에 요청"하여 이루어졌다고 밝히고 있다.

의 숫자는 공식적으로 9,828명이었다.

다른 유형의 비자를 취득하여 한국에 체류한 고려인들의 규모는 공식적으로 발표된 통계로는 파악하기 곤란하다. 불운하게도 '한국계 러시아인'을 제외하고는 중앙아시아의 고려인들에 대해서는 공식 통계상에서 별도의 범주를 설정하지 않고 있기 때문이다. 단지, 한국에 체류하는 한국계 러시아인 전체의 규모가 2010년 2,973명이었으므로 두 유형의 비자(F-4와 H-2) 이외의 비자를 가지고 체류하는 경우는 376명이므로, 그 비중이 크다고는 할 수 없다. 그렇지만 최소한 1만 명의 고려인들이 당시 한국에 체류했다는 것을 확인할 수는 있다. 이주의 속성상 미등록 상태로 체류하는 경우까지 고려한다면 그 규모는 더 증가할 것이다.

이처럼 한국에 체류하는 고려인 전체의 규모를 계산하기는 기술적 어려움이 있으므로 2007년부터 2010년까지 방문취업제를 통해 한국을 찾은 고려인들에 한정하여 세 나라, 즉 러시아, 우즈베키스탄, 카자흐스탄에 한정하여 시계열적 추이를 살펴보기로 하자. 이는 〈그림 4-2〉로 표현된다. 이 시계열적 차이를 통해 몇 개의 논점들을 확인 혹은 제기할 수 있다.

첫째, 방문취업제로 한국에 체류하는 동포들의 구성에서 고려인의 비중은 크다고 할 수는 없다. 방문취업제로 체류하는 28만 6,586명 가운데 27만 7,928명이 이른바 '한국계 중국인', 즉, 조선족이라는 사실을 고려한다면, 8,658명이라는 고려인 규모는 전체의 3% 수준으로 매우 작아 보인다. 다른 한편 조선족을 제외하고 H-2비자를 취득하고 체류하는 사람이 있다면 그/그녀는 모두 '고려인'이라는 것을 의미한다. 즉 고려인은 방문취업제로 체류하는 동포들 가운데 조선족의 '나머지'를 구성한다.

둘째, 방문취업제로 체류하는 고려인의 숫자는 2007년 이후 3년

〈그림 4-2〉 재한고려인의 규모와 출신국별 분류: 2007~2010

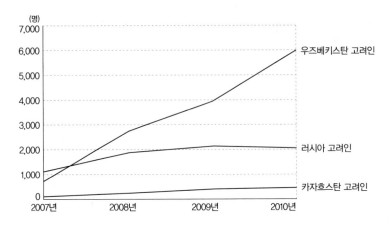

동안 4배 이상으로 급증하고 있다. 〈그림 4-2〉에서 보듯 2007년에는 총 2,000명에도 미치지 못했던 방문취업제 고려인의 규모는 3년 뒤에는 총 9,000명에 육박하는 수준으로 급증했다. 이는 한국에 이입하여 체류하는 고려인 동포들 가운데 '이주노동자'의 비중이 증가하고 있다는 것을 보여 준다. 특별히 주목할 점은 러시아와 카자흐스탄에서 한국으로 이입하는 고려인들의 규모가 소폭으로 증가하거나 때로는 감소하는 시점도 있는 반면, 우즈베키스탄 고려인들의 체류 규모는 3년 사이에 급증하고 있다는 사실이다. 실제로 러시아 고려인(이른바 '한국계 러시아인')이라고 하더라도 우즈베키스탄으로부터 러시아로 이주하여 러시아 국적을 취득한 경우도 무시할 수 없을 수준으로 추정된다.

셋째, 한국의 외국인 체류자는 2007년 100만 명을 넘어섰고, 2010년에는 120만 명을 넘어섰다. 이들을 나라별로 분류할 때, 구소련의 영향권하에 있었던 몽골(2만 9,920명)과 우즈베키스탄(2만 5,895명)은 각각 8위와 9위를 차지하고 있다. 몽골은 독립국가연합의 회원국은 아니지만 오랜 기간 러시아의 영향권하에 있던 중앙아시아 나라이므로, 러시아 및 중앙아시아로부터 이입되어 한국에 체류하는 주민은 7만 명을 넘어서는 규모에 달하고 있다. 앞서 '1만 명 이상'의 고려인의 규모는 이 7만 명 이상의 러시아·중앙아시아 사람들의 한국으로의 이동과 연계되어 진행되고 있는 것이다. 공식적 조절 장치로 인해 비(非)동포 외국인 이주자가 급증하기는 곤란하다면, 중앙아시아로부터의 이주민 가운데 고려인의 비중은 '동포'라는 상대적 이점을 통해 향후로도 증가할 것으로 전망할 수 있다.

종합하건대, 한국은 고려인들이 포스트소비에트 공간에서 선택할 수 있는 역외 혹은 원외(遠外)의 한 장소 이상도 이하도 아니었지만, 2007년의 방문취업제의 시행이 이들이 한국을 체류국으로 선택하는 제도적 흡인요인이 된 것은 분명하다. 또한 (뒤에 살펴보겠지만) 한국 교회 및 한국인 선교사는 취업을 위해 한국을 방문하는 고려인들을 위한 과국적 네트워크를 형성하고 실질적 편의를 제공해 주었다. 역으로 말한다면, 초기 단계에서 한국을 방문하여 체류하기를 희망한 고려인들은 개신교 교회와 밀접히 연관된 경우가 많았다.

그럼에도 불구하고 한국으로의 이동은 복합적 요인들을 고려하는 의사결정을 전제로 한다. 특히, 러시아어가 일반적·부분적으로 통용되는 CIS국가들에 비해 한국으로의 이동은 더 신중한 결정을 필요로 한다. 1980년대 후반 이래 '고국방문'의 형태로 한국 땅을 찾은[15] 고려인들 가

---

15) 재소동포의 모국방문은 재중동포보다 조금 늦은 시점인 1985년부터 한국적십자를 통해 추진되었다. 하나의 정보로는 「재소동포 모국방문 추진─한적 내년부터 연(延)50만 규모」(『경향신문』 1985년 11월 19일자)를 참고할 수 있다.

운데 일부가 한국에서 체류하게 되었고, 이들 소수는 일종의 선발자 그룹을 형성하게 되었다. 그 결과 2000년대 이후 선발자, 후발자, 대기자라는 다층의 구조가 형성되어 있고, 선발자가 경험을 통해 획득한 정보는 후발자 및 대기자와 공유되고, 분석되고, 축적되는 과정을 거친다. 즉, 고려인의 한국에서의 경험은 교회와 NGO 등의 공식 네트워크뿐만 아니라 가족과 친지 사이에서의 비공식 소통 네트워크를 통해 다른 지역에서의 경험들과 비교되고, 이 비교를 통해 한국으로의 이동 여부가 결정되는 것이다.

이고르 사벨리에프는 이러한 과정을 과국적 인터디아스포라 연계(transnational interdiasporic ties)의 형성으로 설명하고 있다(Saveliev, 2000: 497). 이 글의 앞에서도 살펴보았지만, 사벨리에프는 고려인들이 상대적으로 고정된 장소에서 생활을 영위했던 소비에트 시대와 달리 포스트소비에트의 공간에서는 복수의 장소들 사이에서 상징적·물리적으로 이동하면서 연계를 구축하고 있는 점에 주목한 것이다.[16] 그의 설명은 '소비에트 고려인'과 'CIS고려인' 사이의 차이를 간명하면서도 명확하게 정의해 주고 있다.

이상을 정리한다면, 2000년대를 거치면서 고려인들에게 한국은 낭만적 상상 속의 조국으로부터 현실적으로 이동 가능한 여러 체류국들 가운데 하나로 변환되었다. 한국 방문이라는 감정적 의사결정이 현실과 교섭하면서 합리화되는 과정을 거친 것이다. 한국으로의 방문과 체류 과

---

16) 이 점은 조선족의 과국적 네트워크도 공유하는 특징이다. 실제로 '조글로'(http://www.zoglo.net)가 탄생했고, 이는 디아스포라 연구의 한 극단적 경향에 동의한다면, "국가 없는 권력"(stateless power)이라고 부를 수 있다.

정에서 이들이 어떤 생활세계를 경험하는지, 그 경험에서 어떤 문화적 교섭을 수행하는지에 대한 상세한 분석은 절을 바꾸어 고찰해 보기로 하자.

3. 장소의 치환과 사회적 지위의 변환

1) 하속자는 한국말을 할 수 있는가(Can Subaltern Speak Korean)?
고려인들이 한국에서 하는 '일'은 무엇일까. 그리고 이들은 이 일에서 어떤 의미(혹은 보람)를 찾고 있는 것일까. 면접대상자 40명의 현재의 직업을 나열해 보면서 이에 접근해 보자. 이들의 현재 직업을 일별해 보면 공장 및 건설(11명), 사무직(6명), 주부(4명), 식당종업원(4명), 자영업(3명), 교사·강사(3명), 학생(3명), 상점판매원(1명), 기타(4명) 등이었다. 반면 이들이 한국으로 오기 전 가졌던 직업으로는 교수(1명), 의사(1명), 교사(8명), 학생(8명), 엔지니어(5명), 사무직(5명), 자영업(3명), 식당종업원(2명), 상점판매원(1명), 농업(3명), 간호사(1명), 주부(1명) 등이었다. 대체적으로 한국에서의 직업이 제조업공장, 건설현장, 식당 및 상점 등 '장시간 저임금 노동'이 필요한 업종에 치우쳐 있는 반면, 현지에서의 직업은 다양하고 전문직도 꽤 많았음을 알 수 있다. 장시간 노동이 필요한 업종, 이른바 3D업종에 취업하는 경우 인터뷰를 수행하기가 힘들었다는 점을 고려한다면, 그 비율은 더 증가할 것이다. 또한 현재의 직업으로 바꾸기 전 일했던 업종이 3D업종인 경우도 많았다.

이는 2000년대 중반 이후 방문취업제로 한국에 입국한 고려인들이 선택할 수 있는 직업의 폭이 제한적이라는 것을 반영한다. 특히 한국말(남한말)로 의사소통이 원만하지 않은 조건에서 구할 수 있는 직업은 제

〈표 4-1〉 면접대상자

연번	이름	성별	나이	비자	거주지	출생지	경유지	국적	현지 직업	한국 직업
1	T		26	H-2	안산	우즈베키스탄		우즈베키스탄	학생	공장 및 건설
2	K		49	F-4	동해	우즈베키스탄		우즈베키스탄	교수	사무직
3	K		42	H-2-F	안산	우즈베키스탄		우즈베키스탄	자영업	공장 및 건설
4	K		61	G-8	서울	우즈베키스탄		우즈베키스탄	농업	자영업(상업)
5	K		28	H-2	서울	우즈베키스탄		우즈베키스탄	사무직(회계사)	공장 및 건설
6	L		60	F-4	파주	우즈베키스탄		우즈베키스탄	교사	공장 및 건설
7	P		49	H-2	서울	우즈베키스탄		우즈베키스탄	사무직	식당종업원
8	P		56	H-2-D	파주	우즈베키스탄		우즈베키스탄	농업	공장 및 건설
9	U		61	H-2	파주	우즈베키스탄		우즈베키스탄	농업	공장 및 건설
10	T	남	26	H-2	서울	우즈베키스탄	러시아	우즈베키스탄	식당종업원	식당종업원
11	T		63	F-4	부산	우즈베키스탄		우즈베키스탄	사무직	사무직
12	K		58	H-2	부산	우즈베키스탄		우즈베키스탄	엔지니어	공장 및 건설
13	D		26	F-4	부산	우즈베키스탄	러시아	러시아	엔지니어	식당종업원
14	L		54	F-5	부산	사할린	러시아	러시아	사무직	사무직
15	K		23	D-2	서울	러시아		러시아	학생	학생
16	K		28	H-2	인천	우즈베키스탄		우즈베키스탄	사무직	공장 및 건설
17	Y		29	H-2	인천	우즈베키스탄		우즈베키스탄	교사	공장 및 건설
18	P		30	F-4	서울	우즈베키스탄		우즈베키스탄	학생	영화감독
19	K		53	H-2	안산	우즈베키스탄		우즈베키스탄	간호사	공장 및 건설
20	K		37	E-2	동해	우즈베키스탄	카자흐스탄	우즈베키스탄	교사	러시아어 교사
21	K		27	F-2-1	동해	카자흐스탄		카자흐스탄	주부	주부
22	K		37	H-2	동해	우즈베키스탄	러시아	우즈베키스탄	자영업	자영업
23	K		41	H-2-F	안산	우즈베키스탄		우즈베키스탄	교사	공장 및 건설
24	P		47	H-2	동해	우즈베키스탄		우즈베키스탄	교사	사무직
25	A		60	H-2	안산	우즈베키스탄		우즈베키스탄	엔지니어	숙소 관리자
26	B		22	D-2	서울	우크라이나		우크라이나	학생	학생
27	P		59	H-2	부산	사할린		러시아	자영업(양장업)	식당종업원
28	R		25	F-4	부산	사할린		러시아	교사	사무직
29	P	여	26	D-2	부산	사할린		러시아	학생	학생
30	N		55	F-5	부산	사할린	러시아	러시아	상업	상업
31	P		41	F-4	부산	사할린		러시아	엔지니어	주부
32	Y		42	F-1	부산	사할린		러시아	엔지니어	주부
33	D		29	F-2-1	서울	러시아		러시아	학생	사무직
34	K		55	F-4	서울	우즈베키스탄	러시아	러시아	식당종업원	자영업(식당)
35	S		30	F-4	서울	우즈베키스탄		우즈베키스탄	학생	교회 간사
36	L		56	F-4	서울	우즈베키스탄		우즈베키스탄	교사	영어 강사
37	K		45	F-4	서울	우즈베키스탄		우즈베키스탄	의사	주부
38	T		52	H-2	서울	우즈베키스탄		우즈베키스탄	교사	조교
39	L		34	불필요	서울	우즈베키스탄	러시아	한국	학생	영어 강사

조업 공장이나 건설현장의 육체노동 외에는 거의 없다고 해도 지나친 말이 아니다. 이는 이미 자영업이나 서비스업 부문으로 상당수가 진출해 있는 진출한 재한조선족과 다른 점이고, 오히려 비동포 이주노동자들과 유사한 조건들이다. 즉, 한국어 사용 능력이나 한국인들과의 인연이 일종의 사회자본으로 작동하고 있고, 이 사회자본의 축적 여부가 같은 민족으로서의 혈통 유지보다 한국에서의 직업을 가지고 경제활동을 하는 데 훨씬 더 중요하다는 것을 증명해 준다. 고려인들은 여타의 이주노동자들과 마찬가지로 방문취업 비자를 소지한 서울·수도권과 부산·경남권의 외곽에 위치한 중소 제조업의 사업장에서 '하루 12시간 노동'을 수행하고 있다. '주 6일, 하루 12시간 노동을 통한 월 1,000달러 정도의 소득'은 중소기업 중심의 제조업 부문에서 관습적 규준으로 남아 있고, 이런 산업구조의 이중구조와 분단된 노동시장이 고려인을 포함하는 이주노동자들을 흡인하는 요인이다.

한국에서 고려인들이 수행하는 육체노동 직종은 대다수 고려인들에게는 낯선 것들이다. 한국에서 '3D'로 표현되는 이 육체노동은 러시아어로는 통상 '검은 노동'(chyornaya rabota)이라고 불리고, 이 힘들고 더럽고 위험한 노동은, 러시아를 비롯한 CIS나라들에서는 역내 이주민들을 비롯한 비(非)백인들에 의해 수행되고 있다. 그렇지만 문화적으로 러시아화(혹은 유럽화)된 고려인들 다수에게 '검은 노동'을 태어나서 처음 수행하는 장소가 그들이 오랫동안 역사적 고국으로 마음에 품고 그리워했던 한국이라는 사실은 큰 아이러니로 다가왔다. 아래와 같은 언급들은 한국 사회 전반 그리고 한국 사회에서 '일'(노동)에 대한 고려인의 인식을 엿볼 수 있다. 처음에 한국에 왔을 때 받았던 충격은 이보다 더 컸을 것이다.

한국에 한 번도 가 본 적이 없는 사람들 모두 다 한국이 천국이라고 착각해요. 저도 그랬어요. 좋은 나라, 아름다운 나라, 훌륭한 나라라고 착각했어요. 여기 와서 한국 노동자들의 현실 생활을 보니 한국은 천국이 아니라고 장담할 수 있어요. 우즈베키스탄도 물론 천국이 아니에요. 한국에서는 사람이 일해야 살아갈 수 있어요. 일하지 않으면 아무도 도와주지 않을 거예요. (Y, 남/29세)

한국은 1950년대에서 1990년대까지 40년 만에 [경제가] 발전한 것 훌륭해요. 저는 얼마만큼 발달했는지 몰랐는데 직접 보게 됐어요. 12~15시간 일하니 그럴 수밖에 없어요. 우리는 예전에 12시간 동안 일하지 않았어요. 6개월 지나니까 익숙해졌어요. 우리는 로봇이 되었어요! 저는 한국인들을 불쌍하게 여깁니다. 우리는 내일이라도 떠날 수 있지만, 한국인들은 여기서 계속 살 것이고 12~15시간씩 일할 거잖아요? (K, 남/42세)

두 언급은 한국의 '여전한' 노동현실을 보여 줌과 동시에 고려인들이 한국에서 취업을 경험하면서 고려인들의 한국에 대한 인식이 어떤 변화를 겪는지도 보여 준다. 한국의 사회경제구조에 대한 일방적 긍정과 부정을 넘어 객관적이고 현실적인 인식을 낳고 있는 것이다. 재한고려인들은 '천국도 지옥도 아닌 곳'에서 살고 있다는 사실을 냉철하고 합리적으로 인식해 가고 있었다. "주변에 한국에서 3년 이상 사는 사람이 없습니다. 제가 2년 전에 처음 여기 왔을 때 3년 동안 일했던 사람들이 나갔다가 요즘 2차로 다시 오고 있습니다"라는 K(여/53세)의 발언을 고려할 때, 한국에서의 체류기간은 '3년이 최장'이라는 것이 지배적 인식이다.

최근에는 체류기간과 거주지 이전에 대한 인식에 변화가 발생하고 있지만, '한국에 가면 돈은 벌지만 생활은 고달프다'는 인식에는 변화가 없어 보인다.

힘들고 위험한 노동환경이 잦은 이직과 비정규직화(casualization)와도 긴밀하게 연관된다. 이직의 경우 위험한 노동을 기피하고 보수가 낮더라도 덜 위험한 노동을 택하는 경향으로 나타나고, 비정규직 노동의 경우 안산, 인천, 김해 등 산업지역 내에 존재하는 인력사무소를 통해 매개되고 있었다. 타슈켄트에서 사무직 일만을 수행하다가 인천에서 취업하고 있는 Y(남/29세)의 경험은 아래와 같다.

인천의 한 공장에서 일했는데, 일하는 사람이 손가락 8개가 프레스 기계에 잘렸어요. 직접 그 사건을 보고 건강하게 집[고향]에 돌아가야겠다고 생각해서 공장을 그만두었어요. 사무직 일을 제외한다면 한국은 위험하지 않은 일이 없어요. 그 뒤로 '아르바이트'로 일을 해요. 아침 5시에 일어나서 5시 30분에 인력 파견 사무소에 가요. 매일매일 새로운 일을 하기도 하고, 며칠 동안 같은 일을 하기도 해요. (Y, 남/29세)

'검은 노동'의 현실은 한국의 노동강도에 대한 구체적인 실감에 대한 발언을 낳기도 한다. 서울에서 식당종업원으로 일하고 있는 T(남/26세)는 "그들(한국인)이 우리(고려인)보다 3~4배 빨리 일해요"라고 말한 뒤 자신의 경험을 아래처럼 들려주었는데, 그의 언급은 한국 사회에서 살아가는 삶의 속도감과 휘발성을 여실히 드러내 준다.

한 번 공사현장에 일을 하러 갔어요. 십장은 빨리빨리 하라고 계속 이야기만 하고, 자기는 일을 할 줄 모르면서 우리에게만 시키는 줄 알았습니다. 우리가 했던 일은 못을 박는 것이었습니다. 그런데 우리가 박스 두 개에 못을 박은 동안 그는 박스 다섯 개에 못을 박고 제자리에 반듯하게 놓았어요. (T, 남/26세)

그의 선명하고 자세한 기억은 별다른 정보 없이 한국에 온 고려인들이 겪는 체류 초기의 당혹감을 잘 보여 준다. 처음에는 제조업공장과 건설현장에서 일용직으로 일하다가 지금은 식당에서 러시아 빵 굽는 일을 하고 있는 젊은 고려인 D(남/25세)는 "그렇게 광신적으로 일하는 건 러시아에서는 아마 스탈린 시대에만 그랬을 거예요"라는 함축적인 발언을 남겼다.

이제까지 언급한 사례들은 방문취업제가 실시된 이후 한국에 체류하게 된 고려인들에 해당하는 것이다. 이들 가운데 한 명을 제외한다면, 한국에서의 장기체류에 대한 전망이 불투명했고 대부분은 모국으로 돌아가서 새로운 삶을 시작할 것을 계획하고 있다. 이들의 삶은 "일회용 노동자"(disposable labor)(Amnesty International, 2009) 혹은 "일회용 휴지 계급"(Kleenex class)(Jense, 2010)라는 한국의 이주노동자의 전반적 현실과 다르지 않은 삶을 살고 있었고, 그 이유로 인해 방문취업제를 통한 재입국이 가능한지 불투명한 시점에서 비자 연장 및 재입국 가능 여부를 진지하게 질문하는 사람들이 많았다.[17] 한국에 더 체류하고 싶은

---

17) 방문취업제가 시행된 2007년에 H-2비자를 받은 사람은 2011년에 만기가 도래하는데, 그 후 비자의 갱신이나 재입국이 가능한지는 2011년 8월 17일까지 불명확했다. 2011년 9월 9일 법무부의 공지는 "재입국을 보장한다는 기본방침"을 밝혔지만, 까다로운 조건들이 동반되었다. 그 조건들 가운데 중요한 것으로는 "체류기간 만기 이전에 출국"할 것, 그리고

이유들로는 돈을 더 많이 벌어야겠다는 희망 외에도 미래의 계획을 위해 기술을 배우고 싶다는 희망이 존재했다. 체류의 불확실성은 안정적 기술습득이라는 희망에 제약으로 작용하고 있다.

검은 노동의 현실은 1990년대에 입국하여 한국에 오랜 기간 동안 체류한 경우도 사정이 다르지는 않았다. 부산에 체류하고 있는 K(남/58세)와 P(여/59세)의 경우 1995년과 1996년에 각각 한국에 입국했지만, 공장과 식당에서 '주 6일, 하루 12시간 노동'이라는 생활을 15년 넘게 반복하고 있었다. 이들처럼 1990년대에 한국에 입국한 재한고려인들의 경우 방문취업제가 시행되기 이전인 2006년까지는 단기비자를 가지고 3개월마다 한국으로의 입국과 출국을 반복하는 불편을 감수해야 했다. 그 과정에서 출국 시기를 놓쳐 '미등록' 상태로 한국에 체류했던 경험을 털어 놓는 경우도 있었다.

3D업종에 취업하고 있는 고려인의 경우 이른바 순환이주(circular migration)(Duany, 2002; Jense, 2010)에 기초한 경계를 넘는 이동적 생계(mobile livelihoods)를 유연하게 관리하는 것인지에 대해서는 논란이 있다. 체류의 불확실성과 직업의 불안정성이 결합되어 있는 고려인 이주노동자들에게는 순환이주를 실제로 수행하는 경우라고 하더라도 이를 자유왕래로 실감하고 있지는 않기 때문이다. 그렇게 되기 위해서는 제도적 변화, 경제적 여유, 심리적 적응 등이 수반되어야 하지만, 방문취업제

"만기출국한 날로부터 1년 후" 비자 신청이 가능하다는 것이 있다. 또한 55세 이상은 H-2 비자 재발급 대상에서 제외되었다(이상은 http://www.hikorea.go.kr/pt/NtcCotnDetailR_kr. pt?bbsGbCd=BS10&bbsSeq=1&langCd=KR&ntccttSeq=24, 2012년 5월 31일 검색). 그동안의 진행 과정을 모르면 복잡한 내용이겠지만, 방문취업제가 '동포'들의 자유로운 왕래를 보장하는 것과는 거리가 있다는 것을 이해하는 데는 부족하지 않다.

의 진실한 목적이 저임금 노동력의 한시적 확보에 머무는 것이라면 그 가능성은 현재로서는 매우 낮아 보인다. 이 절을 마무리하면서 내 귀에 울리는 소리는 "왜 한국에서 고려인들이 일할 수 있는 곳은 하루에 12시간 노동하는 곳밖에 없소? 일본도, 중국도 그렇지 않은데……"라는 어떤 나이 든 고려인 이주노동자의 호소다.

2) 재한고려인 '엘리트'와 과문화자본의 (불)가능성

제조업공장이나 건설현장에서 검은 노동이 고려인들이 선택할 수 있는 유일한 직업일까. 그렇지만은 않다. "이민자들의 상향 이동의 고전적 전략"(Brubaker, 1989: 153)인 자영업을 경영하는 경우는 고려인들의 계층적 상향 이동의 한 가지 가능성을 보여 준다. 고려인의 경우 비동포 이주노동자들에 비하면 합법적으로 자영업을 하는 것이 상대적으로 유리하고, 그 사례는 서울 광희동에서 러시아 식당을 경영하는 K(여/56세)와 러시아 상품을 판매하는 상점을 경영하는 K(남/55세), 그리고 동해 송정동에서 러시아인 선원들을 대상으로 바-레스토랑(bar restaurant)을 경영하는 K(여/37세) 등에게서 발견할 수 있다. 세 경우 1990년대에 한국에 입국하여 지금은 상대적으로 높은 소득과 안정된 생활을 하고 있고, 시차를 두고 입국한 가족 성원들과 함께 가정의 형태를 취하고 살아가고 있다. 그렇지만 그들이 자영업을 경영하기 전에 한국에서 했던 일들은 그동안 그들이 겪은 고생담으로 가득 차 있었고, 이들이 1990년대 말에서 2000년대 초에 했던 경험은 2000년대 중반 이후 방문취업제로 입국한 고려인들의 경험들과 크게 다르지 않았다. 이들의 경우 한국에 정주하려는 계획을 세우고 착실하게 준비하면서 고된 노동의 시간을 버텨왔던 것이다.

전문직이나 정신노동이라고 부를 수 있는 업종에 종사하는 고려인들을 만나기가 아주 어렵지는 않았다. 러시아와 관계된 무역업, 여행업, 선박업 등의 부문에서 한국말과 러시아말을 구사할 수 있는 고려인들에 대한 수요가 존재하고, 그 결과 국제적 서비스업에 종사하는 고려인들이 형성되고 있다. 이들 대부분은 우수한 교육 배경이 있고 한국어를 현지에서 선행 학습하였으며, 한국인과 러시아인 사이의 통역의 실천으로 매개되는 직업을 가지고 있었다. 이들의 경우 재외동포비자(F-4)를 취득하여 거주하고 있었고, 이는 그들이 '검은 노동'을 수행할 필요성이 없다는 것을 의미한다. 그 대표적 사례들을 요약해 본다.

[사례1]

동해에 거주하는 P(여/47세)는 타슈켄트 출신으로 톰스크(러시아)의 대학교에서 화학을 전공한 뒤 고향으로 돌아와 환경보호회사에서 일했다. 2001년 국제교육진흥원(NIIED)의 한 프로그램을 통해 한국에 와서 한국어를 교육받을 기회가 있었고, 이를 계기로 2005년부터 타슈켄트의 한국교육원에서 한국어를 가르쳤다. 2009년 한국에 온 그녀는 처음에는 안산에서 두 달 동안 '아르바이트'로 일하다가 먼저 동해에서 일하고 있던 동향 선배 K(남/49세)의 소개로 러시아와 무역을 하는 한국회사에 취업하여 매니저 업무를 해왔다. 인터뷰 당시 그녀는 회사가 도산해서 잠시 쉬고 있었는데 그 대신 그곳에서 러시아어를 가르치거나 한국어와 러시아어를 통역하는 아르바이트는 많이 있다고 했다. 심지어는 통역이 필요하면 경찰이 그녀를 부르는 일도 있다고 했다. 인터뷰 뒤 전화 통화를 했을 때 그녀는 여행사에 취직해서 동해와 블라디보스토크를 연결하는 페리로 관광을 다니는 한국인들의 가이드를 한다고 말해 주었다.

[사례 2]

부산에 거주하는 L(남/54세)과 N(여/54세)은 사할린 출신의 고려인 부부다. 소비에트 시절 L은 광산에서, N은 판매원(상점 점원)으로 일했지만, 소련 해체 이후 월급이 제때 나오지 않으면서 1996년 하바롭스크로 이사했다. L은 2년 동안 선원으로 일한 적도 있다. 1997년 N의 부모는 부산에 연고가 있는 동포로 간주되어 사할린 동포 귀국 프로그램을 통해서 안산으로 이주했다(현재 아버지는 사망했다). 부부는 1990년대에도 단기비자로 한국에 입국해서 한국인 친척들을 만나면서 틈틈이 한국어를 익혔고, L의 형이 먼저 부산에 와서 취업을 했다. 한때 선원으로 일하기도 했던 L이 2002년에 부산으로 먼저 와서 선박회사의 매니저로 취업하여 지금까지 일하고 있고, N은 2005년에 한국에 와서 초량동의 한 상점에서 점원으로 일하고 있다. 선박회사와 상점 모두 러시아사람들을 대상으로 하는 곳이고, '러시아 배가 들어오는 날' 특별히 바쁘다고 했다.

[사례 3]

서울 동대문구에 거주하고 있는 P(남/30세)는 타슈켄트 출신으로, 10대 시절인 1997년 대전 엑스포(Expo)가 개최되었을 때 그는 주최 측으로부터 초청을 받아 한국을 처음 방문했다. 이후 국립 니자미사범대학교(Tashkent Nizami State Teachers Training Institute)에서 한국학을 전공하면서 영화감독의 꿈을 꾸면서 CF와 뮤직비디오를 제작하는 사업을 하고 단편영화 작품을 제작했다. 2001년대 전반기 한국 영화감독의 작품들이 우즈베키스탄 현지에서 촬영될 때 조감독 및 현지 코디네이터를 맡았다. 2003년부터 한국과 우즈베키스탄을 왕래하면서 일하던 그는 2007년 한국예술종합학교에 정식 입학하여 몇 편의 단편영화를 감독한 뒤 2011년 최초의 장편영화를 제작했다.

[사례4]

서울 강동구에 거주하는 L(여/34세)은 우즈베키스탄에서 태어나 고등학교를 졸업하고 1994년 원동 러시아의 하바롭스크로 이주했다. 하바롭스크사범대학에서 영어교육을 전공하고, 하바롭스크의 한국인 교회에서 한국어를 배웠다. 대학교 시절 그곳에서 목재 사업을 하던 한국인 사업가를 만났고 2001년 그와 결혼한 뒤 2006년 한국으로 이주했다. 유치원과 학원에서 영어 교사로 일하는 한편, 2007년 방송통신대학교 영어영문학과에 입학하여 2011년 졸업했다. 내년에는 영어와 미술을 가르치는 공부방을 열어 개인 사업을 시작할 예정이라고 한다.

이 네 사례는 한국어와 러시아어의 이중언어성(bilinguality)이 하나의 신체에 동시에 체현될 경우, 하나의 문화자본 혹은 과문화자본(trans-cultural capital)으로 발전할 수 있다는 것을 보여 준다. 만약 영어까지 사용할 수 있는 경우 사회자본 및 문화자본은 더욱 풍부해지고 경제자본으로 전환될 가능성도 더 증대한다. 그렇지만 문화자본/과문화자본은 단지 다언어 사용 능력이라는 차원을 넘어선다. 울리케 마인호프와 안나 트리안다필리두의 과문화자본 개념(Meinhof and Triandafyllidou, 2006: 14)을 원용한다면, 고려인 엘리트들은 출신국인 CIS에서 습득한 지식, 기술, 네트워크뿐만 아니라 거주국(이 경우 한국)에서 새롭게 획득한 지식, 기술, 네트워크를 통해 일종의 전문적인 문화적 중개자의 역할을 수행할 수 있는 것이다. 실제로 고려인 엘리트들의 라이프스타일은 제조업 공장과 건설현장에서 일하는 고려인들에 비해 상대적으로 여유로워 보였고, 한국 사회에 대한 높은 이해도를 보이면서 일상의 문제들을 해결해 나가고 있었다. 이들의 과문화자본이 한국과 CIS나라들 사이의 관계 일반, 특수하게는 아시아의 권역주의가 어떤 양상으로 발전할 것인가에 의존할 것이라고 예측할 근거가 충분하다.

재한고려인들 가운데 관리직이나 자영업자의 사례를 부각시키는 것은 이들을 '이상적 성공사례'로 미화하고 싶기 때문만은 아니다. 나의 의도는 고려인이 한국에 체류하는 동포들 중에서도 가장 표상되지 않는 하속자(subaltern)라는 통상적 인식에 이의를 제기하고 싶기 때문이다. 인터뷰와 참여관찰을 통해 내가 확인한 것은 재한고려인들 일부는 '동포'로서 가질 수 있는 작은 권리를 활용하여 이동적 생계를 고유한 방식으로 관리하고 있다는 점, 그리고 현저하게 가시적이지는 않지만 한국으로도, CIS로도 환원시킬 수 없는 사이의 공간들을 만들어 내고 있다는 점을 지적할 뿐이다.

이들의 이동성에 대해 낭만적으로 찬양하는 것은 일면적이지만, 이 공간이 가시적이지 않다는 이유로 주변화시키는 것은 더 일면적이다. 나의 요지는 다른 모든 이주자들의 커뮤니티와 재한고려인들 커뮤니티에서도 내부의 사회적 분화가 진행되고 있고, 향후 이 점에 대해 더 면밀하게 고찰할 필요성이 있다는 것이다. 전망하건대, 고려인들 가운데 한국에서의 체류가 장기화되고, 그 결과 한국어를 구사하는 고려인들의 수가 증가한다면 커뮤니티의 리더가 등장해서 이들의 집단적 목소리를 대표할 가능성이 커질 것이다. 이 목소리가 어떤 음조를 취할 것인지 전망하기 위해서는 단지 이들의 사회경제적 정체성을 논하는 것만으로는 충분치 않고 이들의 삶의 사회문화적 조건들을 더 상세히 살펴보아야 한다.

4. 사회적 관계들과 소통의 네트워크

1) 주거장소의 복수화와 '고려인 과국적 가족'

고려인들이 한국이라는 장소에 물리적으로 치환될 때 어떤 형태로 거주하고 있고 그 장소에서 어떤 의미(혹은 무의미)를 생산하고 있을까. 이런 질문은 직장을 제외하고 인간의 일상이 영위되는 '집'이라는 공간이 어떻게 활용되고 있고, 그 공간에서 '가족'이라는 형태는 어떻게 형성 혹은 변환되는가라는 질문이 제기된다. 한 예로, 재한고려인들의 직업들이 한국의 내국인들과 유사하다고 하더라도 일상의 여가를 향유하는 장소와 거기서 생산하는 의미가 동일하다는 보장은 없다.

　한국에 정주 혹은 장기체류하고 있는 고려인들의 경우, 한국인들의 보편적인 거주 형태와 특별한 차이를 보이지 않는 경우가 없지는 않았다. 특히 앞서 이야기한 고려인 엘리트들 가운데 한 부부는 한국에서 창출한 소득으로 도심에 소재한 아파트를 구입했다고 말해서 면담자를 다소 놀라게 하기도 했다. 이들의 경우 귀화하거나 정착했다고 할 수는 없더라도 한국에서의 정주가 자신들의 경제적 생계에서 가장 중요한 의미를 지니게 되었으므로 이는 자연스러운 현상이다. 부부 2인 이외의 가족이 함께 체류하는 경우 '집'과 '가족'은 어느 정도 일치하는 모습을 보여주고 있고, 이들은 한국의 주류 사회의 거주 형태와 다르지 않은 장소에서 일상을 영위하고 있는 것이다.

　그렇지만 이는 한국에 어느 정도 장기체류하면서 경제적으로 다소의 여유를 누리게 된 고려인들에게만 해당하는 사례들이고, 이주노동자 신분의 고려인들에게는 적용할 수는 없다. 오히려 인터뷰 과정에서 내가 직접 관찰한 고려인들의 일반적인 거주공간은 아래 세 가지 '열악한' 형태들이었다.

① 공단 인근 주택가에 위치한 '게스트하우스' 형태의 공동 숙소다. 아파트 혹은 연립주택의 3개의 방마다 이층 침대를 설치하여 10명 정도가 거주할 수 있는 공간이고, 거실과 화장실 등은 공동 공간으로 사용한다. 단신으로 한국에 이주한 고려인들 대부분이 처음 거치는 곳으로 한 명의 고려인 여성이 이 장소를 관리한다. 그녀는 입주자를 위하여 음식을 제공할 뿐만 아니라 취업과 의료 등에 관한 정보를 전달하는 역할을 수행하고 있다.

② 공단 인근 주택가에 전형적인 '쪽방' 형태의 단독 숙소다. 한국 공단지역의 전형적 주거공간으로 2~3층 단독주택 내부를 개조하고 10개 정도의 방을 쪼개어 만든 곳이다. 사생활을 유지할 수는 있지만 공간이 매우 협소하여 가족이나 친척 2인이 이주할 때 이용하는 곳이다. 고려인들이 집거하는 것이 아니라 여러 나라들에서 온 이주노동자들과 이웃을 형성하고 있다.

③ 직장에서 제공하는 '기숙사'다. 공장이 밀집된 공단지역이 아닌 외딴 곳에 위치한 직장에서 단신으로 한국으로 온 사람들이 거주하는 공간이다. 제조업공장 외에도 식당, 모텔, 주유소 등 서비스 업종에서 일하는 경우 직장에 부속한 공간에서 숙식을 해결하는데, '2교대 12시간 노동'이 관행인 곳에서 발견할 수 있다.

이상의 어떤 형태라도 가족을 형성하여 장기간 생활하고자 하는 사람들로서는 불충분하고 임시적이고 취약한 형태들이다. 방문취업제를 통해 한국에 입국하는 경우 제도 자체의 특성상 다른 가족을 동반할 수 있는 기회에 제약들이 많고, 그 결과 가족 구성원을 고향에 남겨둔 채 한국에 체류하는 경우가 압도적으로 많았다. 또한 실질적으로 여가 시간이 부재한 현실은 거주공간의 규모를 확대할 필요성을 무화시키고 있다. "아침 9시부터 밤 9시까지 계속 서서 일합니다. 일이 힘들다기보다는 단조롭습니다. 저녁에는 샤워만 하고 바로 잡니다. 일요일은 쉬지만 사장님이 부탁하면 일하곤 합니다"라는 T(남/26세)의 발언은 조금의 시차를 제외하면 '고려인 이주노동자'에게 공통적으로 적용되는 일간 및 주간 생활 리듬인데, 이런 조건에서 주거공간이 넓을 필요는 없었다.

이러한 고려인들의 거주 패턴은 수용국과 송출국 양국 혹은 그 이상의 나라들에 걸쳐 지리적으로 분리된 가족 형태의 출현과 깊은 관련을 갖고 있다는 점에 주목할 수 있다. 권태환과 박광성이 조선족을 사례로 분석한 "가족 분산"(family separation)(권태환·박광성, 2007: 543~546)은 고려인들의 경우에도 현상적으로는 유사하다. 특히 인구 유출이 많은 우즈베키스탄 출신의 고려인들의 경우 가족 분산은 2000년대 이후 더 이상 예외적인 경우가 아니다.[18] 안산에 거주하고 있는 K 부부의 경우 부모와 자식을 남겨 두고 한국에 와 있는 경우인데 이는 단기

---

18) 우즈베키스탄 고려인들의 가족 분산을 확인할 수 있는 영상자료로는 2008년 12월 25일에 EBS에서 방영한 「세계테마기행: 대륙의 오아시스, 우즈베키스탄─4부 고려인 마을, 뿔리 따젤」이 흥미롭다. 이 영상자료에서는 '할머니·할아버지가 손자·손녀를 돌보는 고려인 가정'을 취재하고 있는데, 이렇게 '젊은 사람들'이 남아 있지 않은 고려인 마을들이 2000년대 이후 우즈베키스탄에서는 대중화되고 있다.

적 이주에 따른 가족 분산의 전형적 예다. 한편 가족 분산의 지리적 범위가 한국과 CIS에 국한되지 않는 경우도 관찰되었다. 동해에 거주하고 있는 P(여/47세)의 경우 남편과 아들은 모스크바에 살고 있고, 부모와 딸은 타슈켄트에 남아 있다. 안산에 거주하는 초로의 A(여/60세)의 경우 딸은 타슈켄트에 거주하고 아들은 시드니에 거주하고 있었다. 전자의 경우 '모스크바-타슈켄트-서울', 후자의 경우 '타슈켄트-서울-시드니'라는 원거리 넥서스(nexus)에 걸쳐 복수의 장소로 탈영토화된 "과국적 가족"(Huang, Yeoh and Lam, 2008)이 출현하고 있는 것이다.

권태환과 박광성은 가족 분산이 "더욱 좋은 미래를 위한다는 인식 하에 스스로 가족과 떨어져 있는 것"이라는 점에서, 사회 변화에 따른 가치관 변화로 인해 발생하는 '가족 해체'나 제도적·사회적 장애요인에 의해 발생하는 가족 이산과 구분하고 있다(권태환·박광성, 2007). 그렇지만 고려인의 가족 분산은 가족 해체와는 거리가 있지만 가족 이산과 잘 구분되지 않는 경우가 많았고, 따라서 '스스로' 이루어지는 것인지에는 의문이 있다. 특히 현재 한국에 체류하면서 우즈베키스탄이나 러시아로 돌아가고 싶지 않거나 돌아갈 수 없는 사람들 가운데 '제2의 가족 이산'이라고 부를 만한 경우들을 발견하게 된다.[19]

---

19) 사할린 고려인들의 영주귀국의 경우에도 또 한 번의 '가족 이산'을 낳고 있다. 영주귀국사업은 고려인 1세대, 공식적으로는 "1945년 8월 15일 이전에 출생한 동포로 사할린에서 태어났거나 사할린으로 이주 혹은 사할린에서 타국으로 이주한 동포"만을 대상으로 하며, 따라서 그들의 자식들은 영주귀국의 사업의 대상이 아니다. 영주귀국으로 '고향'을 되찾은 사할린 고려인 1세대들은 자식들과 함께 '가족'을 이루어 사는 것을 포기해야 한다. 2008년에는 '1944년 8월생'인 남편과 '1945년 10월생'인 부인이 각각 '1세대'와 '2세대'로 분류되어 동반 영주귀국에 어려움을 겪고 있는 사연이 소개되기도 했다. 『한겨레신문』 2008년 6월 15일자.

부산에 거주하고 있는 A(남/63세)는 한국에 장기체류할 수밖에 없는 상황에서 여권의 시효가 만료되어 고향으로 귀환할 경우 체포될 것을 우려하고 있다. 그는 몇 년 전 부친의 사망 소식을 듣고도 찾아가지 못했던 경험을 긴 탄식과 함께 이야기해 주었다.

서울에 거주하는 B(여/55세)는 우즈베키스탄에서 기독교 선교사로 활동하다가 자신은 추방당하고, 아들은 사망했다고 설명했다. 손자가 우즈베키스탄에서 적절한 교육을 받지 못하고 있다고 주장한 그녀는 며느리와 손자를 한국으로 데려오고 싶지만, 현재의 비자로서는 가족을 동반할 수 없다고 말했다.

동해에 거주하는 K(여/37세)는 현재 자영업을 경영하고 있는데, 우즈베키스탄에서 의료사고를 당한 조카를 데려와서 한국의 병원에서 수술을 시키고 싶어 했고 우즈베키스탄의 의료제도에 강한 불신을 가지고 있었다. 그렇지만 조카가 입국비자를 받을 수 없어서 병세가 악화되고 있다는 답답한 사연을 토로했다.

구술자들의 주장을 100% 신뢰할 수는 없고, 위 사례들을 일반화할 수는 없을 것이다. 그렇지만 그 판단과 무관하게 위 사례들에서 분명한 것은, 국제이동의 주체들이 '스스로' 가족 분산을 수행한다고 말하는 것은 무리라는 사실이다. 이동을 위한 경제적 제약 외에도 여러 가지 제도적 제약들(출입국제도, 교육제도, 의료제도 등)이 엄존하고 있는 것이다.

그렇다면 고려인들에게 가족의 상징적 의미와 문화적 가치는 무엇일까. 자식을 가진 중년 이상의 고려인들은 지리적 거리감에도 불구하고 자신들이 새로운 방식으로 부모의 역할을 수행하고 있다고 생각하고 있었고, 이는 남성에 비해 여성의 경우 더 선명하게 표현되었다. 예를 들어 K(여/53세)의 경우 "남자들은 생활난과 힘든 일을 견디기 어렵습니다. 여자들한테는 그다지 어렵지 않은 것 같습니다. 여자는 인내심이 있어서 더 많이 저축하고 가족과 자식들을 위해 노력합니다"라고 발언했고, K(여/41세)의 경우 오히려 한국인들에게 가족의 의미가 무엇인지를 부드러운 어투로 반문하기도 했다. "오랫동안 오후 10시까지 일만 했어요. 그럴 때 한국에서는 가족과 보낼 시간이 있는지 궁금했어요. 하루 종일 일하고 집에서 잠만 자요. 아이들과 함께 보낼 시간이 있는지 아이들에게 언제 교양을 가르치는지 [궁금했어요]."

이 모든 점들을 고려할 때, 현시점에서 고려인 가족의 미래에 대해 장기적으로 전망하기는 쉽지 않다. 일레인 호(Elaine Ho)가 '아시아 과국적 가족'을 분석하면서 말한 '속박하는 가족의 연고'(familial ties that bind)(Ho, 2008: 145, 166)는 이동하는 고려인들에게도 작동하고 있다. 단, 이를 월경하는 고려인들에 적용하기 위해서는 적어도 두 가지 요인들을 엄밀하게 분석할 필요가 있다. 수용국인 한국과 송출국인 우즈베키스탄(혹은 다른 CIS나라들) 양국의 시민권의 제도적 유연성이 그 하나라면, 나머지 하나는 이동하는 주체들에게 내면화된 가족의 가치의 감정적 축조다. 전자의 경우 한국도 CIS나라들도 이중국적을 허용하지 않으므로 제도적 유연성이 발휘되기를 기대하기는 곤란한 반면, 후자의 경우 고려인들의 가족의 논리는 한국인들과 방식은 사뭇 달라도 그 정도는 강렬하다. 그 결과 동해에 거주하는 K(남/49세)는 최근 딸의 미래를 위해 그녀를 한국으로 데리고 왔고, T(여/53세)는 우즈베키스탄으로 돌아간 아들을 위해 내년에 우즈베키스탄으로 돌아갈 예정이다. 이런 이동은 당분간 '어지럽고 복잡하게' 전개될 것으로 전망된다. 고려인 과국적 가족은 '유연한 시민권'과 '가족적 구속' 사이에서, 가족 구성원들의 지리적 배치의 미시적 관리를 지속적으로 요청하고 있는 것이다.

2) 개신교 교회와 소통 네트워크

한국에서 고려인들은 어떤 커뮤니티를 형성하고 있고 그 형태는 어떠하며 어떻게 작동하고 있는 것일까. 그리고 이를 통해 그들은 한국에 거주하면서 자신들의 집단적 정체성을 어떻게 (재)정의하고 있을까. 이런 질문은 가족 및 친족을 중심으로 하는 사적 네트워크를 넘어선 고려인들의 공적 네트워크가 어떻게 형성되고, 어떻게 작동하는가를 알아보기 위해 제기된다. 또한 이상의 질문들에 대한 대답은 커뮤니티를 어떻게 정의하는가에 의존한다. 이 글에서 사용하는 커뮤니티란 물리적 근접성이나 구조적 제약에 기초하여 건설되는 전근대적 형태의 커뮤니티가 아니라, 사회적 신뢰관계나 개인들의 자발적 관여에 기초해서 건설되는 근대적 형태의 커뮤니티를 말한다는 점도 덧붙여 둔다.[20]

　　먼저 확인할 점은 재한고려인들의 커뮤니티들은 재한조선족처럼 당사자들이 구성한 공식적 단체들에 의해 매개되지 않고 있다는 점이다. 3장에서 살펴보았듯 이미 다수의 이익단체들을 조직하고 있는 재한조선족들과 달리 고려인들의 협회는 아직까지 발견되지 않는다. 1980년대 중반 이후 러시아와 중앙아시아에서 다수의 고려인 협회들이 조직되어 활동하고 있는 것과는 대조적이다. 조선족 커뮤니티에서 전개해 왔던

---

20) 앤서니 기든스(Anthony Giddens)와 스콧 래쉬(Scott Lash)의 정의를 원용한 안나 트리안다 필리두(Triandafyllidou, 2009: 103)의 논의를 참고했다.

'인정투쟁'(박우, 2011)은 고려인 커뮤니티에서는 아직 가시적으로 전개되지는 않고 있다는 인상이 강하다.

그런데 박우와 이정은의 연구에서 고려인 커뮤니티의 미래의 전개에 관해 하나의 시사점을 찾을 수 있다. 그것은 재한조선족 커뮤니티의 건설이 2002년까지는 한국 교회와 결합한 조선족 종교단체에 의해 매개되었지만, 2003년부터는 종교단체의 영향력이 약화되고 비종교단체가 탄생했다는 사실이다. 즉, 조선족의 인정투쟁은 한국인 교회에 의해 대표되는 단계를 지나 일종의 '당사자 운동'으로 발전하고 있다고 해석할 수 있다. 이럴 때 종교단체(대부분 개신교 교회)의 의미는 본질적이라기보다는 수행적인 것임을 알 수 있다.

그렇다면 현재의 고려인 커뮤니티는 2000년대 초의 조선족 커뮤니티의 단계에 있다고 볼 수 있을까. 실제로 현재의 고려인 커뮤니티가 한국 개신교 교회에 의해 지배적으로 매개되고 있다는 점에서 그렇다고 하고 싶은 유혹이 생긴다. 그렇지만 어떤 집단의 경험을 상이한 집단의 경험과 동일시하는 것은 위험하다. 박우(2011)의 조사에 따르면 조선족이 초기에 종교단체에 가맹(affiliation)한 것이 조선족들이 불법체류하고 있다는 조건과 관계가 깊었다는 것이 사실이라면, 대부분 합법적으로 체류하는 고려인들에게 종교단체 가맹의 필요성은 줄어들 수밖에 없다고 말해야 할 것이다. 그럼에도 불구하고 고려인들이 교회를 다니고 있다면, 이들 교회들이 어떤 기능과 역할을 수행하고 있으며, 고려인들이 교회를 다니면서 어떤 문화적 의미를 찾는지를 검토할 필요가 있다.

개신교 교회에서 한국에 체류하는 고려인들에 대한 선교에 본격적 관심을 기울인 것은 1990년대 말~2000년대 초로 보인다. 이는 '공산권 선교' 혹은 '북방 선교'라는 명목으로 한소수교가 이루어진 1989년 이후 구소련 지역에 선교사를 대량파견하면서 전개된 선교사업이 현지에서 이런저런 한계와 저항에 부딪힌 시기와 대략 일치한다.[21] 이는 역시 나라별로 편차를 보이는데 기독교 선교사들의 곤경이 가장 심했던 곳은 우즈베키스탄으로 보인다. 우즈베키스탄에서 기독교 선교에 대한 공식적 개입은 1997년 현지인에 대한 선교를 금지하는 등 종교 활동의 공식 요건을 강화한 '신종교법'을 제정하면서 시작되었고, 2001년 이후 기독교 선교사들을 추방했다는 뉴스들이 간헐적으로 들리기 시작했고, 그 선교사들 가운데 한국인들도 포함되었다.[22]

---

21) 카자흐스탄의 고려인들을 대상으로 촬영한 데이비드 정(Y. David Chung)과 맷 디블(Matt Dibble)의 다큐멘터리 "Koryo Saram: The Unreliable People"(2007)은 한국 기독교의 활동을 고려인들의 문화에 대한 또 하나의 '위협'이라고 표현하고 있다. 관련 장면의 내레이션과 대화 부분을 옮기면 아래와 같다. "내레이션: 요즘 강한 바람이 남한에서 불어오고 있다. 남한 기업은 카자흐스탄에서 많은 사업을 하고 있고, 몇몇 카자흐스탄 사람들은 남한에 여행할 수 있다. 몇몇 고려사람들이 이런 밝고 성공적인 문화를 그들 자신의 것으로 채택하려는 유혹을 이해할 수는 있다. 그러나 다른 사람들에게 이런 외부 압력은 그들의 문화적 생존에 대한 또 하나의 위협이다. A(노년의 남성 고려인): 최근 우리 고려사람들은 남한 사람들과 관계를 맺고 있는데, 남한사람들은 '이렇게 하는 건 잘못된 것이다'라는 식으로 우리에게 말하고 있다. B(노년의 남성 고려인): 남한 사람들은 기독교를 가지고 있고 우리는 우리 자신의 오래된 전통이 있다. 우리가 (선조들에게) 절을 할 때 그건 미신(샤머니즘)이라고 말한다. A: 그래서 나는 여기서 우리가 전통을 바꿀 필요는 없다고 말하곤 한다."
22) 예를 들어 『크리스천투데이』(2005년 7월 25일자)와 『미션투데이』(2006년 2월 23일자)를 참고하라. 전자에서 인터뷰를 하고 후자의 글을 쓴 김경일은 세계한인선교사회 중앙아시아 회장인데 1992년부터 2006년까지 우즈베키스탄에서 세 차례 추방당했고 그후 카자흐스탄으로 이동하여 선교 활동을 이어가고 있다. 추방된 선교사들은 이 사건을 '종교탄압' 혹은 '인종차별'로 인식하고 있지만, 실제로 이 추방은 사회적·정치적 탄압의 성격이 강하고 이는 추방의 대상이 '한국인'과 '선교사'에 국한되지 않는다는 사실에서 확인된다. 한국인 가운데 기업가도 추방된 사실이 있으며, 기독교와는 거리가 먼 터키인이 추방된 일도 있다. 정작 비판해야 할 대상은 카리모프와 그 주변의 정치적 독재이지 '이슬람'이나 '우즈베크인'은 아니다. 한국인 혹은 고려인 선교사들의 생각에는 불행하게도 역(逆)인종차별 혹은 역(逆)종교차별의 시각이 엿보인다. 모든 선교사들이 공유하는 것은 아닐지 몰라도 "사회주의는 한 귀신이었으나 무슬림은 일곱 귀신이다"(서정렬, 2004: 15)라는 한인 선교사의 모멸적인 수사가 학위논문에 등장하는 것은 불운한 일이다. 또한 우즈베키스탄은 "이슬람교의 동진과 북진을 막는 최후의 보루"(김경일: 이지희, 2005로부터 인용)라는 수사도 불필요

한국인 선교사들이 대량추방된 시점과 고려인들이 한국으로 대량 이동한 시기가 대략 일치한다는 점을 고려한다면, 2000년대 이후 재한 고려인들이 국내 소재한 교회들의 선교의 대상으로 설정되는 현상을 이해할 수 있다. 한 석사학위논문에 따르면, 러시아어 예배를 갖는 교회는 "수도권만 해도 20~30여 개가 있는 것으로 추산"되고, 이들 교회들은 '예배 사역' 외에도 '쉼터 사역', '인권 사역', '평신도 지도자 양성', '고려인 사역자 훈련과 파송' 등의 봉사활동을 수행하고 있고(김동원, 2010: 69~75), 몇몇 교회들 및 선교회들은 고려인들을 포함한 CIS지역 출신의 이주노동자들에 특화하여 교회를 운영하고 있다.[23)]

재한고려인들을 대상으로 하는 선교의 현황에 대한 정확한 파악과 무관하게 개신교 교회가 고려인들 사이의 사교와 소통을 위한 장소의 역할을 수행하고 있는 것은 자연스럽다. 이주민들을 대상으로 하는 개신교 교회들의 다양한 활동은 사회적 연고와 언어 능력이 부족한 고려인들에게는 이주 초기에 선호되는 조건일 수밖에 없다. 그 결과 구술자 40인 가운데 20명 이상이 "현재 교회에 다니고 있다"고 답변한 사실은 그다지 놀랄 만한 일은 아니다. 그들 가운데 일부는 출신국에서는 교회에

하게 전투적이다. 중앙아시아에서 개신교 교회의 상황에 대해서는 고려인 현지 목사의 언급을 참고할 수 있다. "현지국가의 종교법에 따라서는 현지인이 교회에 출석하지 않는다는 조건으로 교회 등록을 할 수 있습니다. 저희 교회는 소수의 고려인과 출석교인 대부분이 현지인이어서 현실적인 교회 등록은 불가능한 상황입니다. (……) 저희는 국가의 종교청에 미등록된 지하교회라고 할 수 있습니다"(김동원, 2010: 69). 이들 지하교회는 집에서 예배 등의 모임을 갖는데, T(여/52세)는 "사람들이 왔다 갔다 하면 이웃들이 신고하면 금지당한다"고 말했지만 이를 '종교탄압'과 연결 짓는 것에는 반대했다. 사람들이 많이 모이면 '시끄러워서' 불만이 있다는 것이다.

23) 안산 원곡동의 온누리교회와 CIS센터, 서울 신대방동의 열방선교회 등이 대표적이고, 이 교회들은 기숙사 혹은 게스트하우스 형태의 숙소를 무상 혹은 유상으로 제공하고 있다.

다니지 않았지만 한국에 와서 교회에 다니게 된 경우도 많았다.

그렇지만 교회를 다니는 동기가 모두 동일하지 않았다. 아래 네 사람의 말을 들어 보자.

교회 다니면 순결하게 된다고 말하는 것은 어리석어요. 소련 시절에 우리는 무신론 교육을 받아 왔어요. 그런데 이제는 뭔가를 믿어야 합니다. 예전에 그런 생각이 없었는데 나이가 들어서 그런가 봅니다. (L, 남/60세)

한번 몸이 아플 때 우연히 한국사람 만났어요. '가슴이 아프다'고 하니까 교회에서 의사가 진료해 준다고 '같이 가자'고 해서 일요일에 가서 예배 보고 집에 왔어요. 집에 가서 이야기하니까 아들이 '나도 가고 싶다'고 해서 같이 교회에 가게 되었어요. (P, 여/59세)

같이 모여서 이야기도 하고 새로 온 사람들과 서로를 소개하기도 합니다. 여기[한국]에서 일할 때는 보통 [러시아어를] 말하지 못하니까, [교회에서] 만나서 이야기하면서 스트레스를 풉니다. (K, 여/53세)

교회는 도피처예요. 특히 외국에서 와서 스트레스 많이 받고 있는 사람들에게 [그래요]. 찬양이나 기도하면서 자신의 어려움과 고통을 하나님과 나눌 수 있어요. 중요한 건 설교를 들은 다음에 사람들이 서로 사교하고 대화하는 시간이 있던 것이에요. (L, 여/56세)

처음 두 개의 구술은 각각 개인의 실존적 문제와 삶의 곤경을 해결해 주는 종교의 일반적 동기를 보여 준다. 또한 한국에서 교회가 경제적 약자에게 호소할 수 있는 제도와 장치를 조직하고 있다는 점도 보여 준다. 반면 뒤의 두 구술은 교회에서 이루어지는 의례들이 외국인 혹은 이주자가 사회적 관계를 맺는 통로로 기능한다는 점을 보여 준다. 특히 '러시아어 예배'라는 종교적 의례 이후에 진행되는 사교(만남)와 대화(이야기)의 장(場)은 개인의 신앙생활만큼이나 중요한 사회생활로 자리 잡고 있다. 교회는 고려인들이 소통, 사교, 친목 등의 상호작용을 통해 사회적 유대감과 커뮤니티에 대한 소속감을 형성하는 장으로 기능하고 있는 것이다. 달리 말하면 교회에서의 의례는 고려인들이 한국에서 '러시아적인 것을 연기하기'(acting Russian)[24]를 실천하는 거의 유일한 공적 공간인 것이다.

이렇게 교회의 사회적 역할을 강조하는 것은 신앙심이 독실한 개인에게는 예의가 아닐지도 모른다. 그렇지만 보통의 재한고려인들의 경우 교회의 2차적 역할이 더 중요하다는 인상은 지울 수 없었다. 우즈베키스탄에 살 때는 한국인 교회에 열성적으로 다니다가 한국에 온 뒤로는 점차 교회에 나가는 빈도가 줄어들었다는 T(여/52세)는 자신의 경험을 아래처럼 말했다.

---

24) 이 말은 다케유키 쓰다(Takeyuki Tsuda)가 일본계, 이른바 니케이(nikkei, 日係) 브라질인을 분석한 글에서 빌려 온 것이다. 그는 니케이들이 일본으로 역이주했을 때, 브라질의 국민문화인 삼바(samba)를 자신들의 문화적 차별화를 드러내는 수단으로 활용하는 것을 묘사하면서, 이를 '일본에서 브라질적인 것을 연기하기'(acting Brazilian in Japan)라고 표현했다(Tsuda, 2007: 240~245). 그의 요지는 정작 브라질에서 일본계 브라질인들은 삼바 문화와는 별 관련이 없음에도 불구하고 일본 내에서는 삼바를 통해 자신들의 정체성을 수행한다는 것이었다.

안산에 교회가 운영하는 고려인들의 기숙사가 있고 저도 거기 기거했던 일이 있어요. 거기 기거하던 많은 사람들은 고향[우즈베키스탄]에서는 교회 다니지 않았는데 여기[한국]에 와서 교회에 다니게 되었어요. 이유는 교회를 다녀야 숙소를 얻기가 쉬웠기 때문이에요. 그 숙소를 떠나 독립하면 교회에 다니지 않는 사람이 많아요. 하나님에 대한 믿음 없이 그냥 교회를 다녔던 거죠. 타슈켄트에 있을 때도 마찬가지였는데 한국에서 목사님이 처음에 왔을 때 교회를 세우려고 선물을 많이 주었어요. 선물 때문에 교회에 나가는 사람들이 많았어요. 또 교회에 가면 한국어를 가르치기 때문에 교회에 나갔어요. 저도 처음에는 그랬어요. 교회에 가면 한국말을 사용하면서 배울 수 있으니까 교회에 나간 것이죠. 믿음[신앙]을 가지는 것과 교회에 나가는 것은 똑같지 않아요. (T, 여/52세)

이 인용의 목적은 고려인들에게 기독교 교회가 갖는 의미와 중요성을 과소평가하기 위한 것이 아니다. 이 구술은 오히려 교회가 고려인들의 사회적 삶에 깊숙이 자리 잡고 있다는 것을 보여 준다. 재한고려인들에게 교회가 수행하는 역할은, 치환된 장소에서 주변화되어 살아가는 이주자들에게 교회가 수행하는 역할 일반과 다르지 않다. 앞서 했던 논의와 연관시키면, 내가 '고려인 엘리트'라고 부른 인물들 가운데 다수가 교회에 다니고 있었고, 그들 가운데 일부는 평신도를 넘어 전도사와 집사 등의 중책을 맡고 있기도 하다. 달리 말하면 고려인 커뮤니티에서 기독교의 매개는 이미 포화상태라서 더 이상 확대될 가능성을 가지고 있지 않으며, 따라서 커뮤니티들의 세속화 단계만 남은 것처럼 보인다.

이들 엘리트 이주자들이 CIS지역과 한국 사이를 이동하는 경험에 기반한 지식, 기술, 네트워크를 활용하여 전국에 산재한 고려인들 및 CIS 출신 이주민들의 커뮤니티를 조직하고, 이들의 문화적 인정과 경제적 재분배를 위한 집단적 목소리를 만들어 낼 수 있을까. 이런 목소리가 다른 국제적 체류자들의 목소리들과 공명하면서 더 큰 목소리를 만들어 낼 수 있을까.[25] 그 과정에서 기독교 신앙이라는 문화적 매개는 유리한 조건으로 작용할까 아니면 불리한 제약으로 작용할까. 불운하게도 2011년의 몇 달 동안 이루어진 조사를 통해서는 이에 대한 작은 맹아들을 발견하는 데 그쳤고 가시적 성과물을 발견하는 데에는 한계가 있었다. 그렇지만 고려인들의 과문화적 커뮤니티(transcultural community)의 건설은 현재진행형이고, 여러 각도에서 주목할 필요가 충분하다.

5. 차이의 문화정치와 과국적 커뮤니티의 (재)구축

1) 한국인과의 접촉과 차이의 축조: 멘털리티의 차이

조지 드보스는 민족적 정체성(ethnic identity)과 사회적 정체성(social identity)을 구분하면서, 전자는 과거지향적인 반면, 사회적 정체성은 현재 혹은 미래지향적이라고 말하면서 양자를 대비한다(De Vos, 1995: 24). 즉, 전자가 다른 집단들과의 차이화를 위해 기원과 연속성을 인식하는 것으로 수행된다면, 후자는 시민권, 직업 그리고 이데올로기적 가맹

---

25) 부산에서 대학교를 다니는 사할린 출신 고려인 P(여/26세)는 동북아미래포럼이라는 단체에 참석한다고 말해 주었는데, 이 포럼의 목적은 "중국, 일본, 한국, 몽골, 러시아 다섯 나라에서 온 젊은이들이 서로 이해하고 사이가 좋아지도록 하는 것"이라고 설명하며 "젊은이들이 서로 가까운 관계에 있으면 앞으로 국제관계도 튼튼해질 것"이라고 말했다. 참고로, 이 포럼은 관변단체의 성격이 강해 보이는 동북아공동체연구회(NACSI)의 산하에 있다.

을 통해 수행된다고 말한 바 있다. 일상생활에서 두 종류의 정체성은 분리되어 있지만 하나를 다른 하나로 환원시킬 수는 없다. 앞의 두 절에서 재한고려인의 사회적(및 경제적) 정체성에 대해 알아 보았다면, 마지막 절에서는 민족적 정체성에 대해 알아 보기로 하자.

그런데 이중적으로 치환된 역사적 경험을 가지고 있는 재한고려인들에게 민족적 정체성은 매우 복잡할 수밖에 없고, 이는 일상적 교섭을 통해 재구축된다. 무엇보다도 이주 초기에 고려인들은 한국인들과의 접촉에서 나쁜 경험을 갖는 경우가 있었는데, 이는 무엇보다도 제조업공장과 건설현장 등에서 일하는 시간에 욕설을 듣는 경험으로 나타난다. 이는 이주노동자에 대해 광범한 신체적·언어적 폭력과 크게 다르지 않다. 그렇지만 고려인에 대한 언어적 폭력의 담론적 형식은 '민족'에 대한 내국인의 지배적 통념에 의해 과잉결정된다는 점에서 상이하다. 그 가운데 하나는 '같은 민족이라면서 왜 한국어를 못하는가'라는 담론을 취하고, 다른 하나는 '민족의 배신자들이 왜 한국으로 돌아왔는가'[26]라는 담론을 취한다.

이렇게 내국인과 재외동포를 차별화하는 담론 상황에서 고려인들은 한국인들과의 접촉에서 느꼈던 감정을 "문화의 차이", "멘털리티의 차이"라는 표현을 사용하면서 많은 경험적 사례들을 통해 설명해 주었

---

26) 사할린 영주귀국 동포의 가족인 P(여/41세)는 "작은 실수나 잘못한 것이 있으면 막 욕하는 거예요. 배신자들이 러시아에서 살다가 여기 와서 아파트 받고, 쌀, 김치, 여행까지 무료로 제공되고 있으니까 그들이 짜증나게 생각해요"라는 불쾌한 경험을 말했다. 영주귀국의 '혜택'을 누리지 못한 고려인들도 비슷한 경험을 했다. 우즈베키스탄 출신의 S(여/29세)는 식당에서 고려인 친구들과 대화를 나누다가 주변의 불편한 시선을 느껴서 한국말로 "안녕하세요. 우리 러시아에서 온 고려인들이에요. 교포예요"라고 말했는데, 그때 들었던 반응은 "나라가 위기상태였는데 너희들 조상들은 그쪽으로 도망친 배신자들이다. 너희들은 그들의 후예다"였다고 말해 주었다.

다. 이 점에 대해서는 특히 젊은 여성들이 가장 적나라하게 묘사해 주었다. 아래 세 사람의 말을 들어 보자.

사실 우리[고려인들]는 미국 사람들이랑 똑같이 생각하고 행동해요. 한 번은 친구들끼리 밥 먹으러 갔어요. 저 빼고는 다 한국사람들이었고, 오빠 언니들이었어요. 차를 타는데 자기들이 먼저 타고, 식당에 왔는데 자기들이 문 열고 들어가더니 내 코 앞에서 문이 딱 닫히고 있어요. 뭐라고 해야 하나 '매너가 없다'고 해야 하나요? 식사할 때 쩝쩝거리고 먹는 것도 싫었어요. 제가 진짜 충격을 먹은 다른 일이 있는데 일하던 사무실에서 짜장면과 냉면을 시켜 먹는데 저는 냉면을 시켰어요. 냉면 먹고 있는데 갑자기 어떤 오빠가 '야! 너 냉면 먹을 줄 모르는구나. 줘 봐라' 하고는 자기가 먹는 거예요. 충격이었죠! (S, 여/29세)

여자에 대한 태도가 마음에 들지 않아요. 제 친척[고려인]은 한국 남자와 결혼했는데 지금 이혼하려고 생각하고 있어요. 남편 때문에 아니라 시어머니 때문이에요. 따로 사는데도 시어머니는 전화하든가 방문해서 괴롭히는 거예요. 애인 사이의 관계에 대한 것도 마음에 들지 않아요. 여자가 옷 잘 입고 화장 잘해야 한다고 생각하고 그와 동시에 조금 어리석고 유치해야 한다고 생각하는 것 안 좋아요. 나이에 따라 태도가 달라지는 것도 마음에 안 들어요. 별로 똑똑하지 않고 존경할 이유도 없는데 나이 차이를 존경해야 합니다. 제 친구가 공부하는 과에서 선후배 관계는 너무 심해요. 선배는 후배 뺨을 때릴 수도 있어요. 인사할 때 교수님들보다 선배한테 더 크게 해야 해요. 계속 '반갑습니다'라고 해야 해요. 뭘 위해 그렇게 해야 해요? (P, 여/26세)

러시아에서는 사람 사이가 간단해요. [한국에서는] 윗사람, 같은 사람, 아랫사람에게 하는 말이 다 달라요. 윗사람에게 말하면 '요' 붙이지 않으면 안 돼요. 러시아에서는 사람과 친해지면 나이 조금 더 많아도 '너'라고 해도 괜찮은데, 여기는 복잡해요. 상대방[한국인]이 '요' 안 붙여도 된다고 말해도 마음속에서는 내키지 않는 것 같아요. 그리고 에티켓이 마음에 안 들어요. 아니, 에티켓이 없는 것이 마음에 안 들어요. 들어오고 나갈 때 남자가 여자를 편히 들어갈 수 있게 문을 먼저 열고 문을 붙잡고, 여자가 앉으려고 하면 의자를 밀어 주어야 합니다. 러시아에서도 다들 그렇게 하는 것은 아니지만 여기는 전혀 그런 게 없어요. 그리고 방금 사무실에서 퇴근할 때 제가 먼저 나가려고 했는데 못하게 했어요. (R, 여/25세)

고려인들의 눈에 비친 한국인들의 멘털리티는 각종 위계질서에 의해 지배당하고 있고, 그 위계질서는 가정에서의 시어머니와 며느리 사이의 관계, 학교에서의 선배와 후배 관계, 직장에서의 상사와 부하직원 사이의 관계 등이 망라되고 있다. '고려인과 한국인의 문화 차이'라는 주제에 대해 논의할 때, 고려인들은 '매너', '에티켓', '교양'[27] 등의 범주를 동원하면서 '러시아', '소비에트', '유럽', '서양' 등에 자기동일시하는 경향을 보인다. 물론, 고려인들이 '고려인의 문화=정상적인 것, 한국인의 문화=이상한 것'이라고 단정하고 있지도 않았고, '고려인들도 문제가 많

---

27) 이 점은 초로의 여성 고려인도 공유하고 있었다. A(여/60세)는 "우리나라[구소련]는 나쁜 말로 욕지하지 않는데, 이 나라는 금방 나쁜 말로 욕해요. 나라[경제]는 발전했는데 사람들의 교양은 조금 낮은 것 같아요"라고 말했다.

다'는 자기진단도 존재했다. 그렇지만, 고려인들이 한국에 체류하면서 일상에서 수행하는 문화적 교섭을 통해 획득하는 것은 '같은 민족으로서의 공통성'이라기보다는 '같은 민족임에도 불구하고 엄존하는 차이'라는 점은 분명하다. 즉, 고려인들은 한국에 살면서 한국인들에 동화되는 과정을 거치고 있는 것이 아니라, 한국인들과의 문화적 차이를 (재)축조하면서 자신들의 문화적 정체성을 (재)정의하고 있었던 것이다.

그렇다고 해서 고려인들이 자신들을 '러시아사람'으로 완전하게 동일화하고 있지는 않았다. 개인마다 편차는 있었지만, 인터뷰를 통해 '고려사람과 러시아사람의 차이', '고려사람과 우즈베크사람과의 차이' 등에 대해서도 위 사례와 같은 긴 리스트를 만들어 낼 수 있다. 중요한 것은, 고려인들이 한국인들과 자신의 차이를 감지하기 이전에 러시아와 중앙아시아에 존재하는 다른 민족들과의 문화적 비교를 통해 자신의 정체성을 축조해 온 오랜 역사적 경험들을 가지고 있다는 점, 그리고 이런 경험들은 한국에서 체류하는 동안에도 문화적 교섭 과정으로 계속 작동하고 있다는 점이다.

흥미로운 것은 고려인과 한국인과의 문화적 차이라는 담론이 누가 진정한 민족문화를 보존하고 있는가라는 형식을 취하기도 한다는 점이다. K(남/55세)는 광희동의 러시아 식당에서 나와 함께 보드카를 마시면서 인터뷰를 할 때 내가 그의 '고려말'을 잘 알아듣지 못하자 난데없이 "한국말은 70%만 고려말이고, 나머지 30%는 일본말이거나 미국말이다"라고 진지하고 강경한 어조로 말했다.[28] 그의 말은 국가 없는 민족주

---

28) 유사한 예인데, 우크라이나에서 만난 T(남/71세)는 "한국에서는 왜 참외는 참'외'라고 쓰면서 오이는 '외'라고 쓰지 않고 '오이'라고 써?"라고 진지하게 물어보았다. 그는 십수 년 전

의 혹은 이산자 민족주의(diaspora nationalism)가 때로는 국가 있는 민족주의보다 더 '민족주의적'이라는 점, 그리고 그의 시각에서 남한의 문화적 정체성은 '일본화'와 '미국화'의 과정을 거쳐 변형된 것이라는 점을 드러내 준다. 그의 말에 동의하든 하지 않든, 분명한 것은 '민족정체성'을 축조할 때 복수의 서사들과 경합적 해석들이 존재한 것, 그리고 과국적 시공간에서 그 서사들과 해석들이 조우하고 마찰하고 있다는 것이다.

2) 과국적 고려인 커뮤니티: 신화 혹은 현실?

이제 재한고려인을 포함하는 고려인들의 정체성과 커뮤니티에 대해 마무리할 순간이 온 것 같다. 소비에트 시대 고려인들의 커뮤니티는 선조들의 고향과는 거의 접속이 없는 상태에서 소비에트 사회에 동화된 것으로 '부당하게' 인식되었지만, 1980년대 말 이후 "민족문화·교육적 부흥"(기광서, 2001: 153~155), "민족정체성과 민족의식의 변화"(김 게르만, 2010: 127~131) 등으로 표현되는 문화적 변환과정을 거쳤다. 이렇게 변환 중에 있는 고려인 커뮤니티는 고려인들이 보존하고 승계한 가치들의 '민족문화'적 성격을 강조하고 있다.

　　한 예로 카자흐스탄의 학자 김 게르만은 카자흐스탄 고려인의 특징을 "①민족문화의 유전학적 변화의 높은 단계 ②주변의 여러 민족들과 생활하는 경험의 축적 ③한민족의 전통문화와 차이를 가지는 문화의 높은 적응력 ④단일민족이라는 의식에서 자유로운 유연한 사고 ⑤주변

한국을 방문했는데 자신이 찾으려고 했던 민족의 전통문화를 찾을 수 없어서 실망스러웠던 기억도 말해 주었다. 이 점은 한국에 와서 전통문화를 찾으려고 하는 고려인 유학생들이 공통적으로 말하는 것이기도 하다.

문화를 수용하고 동화하는 높은 수준 ⑥이러한 발전 과정에서 보여 준 역동성과 집중력"이라고 정의하고 있다. 그의 생각이 흥미로운 것은 한국에서는 '민족문화가 아니다'라고 간주된 특징들이 '한민족의 전통문화와 다르다'라고 평가됨과 동시에 그것에서 긍정적 가치를 발견하려고 한다는 점이다. 한국인 학자들의 글이 민족정체성을 '상실'했다가 '회복' 하고 있다는 논리를 취하고 있는 것과 달리(기광서, 2001) 고려인 학자의 글은 중앙아시아의 고려인과 한반도의 한민족 사이의 문화적 공통성과 차이라는 논리를 취하면서 고려인에 고유한 민족정체성을 재정의하고 있는 것이다.

그렇다면 이렇게 재정의되는 '또 하나의 민족'으로서 고려인의 커뮤니티는 어떻게 상상되는 것일까. 국가적이고 영토적이었던 '소비에트 고려인'이 과국가적이고 탈영토화된 'CIS고려인'으로 변환되는 동태적 과정을 개념화하기 위해서 앤디 나이트(Andy Knight)가 일본계 페루인 들인 이른바 '니케이'의 과국적 커뮤니티 형성을 개념화하는 시도를 참고해 볼 수 있다(Knight, 2002: 21~22). 1장에서 살펴보았듯 그는 '이주와 디아스포라 커뮤니티의 역사적 형성 → 고국으로의 역이주 및 그 이중적 효과들 → 커뮤니티의 탈영토화와 재편성'이라는 3단계의 과정을 묘사하면서 하나의 패턴을 설명하고 있다. 이런 패턴은 고려인의 경우에도 시사하는 바가 있다. 고려인 역시 포스트소비에트 시대의 사회문화적 변환 과정을 거치면서 CIS의 비(非)고려인 민족은 물론 한반도의 한민족과도 다른 고유한 '민족적' 정체성을 재형성하면서 고려인 커뮤니티를 초국적 차원에서 재편성하고 있기 때문이다. 김 게르만은 카자흐스탄 고려인만을 언급하고 있지만 그것을 CIS고려인 전체로 확장할 수 있다면, 그리고 그 특징들이 단지 실증적 특징일 뿐만 아니라 당위적 규범으로 정립된다면, 그것은 하나의 "상징적 가치, 규준, 코드"로 작동할 것이다. 니케이처럼 고려인도 이 가치, 규준, 코드에 따라 국가 없는 커뮤니티에 대한 멤버십을 규정할 것이다. 그리고 이런 초국적 고려인 커뮤니티는 CIS지역뿐만 아니라 서울, 캐나다, 오스트레일리아로 확산될 것이다.

그렇지만 모델은 모델일 뿐이고, 유비는 유비일 뿐이다. 무엇보다도 니케이의 과국적 재편성에는 과국적 규모로 작동하는 물질적 조건들이 작동했다는 점에 보다 많은 주의를 기울일 필요가 있다. 고려인들이 경영하는 기업들이나 단체들 가운데 초국적으로 작동하는 사례들은 아직 일정 궤도에 오르지 못한 것으로 보인다. 또한 한국에서 이주노동자로 획득한 소득이 중앙아시아와 러시아의 고려인 가족과 커뮤니티의 사회적·경제적 지위에 미치는 변화에 대해서도 아직까지는 선명한 목소리가 나타나고 있는 것 같지는 않다. 반복되는 이야기지만, 고려인의 한국으로의 역이주의 역사는 이런 효과들을 검출하기에는 아직 짧은 편이다. 한국이 일본만큼의 경제적 역할을 수행할지에 대해서도 의문이 있다!

그럼에도 불구하고, 나이트의 분석에서 지구화 시대 디아스포라 커뮤니티의 변환에 대한 일반적 과정을 이야기할 수는 없다. 여러 조건들이 미비해도 고려인들은 자신들 고유의 '민족'정체성을 부단히 재정의하면서도 아래로부터의 '과국적' 실천을 부단히 전개하는 적극적 행위자가 될 것이다. 브루베이커의 표현을 빌리면 고려인의 한국에서의 체류는 "시민권 없는 성원권"(membership without citizenship)(Brubaker, 1989)이라고 말할 수 있고, 이는 다른 동포들이나 외국 시민권을 보유한 이주자들과 공유하는 특징이다. CIS나라들에서 그들의 거주는 "성원권 없는 시민권"(citizenship without membership)이라는 점에서 독특하다.

이렇게 고려인들의 운동의 전체적 그림을 그린다면, 이 글에서 임의로 사용된 '재한'이라는 용어는 임의적으로 선택된 것이었지만, 그것은 복수적인 지리적 장소들에서의 국제적 체류의 부단한 이동의 한 국면을 지칭하는 이름이자, 고려인의 과국적 커뮤니티와 부단히 상호작용하는 사회적·경제적·문화적 축조의 또 하나의 이름인 것이다.

6. 결론: '고향'에 정주하지 않는 고려인들

이제까지 소련의 해체 이후 형성된 새로운 시공간에서 고려인들의 지리적 이동성을 전반적으로 고찰한 뒤, 그 가운데 하나의 목적지로 한국을 택한 사람들이 이 장소에서 어떤 일상생활을 하고 있는지를 분석했다. 즉, 고려인들이 한국이라는 장소로 치환되는 삶을 살아가면서 어떤 계급 구조에 배치되고, 어떤 사회적 관계와 소통 네트워크를 구성하고, 한국인들과 조우하면서 어떤 문화적 교섭을 수행하는지도 살펴보았다. 마지막으로 이 모든 것을 총괄하면서 '고려사람'은 '한국사람'과는 상이한 민족정체성을 재정의하면서 국가 없는 과국(transnation)이라는 상상의 커뮤니티를 구성한다고 주장했다.

따라서 마지막으로 제기되는 질문은 고려인들의 과국적 생계(transnational livelihoods)에 대한 판단일 것이다. 과연 그들은 이렇게 계속 이동하는 삶에 대해 행복해할까, 불행해할까. 한국인들은 고려인들의 이동하는 삶에 대해 '유랑'이라는 비극적 서사를 동원하면서 '동정'을 표하는 경향이 있다. 그렇지만 이런 감정에 대해 막상 고려인들은 잘 이해하지 못하는 반응을 보일 때가 많다. 다른 한편 이들의 이동하는 삶을 찬양하는 '포스트모던'한 시각이 있을 수 있겠지만, 막상 이동하는 주체는 이동하고 싶어서 하는 것이 아닌 경우가 많다.

이런 복잡한 상태에 대해서는 최근 개봉한 영화 「하나안」(Hanaan)을 통해 우회적으로 답을 하고 마무리하고자 한다. 「하나안」은 타슈켄트 출신의 고려인 4세로 한국예술종합학교에서 수학한 박 루슬란 감독의 장편 데뷔작이다. 먼저 영화의 제목인 '하나안'이란 무엇일까. '하나안'은 한국인들에게 '가나안'이라는 발음으로 익숙한 장소이고, 영어 로마자로는 'Cannan'이다. 이 지명을 '하나안'이라고 표기한 이유는 무엇일까. 그 이유는 가나안이 러시아어 키릴 문자로 표기하면 'Ханаан'이고, 이를 로마자로 자역(字譯)하면 'Khanaan'이고, 이를 한국어로 발음하면 '하나안'이기 때문이다. 영어 제목이 'Khannan'이 아니고 'Hannan'인 이유는 한글 발음을 매개로 다시 한 차례 변환한 것이기 때문이다. 하나의 단어는 한반도(한글)와 구소련(키릴문자)과 서방(로마자)을 여행하면서 그 의미가 계속 번역되고 변환된다.

이 영화는 1991년 소련으로부터 독립한 이후 우즈베키스탄에서 살아가는 고려인 젊은이 세 사람의 삶을 그리고 있다. 이들의 삶도 저 단어들처럼 변환을 계속한다. 한 명은 살해당하고, 다른 한 명은 한국으로 떠난다. 주인공 스타스는 경찰관이 되어 친구의 살해범이자 마약 장사꾼을 붙잡지만, 부패한 경찰은 용의자를 방면한다. 그 뒤 그 자신이 마약에 손을 댔다가 고통스러운 과정을 거쳐 정상의 삶으로 돌아온 주인공은 한국에 먼저 간 친구의 권유로 영화 후반부에 한국 땅을 밟는다. 그렇지만 그 친구가 가져와 달라고 부탁한 것 역시 마약이었다는 사실을 알고 주인공은 한국 역시 그에게 '가나안'이 될 수 없다는 것을 깨닫는다.

젊은 고려인들의 거친 삶을 생생하게 그린 이 영화에서 한국은 단지 역사적 연고가 있는 땅일 뿐 젖과 꿀이 흐르는 낙원은 아니다. 그곳에 돌아왔지만 영원히 머무르고 싶지 않은 상태, 그렇지만 마땅히 더 좋은 곳으로 갈 곳을 찾지 못한 상태. 따라서 고려인의 재한(在韓)에 대한 논의는 현대사회에서의 무고향성(homelandlessness)에 대한 평가와 다르지 않다.

5장 _ 이동하는 '귀환자'들: '탈냉전'기 재일조선인의 한국 이동과 경계의 재구성[1]

조경희

1. 디아스포라의 역/이동

'탈냉전'기에 고조된 지구화에 대한 관심과 자각은 이동(mobility)의 관점에서 근현대사회의 재해석을 진전시켰다. 그 속에서도 동아시아는 세계적으로 인구와 자본 이동이 역동적인 지역으로 주목되는데 이러한 현상이 일어난 역사를 들여다볼 때 20세기 초 일본 식민지 지배와 해방 후 냉전체제하에서 이산(離散)을 겪은 코리안 디아스포라들의 존재를 쉽게 찾아볼 수 있다. 이민의 발생이 식민지 지배와 밀접한 연관을 가진다면 특히 '구(舊)종주국'으로 이주·정착한 재일조선인[2]들의 경험은 해방 후에도 계속적으로 식민주의에 의해 강력히 규정되었고, 식민주의의 귀결로서의 한반도 '조국'의 분단 상황 또한 그들의 일상에 깊숙이 개입하

---

[1] 이 글은 조경희, 「'탈냉전'기 재일조선인의 한국 이동과 경계 정치」, 『사회와역사』 91, 2011을 수정·보완한 것이다.

[2] 이 글에서는 국적이나 특정 조직의 소속과 상관없이 식민지 지배의 영향으로 일본으로 건너간 한반도 출신자와 그 후손들을 총체적으로 가리키는 말로 '재일조선인' 혹은 '자이니치'라는 호칭을 쓰고 있다. 본문에서 '한국사람', '재일한국인' 등의 표현은 구술내용에 따른 것임을 밝혀 둔다.

였다. 그 결과 한국 사회에서 재일조선인은 오랫동안 기민(棄民)과 안보의 대상 혹은 경제적으로 모국을 도와주는 인적자원으로 간주되어 왔다.

그러나 한국 사회의 민주화와 지구화의 진전, 2000년대 초 민족화해의 시대적 상황은 '동포'들의 한국왕래를 가속시켜 디아스포라들이 '조국'과의 관계를 재설정하는 계기를 가져왔다. 현재 디아스포라들이 지닌 경계적인 문화자본과 정체성은 거주국과 '조국'을 연결하는 매개적인 역할을 가능하게 만들고 있다. 근현대사 속에서의 재일조선인들의 이동의 경험이 식민주의적·냉전적 현실을 반영했다고 한다면 최근 재일조선인들의 한국으로의 역이동(return migration)현상은 탈식민적·탈냉전적인 과제를 반영하는 것이라 하겠다. 그들은 '귀환자'인가 혹은 '이주자'인가. '동포'인가 '타자'인가. 이러한 이분법적 틀은 과연 디아스포라들에게 유효한 관점인가. 이 글에서는 '탈냉전'기, 주로 2000년대 이후 재일조선인들의 한국 이동 경험에 초점을 맞춰 그들이 직면하는 경계선과 이에 대한 경계 정치(border politics)의 과정을 살펴볼 것이다.[3]

재일조선인들은 한국 이동과 정착의 과정에서 물리적인 국경선만이 아닌 복합적인 경계선을 직면하게 된다. 조선/한국/일본으로 구분되는 국적과 언어적인 경계선은 제도적·문화적으로 '한국인'임을 정하는 자격요건으로 작용한다. 또한 '조총련'과 연관된 요소들은 항상 이데올로기적 검열의 대상으로 당사자들에게 의식화된다. 이 경계선들은 재일

---

3) 이 글에서는 세계사적으로 냉전체제가 해체된 1990년대 이후에서도 특히 2000년 6·15남북 공동선언을 배경으로 한 한반도 분단 상황 극복을 위한 노력과 그 변화를 염두에 두고 '탈냉전기'라는 말을 쓰고 있다. 물론 이 '탈냉전'은 현실이 아니라 지향성을 의미한다. 이 글에서 밝히는 것처럼 여전히 분단체제가 존속하는 현실, 그리고 최근 고조된 남북 간의 긴장 상황은 한반도에서 '탈냉전'기라는 시대구분이 가지는 자기모순을 말해 주고 있다. 이 글에서 시대구분으로 '탈냉전'기를 표현할 때 작은따옴표를 친 것은 그런 맥락에서다.

조선인들에게 타율적으로 그어진 역사의 흔적이면서도 동시에 그들 스스로의 정체성과 차이를 구성하는 중요한 선이기도 하다. 재일조선인들은 일상적으로 한국 사회가 작동시키는 경계선의 제도와 이데올로기에 대해 타협과 회피, 대항과 활용 등의 방식으로 교섭해 나간다. 이러한 상호교섭적인 경계 정치의 과정을 살펴봄으로써 디아스포라와 '조국'과의 관계설정의 특징을 읽어 내고자 한다.

1990년대 이후 한국 사회와 재일조선인의 관계를 조명하는 연구가 조금씩 이뤄지면서 최근 한국으로 역/이동하는 자들에 대한 연구들도 나타나기 시작했다. 권숙인은 젊은 세대의 한국에서의 경험 사례를 통해 '보다 온전한 한국인'이 되기 위해 '귀환'을 선택한 재일조선인들이 한국 사회의 무이해와 직면하면서 민족적 정체성을 수정하거나 타협하게 되는 과정을 고찰하였고 한영혜는 '조선'에서 '한국'으로 국적 표시를 변경한 '재한 재일' 3세들의 사례를 통해 가족과 사회관계 속에서 그들의 선택을 조명하였다(권숙인, 2008; 韓榮惠, 2011). 또한 문화자본의 관점에서 재일조선인들의 한국에서의 문화실천에 주목한 김예림은 젊은 세대들을 여전히 구속하는 현실적 국가제도와 주체의 욕망 사이의 복합적 관계를 검토하였다(김예림, 2009).[4] 한국 사회와의 접점 확대를 배경

---

4) 특히 구술자들이 '일본' 그리고 '민족교육'을 통해 획득한 문화자본에 주목한 김예림의 이 연구는 이 글을 쓰는 데 시사하는 바가 컸다. 다만 구술사례의 부족함은 서로 다른 문화적 변수가 한국 사회에서 어떻게 재맥락화되어 '탈국경적 문화실천'이 가능해졌는지를 밝히는 데 한계가 있었던 것으로 보인다. 그 외 재일조선인의 국적과 정체성을 조명한 최근 성과로 김현선의 연구(2009)가 있는데 기본적으로 민족적인 동화/차이화라는 사회학적 틀로 재일조선인의 삶을 바라보는 이 연구는 "두 개의 모국, 세 개의 국적, 그 분열과 경계의 삶"의 양상을 재일조선인들의 주관적인 선택의 차원에서 해석하는 경향을 가진다. 이런 경향은 그 선택을 역사적으로 규정지어 온 일본의 국가제도와 사회적 현실, 한반도의 분단구조를 충분히 고려하지 않는 결과를 낳고 있다.

으로 하여 재일조선인들의 월경적인 선택과 정체성 발현에 주목한 선행 연구들은 '탈냉전'기를 사는 재일조선인들의 이동의 경험과 한국 사회와의 교섭 과정을 잘 보여 준다. 그러나 한편 정권교체를 비롯한 몇 년간의 국내 정치적 상황 변화가 재일조선인들의 이동의 가능성을 차단하고 있는 현실도 엄연히 존재한다. 이 글은 이동이 차단되는 재일조선인들의 상황도 함께 부각시킴으로써 탈냉전적 현실과 냉전적 현실이 교차하는 지점을 조명할 것이다.

그런데 이동성을 바탕으로 한 '디아스포라' 개념의 확산은 재일조선인을 둘러싼 이러한 이중적 규정성을 적절하게 포착해 내지 못하는 경우가 많다. 최근 "'디아스포라'의 디아스포라화"(Brubaker, 2005)가 지적되면서 디아스포라 개념의 인플레이션에 대한 문제제기가 이뤄져 왔다. 유태인의 역사경험에 특화된 고전적 디아스포라, 즉 영토와 문화의 배타적 결합을 기원으로 설정하고 이를 향한 귀환을 목적으로 삼는 본질주의적인 디아스포라 개념에 대해, 현재 탈식민화와 지구화 과정에서의 이동(movement)과 전위(displacement), 그리고 문화적인 혼종성(hybridity)을 전제로 한 상징적 디아스포라 개념이 설득력을 가진 지 오래다(Hall, 1990; Clifford, 1997). 한국에서도 마찬가지로 2000년 이후 '디아스포라' 개념의 수입은 기존의 '민족', '동포' 패러다임이 가진 배타성과 중심성에 대해 다양성과 차이, 분산성을 지향해 왔다.

주의해야 할 점은 이동성과 분산성, 탈영역화된 정체성의 발견이 고전적 디아스포라의 '비이동'의 현실을 간과하게 만들 수 있다는 점이다. 여기서 비이동성이란 지구화에 수반되는 일반적 현상으로서의 지역화가 아닌 강요된 지역성, 즉 이산 경험의 결과로서의 정주지향성이나 재이동의 어려움을 말한다. 이와 관련해서 소니아 량은 디아스포라 상태의 동적 측면과 정적 측면이 구분되어야 한다고 말하고 있다(Ryang, 2002). 즉 본인의 의사에 상관없이 움직이지 않는, 혹은 그 자리에 갇혀 있을 수밖에 없는 사람들 또한 디아스포라의 특징의 상당 부분을 차지하는 것이다. 김귀옥도 냉전시대의 구디아스포라와 탈냉전시대 신디아스포라 양상이 동시에 발생하는 맥락에 주목하면서 한반도 이산가족이나 '조선적' 재일조선인들은 여전히 '구디아스포라'로서 21세기를 살고 있다고 지적한다(김귀옥, 2010). 현재 재일조선인의 현실은 이러한 탈냉전적/냉전적 규정성, 혹은 이동성/비이동성의 양면을 통해 그 다이너미즘을 고찰할 것을 요구하고 있다. 이 글에서는 특히 재일조선인들이 한국 사회와 관계설정을 하는 과정에서 자신들을 규정하는 서로 상충되는 역학관계를 어떻게 해소하려고 하는가에 주목할 것이며 이에 대한 전략적인 선택 또한 조명할 것이다.

2. 대상과 방법: 자이니치의 변별성

연구방법으로는 재일조선인 2, 3세들에 대한 인터뷰와 관찰을 통해 그들의 한국 이동의 경험과 그 과정에서의 일상적인 경계인식과 교섭과정을 재구성하고자 한다. 인터뷰는 2011년 6월부터 9월 사이에 주로 일본어로 진행되었으며 구술자들은 재일조선인 2, 3세 중, 현재 한국에서 거주하거나 과거에 거주경험이 있는 자 11명과 현재 한국 이동에 어려움을 겪고 있는 재일조선인 4명으로 구성된다(〈표 5-1〉 참조). 그 외 1990년대 말부터 동아시아 평화운동을 통해 재일조선인과 한국 사회를 잇는 매개적 역할을 해온 한국인 활동가 1명과 보조적인 인터뷰를 실시하였다. 구술자의 제도적 지위는 15명 중 2명이 '조선적', 1명은 일본 국적을 가진

〈표 5-1〉구술자 기본사항

이름 (가명)	생년/세대	국적	출신	거주	학력	한국 경험	직업	민족교육/활동
이창	1961/2세	한국	홋카이도	한국	박사과정	유학, 취직 (2000~현재)	겸임교수 (일본학과)	일본학교/ 류학동, 한학동
최준형	1978/3세	조선→한국 (2007)	교토	한국	박사과정 중단	유학, 취직 (2006~현재)	회사원(드 라마 제작)	일본학교/ 류학동 외
윤지미	1977/3세	한국→일본 (1987)	효고	한국	석사	유학, 결혼 (2003~현재)	주부, 초등 학교 강사	일본학교
강태환	1980/3세	조선→한국 (2010)	이바라기	일본	박사과정	유학, 연구 (2008~2010)	대학강사 (한국학과)	조선학교(초등 ~대학), 전임
리경화	1987/4세	조선→한국 (1998)	나가노	일본	석사과정	2번 방문	대학원생	일본학교/ 류학동
김연희	1959/2세	조선	도쿄	일본	대학	5번 방문	회사경영, 연구	조선학교 (초등~고등)
김소원	1967/2세	조선	도쿄	일본	석사	2번 방문	연구, 번역	조선학교(초등 ~대학)/전임
이남지	1970/3세	조선→한국	효고	한국	박사과정	결혼, 취직 (1996~현재)	대학원생 일어강사	조선학교 (초등~중등)
서명기	1969/2.5세	한국	도쿄	한국	박사	유학,취직,결혼 (1996~현재)	대학교수	일본학교
최송이	1984/3세	조선→한국	오카야마	일본	석사	복수 방문	단체직원	조선학교 (초등~대학)
박리혜	1977/3세	조선→한국 (2005)	사이타마	한국	석사	결혼, 거주 (2006~현재)	일어강사	조선학교 (초등~고등)
양미영	1975/3세	조선→한국	도치기	한국	전문학교	결혼, 거주 (2011~현재)	가정주부	조선학교 (초등~고등)
이명미	1979/3세	한국	아오모리	한국	박사과정	유학, 거주 (2000~현재)	대학원생 연구조교	일본학교
송지향	1973/3세	한국	가나가와	한국	대학	취직, 거주 (1997~현재)	회사경영	조선학교 (초등~중등)
정윤자	1980/3세	한국	간사이	한국	단기대학	결혼, 거주	가정주부	일본학교

'외국적 동포', 나머지 12명은 한국 국적을 가지며 일본 영주권을 유지하는 '재외국민'에 해당된다. 15명 중 조선학교를 경험한 자는 9명이며, 일본학교만을 다닌 6명 중 3명도 대학 시기 민족단체[5]에서 활동한 경험이 있어 민족적인 인적·문화적 자본을 일정하게 가진 경우에 해당된다. 또한 4명을 제외한 11명이 대학원 석사 이상의 고학력을 가지며 그 중 9명

이 대학교나 어학학원에서 강사로 일하거나 대학원을 다니는 연구자/교사들, 혹은 한일 간 코디네이터 등의 전문직 종사자라는 점에서 특징적인 구성을 이루고 있다.

그 이유는 첫째, 조사자가 지인을 통해 인터뷰를 진행하는 눈덩이 표집(snowball sampling)을 취한 결과로 볼 수 있으며 둘째, 구술자를 선정하는 데 어학당이나 교환유학 등 단기적 체류자들을 제외한 결과로 볼 수 있다. 단기적 체류자들을 제외한 이유는 재일조선인들을 재현하는 데 있어 한국에서 쉽게 경험하는 차별이나 상처를 중심적으로 부각시키기보다는 한국 사회와 전략적으로 교섭하는 과정에 초점을 맞추려고 한 필자의 문제의식 때문이다. 필자의 지인과 그 지인들을 통해 접하게 된 15명의 구술자는 2000년 이후 진행된 한일 간 연구모임이나 NGO활동, 혹은 기존 민족단체 커뮤니티를 통해 서로 아는 경우가 드물지 않았으며, 결과적으로 구술자들의 이러한 인적구성은 시대상황을 공유하면서 한국 사회와 관계를 재설정하는 재일조선인들의 네트워크를 조명할 수 있다는 점에서 유효하였다.

이러한 재일조선인의 한국 이동의 배경적 특징은 조선족, 고려인들의 생활형태와 현저한 차이를 나타내기도 한다. 그 중 가장 큰 차이점은 다른 장에서 강조된 집거지구를 기반으로 한 커뮤니티 형성이 볼 수 없는 점이다. 1장에서 본 재외동포 네 가지 유형(70~72쪽 참조) 중 선진국 측에 속하며, 주로 유학이나 전문직에 종사하는 자이니치들의 생활조건

---

5) 총련계 재일본조선인류학생동맹(류학동)과 민단계 재일한국학생동맹(한학동) 등이 있으며 지역마다 활동범위와 내용에 차이가 있으나 이러한 학생단체는 일본학교를 다닌 재일조선인 학생들에게 모국어 습득과 민족문화, 동포 친구들을 접할 수 있는 기회를 제공해 왔다.

은 물리적인 커뮤니티 형성의 필요성을 수반하지 않는다. 사례분석을 한 자이니치들은 대학로, 여의도, 목동, 신림동 등 서로 다른 지역에 거주하면서 일본에서 그랬던 것과 마찬가지로 각자 직장과 학교를 오고 가거나 가정생활을 누리고 있다.

물론 굳이 장소를 통해 자이니치들의 일상을 본다면 몇 가지의 명확하지 않은 연한 선들을 그릴 수는 있다. 예컨대 김예림의 연구(2009)에서도 볼 수 있듯이 일본에서 획득한 문화자본을 활용하여 연극이나 사진, 카페 운영 등의 문화적 실천을 전개하는 자이니치들이 일정하게 존재하며 그들은 홍대 부근을 중심으로 느슨한 네트워크를 형성하고 있다. 혹은 한류 관련 문화산업에 종사하는 자이니치들의 경우, 강남에 있는 기획사들을 거점으로 활동하는 경우가 많다. 그러나 전자의 경우, 신촌이나 홍대 근처에 일시적으로 체류하는 다수의 일본인 유학생이나 크리에이터들과의 변별성이 불분명하여 '귀환동포'들의 양태를 다루는 이 책에서는 자세히 다루지 못했다. 한편, 강남을 거점으로 하는 문화산업 종사자들의 경우는 그들의 거주지역이 반드시 강남에 있는 것은 아니며 생활의 장소와 노동의 장소와의 괴리를 지적할 수 있다. 더구나 문화산업 종사자가 지닌 직업적 불안정성은 그들과 장소와의 교섭을 일시적인 성격으로 만들고 있다.

어쨌든 자이니치들의 일상을 규정하는 장소성이 있다면 그 자체가 그들이 종사하는 영역에 따라 분화·분산되어 있으며 여기서 자이니치들만의 변별성을 추출하는 것은 어려운 것으로 판단된다. 따라서 자이니치들의 경우 생활 장소를 기반으로 한 커뮤니티 형성보다는 활동영역을 통해 소통하는 온라인/오프라인상의 느슨한 한일 간 네트워크가 그들의 한국 이동과 정착을 수월하게 만들고 있다고 볼 수 있다. 물론 이 인적 네트워크는 결코 투명하거나 안정적인 것이 아니다. 그들은 자신들의 월경적인 활동 혹은 비-분단적인 정체성을 통해 한국 사회와 접촉하면서도 동시에 그 복합성은 현재 한국 사회가 작동시키는 경계선의 이데올로기에 쉽게 노출되는 불안정성을 지니고 있다. 이 글은 이러한 냉전적 구조와 탈냉전적 주체가 교차·교섭하는 지점에 한국 사회와 재일조선인의 관계의 현재성을 부각시키고자 하는 시도이다. 아래에서는 재일조선인들의 케이스 스터디에 들어가기 전에 먼저 한국 사회와 재일조선인과의 관계를 역사적으로 살펴볼 것이다.

3. 한국 사회와 재일조선인의 관계의 재편

1) 과거 한국 정부의 재일조선인 인식

해방 후 일본에 남은 조선인들이 한국 정부의 정책을 '기민 정책'으로 불렀던 것은 잘 알려진 사실이다. 한국 정부 스스로도 "국내 정세혼란 및 한국전쟁으로 인한 피해복구에 급급한 나머지 해외동포문제는 신경을 쓸 여유"가 없었다고 서술하였고(국가안전기획부, 1998: 5), 학계에서도 박정희 정권 시기의 해외이주법 제정(1962)을 제외하고 1980년대까지를 '무정책'으로 정리하는 등 정부 입장을 반복하는 경우가 많았다. 한국 사회의 민주화와 세계화의 진전이 재외동포문제를 인권문제로 인식할 토대를 만들었다는 점에서 이러한 설명은 타당하나 해방 후 대한민국으로의 귀환이 어려웠던 공산권의 중국이나 러시아의 동포들과 달리 식민지 구종주국이자 동아시아 반공진영에 속한 일본재류조선인에 대해 한국 정부가 그저 무관심으로 일관한 것은 아니었다. 적극적이고 포용적인 재외동포정책을 펴 왔던 이북과 비교할 때 한국 정부의 자세가 소극적이고 배제적인 것은 '대(對)공산권 방어'라는 차원에서 정책이 추진되었기 때문이다. 이는 한국 사회의 민주화운동 과정에서 수많은 재일조선인이 정치범으로 몰린 사실에서도 여실히 드러난다. 국가 정통성의 확보와 체제경쟁이라는 차원에서 재외동포정책 전개를 보지 않고 그저 '무정책'으로 정리하는 것은 오히려 한국 정부의 재일조선인 인식 자체를 문제 삼을 수 없게 만들며 결과적으로 재외동포문제가 분단체제와 깊은 관련이 있다는 점을 간과하게 만든다.

해방 후 한반도에서 두 개의 정부가 수립되기 전에 일본에 재류한 조선인들은 노선 차이에 따라 '재일본조선인연맹'(조련)과 '재일본조선인거류민단'(민단)을 결성하였다. 1948년에 남쪽에 수립된 이승만 정부는 민단을 재일한국인을 대표하는 유일한 단체로 인정하였고 민단 또한 '재일본대한민국거류민단'으로 명칭을 바꾸면서 민단이 한국 정부를 적극 지지하는 단체임을 명백히 하였다. 한편 당시 일본 정부가 한반도 출신자들에게 일률적으로 부여한 외국인 등록상의 표시는 '조선'이었다. 한반도 분단 이전에 부여된 이 표시는 국적이 아닌, 지역적 기호로서의 의미를 가졌다.[6] 재일조선인들의 대부분은 한반도 남쪽 출신이었으나[7]

---

6) 이에 관한 당시(1965. 10. 26) 일본법무성의 방침은 다음과 같다. "재일조선인은 원래 조선 호적에 속하여 일본 국내에 거주하고 있었던 채로 일본 국적을 잃고 외국인이 된 특수사정으로 인하여 여권 또는 이를 대신하는 국적증명서를 소지하고 있지 않기 때문에 편의조치로서 '조선'이라는 명칭을 국적란에 기재한 것이다. 이런 의미에서 '조선'이라는 기재는 예전에 일본의 영토였던 조선반도에서 내일한 조선인을 가리키는 용어로서, 하등 국적을 표시하는 것은 아니다"(한영구 외 엮음, 2003: 82).

7) 1946년 시점에서 전 조선인 등록자 64만 6,711명 중 한반도 남쪽으로의 송환을 희망한 자는 50만 4,199명이었던 것에 대해 북쪽으로의 송환희망자는 9,701명이었다. 또 1950년의 제2차 외국인 등록 조사의 통계에 따르면 총 53만 3,236명 중 3만 9,418명을 제외한 모두가 한반도 남쪽 출신자였다(連合國最高司令官総司令部, 1996: 128).

해방 후 조선인들 중에서 큰 세력을 키운 것은 조련이었다. 이러한 현실은 한국 정부와 일본 정부 간의 갈등의 원인을 제공하였다. 1949년 1월 14일에 한국 주일대표부가 설치되면서 대표부는 8월에 '재외국민등록령'(11월 24일에 '재외국민등록법' 제정)을 통해 등록업무를 시작하였는데 대표부는 일본 정부가 '조선'이라는 용어를 쓰는 것에 대해 강력히 항의하면서 그 용어가 "북조선 공산주의 정부가 사용하는 것"이며 "장기간에 걸친 일본 지배"와도 연결된다면서 '한국' 혹은 '대한민국'을 쓸 것을 요구하였다(連合國最高司令官総司令部, 1996: 82). 대표부는 이승만 정부와 일본 정부, 연합군 총사령부(GHQ)의 관계를 연계하는 기관으로서의 성격을 가지게 되면서 재일조선인들을 관리하는 체제의 원형이 이승만 정권하에서 형성되었다.[8]

1961년에 박정희가 쿠데타로 정권을 잡은 뒤 한국 정부는 민단에 대한 조직적인 개입을 강화하게 된다. 구체적으로는 한일회담 과정에서 박정희 정권과 회담내용에 반대하는 세력들을 '용공세력'으로 몰아가면서 한국 정부와 민단은 긴밀한 협력관계를 형성하기 시작하였다.[9] 경제성장을 이룩하기 위해 재일동포들을 미끼로 한일협정을 맺은 박정희 정부는 1970년대에 들어 모순이 드러나는 독재정권의 정통성을 채우기 위해 간첩단사건을 빈번히 조작하였다. 박원순은 사상적으로 자유분방하

---

8) 그러나 초기의 한국 정부/주일대표부와 민단의 관계가 반드시 우호적이었던 것은 아니다. 김태기의 연구는 이승만 정부하에서 이 삼자의 관계가 서로 협조적이지 않고 갈등이 많았다는 점을 밝히고 있다(김태기, 2000: 70~78).

9) 1969년에 외무부와 중앙정보부는 민단조직의 강화와 개혁을 생각하는 '재일거류민단 강화대책회의'를 만들어 민단이 "반공을 기본을 하는 대공투쟁을 위한 조직으로서 재일동포사회의 단결의 중심이 될 단체"가 될 것을 요구하였다(김태기, 1998: 85). 그러나 결과적으로 박정희 정권에 순응하는 일부 민단 집권층과 한국 정부의 관계가 곧 재일동포사회의 분열을 조장하는 요인이 되었다.

고 민족주의적인 특성이 있는 재일동포 유학생들이 독재정권 유지에 있어 "가장 좋은 희생양"이 되었다고 지적하였다(박원순, 1997). 지리적인 38선 없이 사는 재일동포들은 한국 정부가 '내부의 적'으로 만들기에 적합했으며 그들에 대한 낯섦은 사회질서 유지에 충분히 이용할 만한 것이었다. 비분단적인 양태를 지니는 재외동포들의 존재가 분단체제와 깊이 연루될 수밖에 없는 것은 바로 이 지점이다.

한편에서 '조총련 동포'들의 회유를 목적으로 한 모국방문사업도 진행되었다. 1972년 7·4남북공동성명의 출발점이었던 이산가족찾기의 일환으로 대한적십자사가 조선 측에 '모산단'의 상호교환을 제안하나 북측이 이를 거부하자, 민단은 총련계 동포들에 대한 모산단사업을 비밀리에 추진하였다(재일본대한민국민단, 1997: 301). 이 시도가 성공을 보이자 정부는 이를 지속적으로 실시하여 혈연, 지연을 통해 참가자들에게 전향을 유도하도록 지시하였다. 같은 시기에 '문세광 사건'이 일어나자 재일동포사회의 '친북화'를 차단하기 위해 민단에 더욱 적극적으로 개입하게 된다. 민단계 학생들에게 50시간의 민족교육을 실시하여 모국방문 기회도 확대하였다. 1981년에 출범한 전두환 정권은 서울올림픽 유치를 향해 재외동포들에게 모국방문과 기부활동 등을 장려하였다. 올림픽 성공이라는 '전 동포적인 위업'을 향해 민단 지도부와 한국 정부는 안정적인 관계를 맺어 나갔다고 할 수 있다.

2) '탈냉전'기 '재외동포'의 발견

1990년대 사회주의권 붕괴와 세계화의 진전은 한국 사회에 많은 변화를 가져왔다. 1990년에 구소련과, 1992년에 중국과 국교를 맺으며 그전까지 한국 사회가 잊고 있었던 동포들이 눈에 보이기 시작하였다. 1990년

232만 99명으로 잡힌 '재외동포통계'는 1991년 중국과 구소련 지역 동포들이 포함되면서 2배 이상인 483만 2,414명으로 늘어난다. 재외동포들의 조국왕래는 이전보다 훨씬 활발해졌으며 무엇보다 한국 사회의 민주화는 동포들과 모국의 관계를 새롭게 만들어 가는 계기가 되었다.

1993년에 탄생한 문민정부는 '신교포정책'을 제시하면서 재외동포들에게 정책 확대를 약속하였다. 냉전체제의 약화, 세계화의 진전의 과정에서 재외동포들은 이제 안보와 감시의 대상이 아니라 모국과의 정신적 유대를 강화하면서 거주국에서 안정된 생활을 유지하며 존경받는 모범적인 구성원이 될 수 있도록 지원하는 대상이 되었다. 또한 1996년에는 국무총리 산하에 '재외동포정책위원회'를 설치했으며 1997년에는 공약이었던 '교민청' 신설이 정부 여러 부처의 반대에 부딪히자 차선으로 '재외동포재단'을 설립하여 재외동포 관련 사업을 통합 시행하도록 하였다. 그 이전까지 정부 차원에서도 '해외교포', '해외한인', '교민' 등 자의적으로 부르던 호칭을 '재외동포'로 정리하면서 한국 사회의 재외동포정책은 뒤늦게 일정한 체계를 갖추게 되었다.

이러한 변화는 시민사회의 발전과 더불어 진행되었다. 1980년대 민주화 과정을 통해 국가권력으로부터 일정한 자율성을 가진 합법적인 공간이 생기면서 온건한 형태의 사회운동이 가능해졌다. 즉 반독재 민주화운동을 주도한 '민중운동'과는 구별되는 '시민운동'이 출현하면서 이제까지 간과되어 온 환경, 교육, 여성, 인권 등의 새로운 이슈에 관심이 모이기 시작한 것이다. 1990년대 후반에 들어 시민운동 내부에 다양한 분화현상이 일어나면서 재외동포문제를 '인권'의 관점에서 보는 활동들이 나타나기 시작했다.[10]

한편 이 시기 정부 부처 담당자와 재외동포 전문연구자들의 담론에서는 대체적으로 재외동포들을 인적자원의 수준에서 바라보는 시각을 쉽게 찾을 수 있다. 특히 1997년에 IMF 금융위기를 경험한 한국 사회에 있어 재외동포들은 '생존'과 직결하는 존재로 비쳤다. 국가안전기획부 (당시)가 발간한 보고서는 "이제 정부는 과거 해외동포와의 잘못된 관계를 청산하고 현재의 외환위기로 초래된 경제 난국을 헤쳐 나가는 '동반자', '한민족의 살아 있는 자산'으로 550만 해외동포의 역량과 잠재력을 조직화할 수 있도록 지원하고 활용해 나가야 한다"고 호소하였다(국가 안전기획부, 1998: 294~295).[11] 90년대 말 한상대회, 혹은 '한민족 네트워크'라는 말이 한국 사회에서 적극적으로 선호된 것도 이러한 IMF 위기와 세계시장에로의 유입을 배경으로 한다. 민족문제와 경제문제는 밀접히 연결되며 통일문제는 '한민족의 생존전략'과 깊이 연루된다. 여기에는 "전 세계 한민족들이 동일민족이라는 인식하에 폭넓은 교류를 계속하면 이산가족문제도 자연스럽게 해결되고 남북한의 평화적 통일에도 접근"할 수 있다는 낙관적인 전망이 있었다(국가안전기획부, 1998: 308). 한국 사회의 급속한 변화 속에서 이렇게 재외동포들은 조명되어 갔다.

---

10) 대표적인 것이 1996년에 결성된 우리민족서로돕기운동본부, 그리고 1999년에 결성된 지구촌동포연대(Korean International Network, 이하 KIN)와 같은 단체들이다. 우리민족서로돕기운동본부는 원래 식량난이 심각해진 북한에 대한 지원과 남북 교류사업을 목적으로 한 단체로 출발하였으나 한국 내 조선족 동포들의 사기피해에 대한 상담, 러시아 고려인들에 대한 지원활동 등을 통해 점차 재외동포문제로 활동을 넓혀 갔다. 한편 KIN은 '역사와 인권'의 관점에서 국내외 동포 간의 상호교류와 협력, 혹은 한반도의 평화적 통일에 기여할 것을 목적으로 그동안 재일동포 거주지역인 우토로나 조선학교, 사할린 문제 등 재외동포 지원·연대사업을 주도적으로 이끌어 오면서 한국 사회의 인식변화에 일정한 영향력을 발휘하여 왔다.

11) 예컨대 재외동포문제의 전문가로 널리 알려진 이광규도 "산업화로 인하여 의존경제체제를 가진 우리가 국제무대에서 활동하려면 해외교포의 재능과 경험을 충분히 활용하여야 한다"고 강조하였다(이광규, 1998).

특히 1980년대까지 '잊혀진 존재'였던 중국과 구소련 동포들이 한국 사회에 새롭게 나타나면서 재외동포들은 말 그대로 다시 '발견'된 것이다.

본격적인 '탈냉전'기인 2000년 이후 재외동포들은 한국 사회와 더욱 밀접한 관계를 형성해 갔다. 6·15남북공동선언은 특히 재일조선인들과 한국 사회와의 관계를 변화시키는 큰 계기가 되었다. 총련과 민단의 대치관계 속에서 분열을 직접적으로 경험해 온 재일조선인들은 남북관계를 상징하는 척도가 된다. 6·15선언으로 남북 이산가족 상봉이 이뤄진 것에 이어 남북 두 정부는 총련계 재일조선인 50명의 한국 방문을 허용하였다.[12] 또 2002년의 한일월드컵 개최, 일본에서 2004년경에 본격화된 한류붐으로 한일 간 심리적 거리는 급속하게 가까워졌으며 한국 사회에서 소설과 영화, 방송, 학계와 NGO를 통해 재일조선인 문제는 적극적으로 다뤄졌다. 또한 2007년 개봉된 다큐멘터리 영화 「우리 학교」가 호평을 얻으면서 그간 일부 활동가들의 노력으로 진행되던 재일조선인 지원운동은 서서히 대중화하기 시작하였다. 한국 사회에서 재일조선인은 '기민'과 '안보'의 대상에서 지원과 연대, 소통의 대상으로 변하기 시작한 것이다.[13]

이러한 국내외 조건의 변화는 한국 사회와 재일조선인과의 관계의 질적 변화를 가져왔으며 그들의 한국 이동을 더 가속화시켰다. 2013년 2월 현재 일본 출신 재외동포 국내거소신고자 수는 한국 국적자가 1만 3,071명, 일본 국적자가 748명이다.[14] 여기서 '국내거소'란 "재외동포가

---

12) 한겨레신문은 과거의 총련계 동포들을 "한반도 냉전체제의 희생자"라고 하면서 그들의 모국방문이 본격적인 민족 화해와 협력의 계기를 마련했다고 평가하였다. 「전세계 한민족 화합계기 되길」, 『한겨레신문』 2000년 9월 24일자.
13) 한국 사회의 재일조선인 표상의 문제점에 대해서는 조경희(2007)를 참조.

국내에 입국한 후 30일 이상 거주할 목적으로 체류하는 장소"를 말한다. 이는 외국인 등록과 같은 의무사항이 아니라, 재외동포법 제정으로 신설된 "동법상의 혜택을 원하는 동포들이 선택에 따라 할 수 있는" 제도이다(법무부, 1999: 23).[15] 즉 거소신고를 안 한 채 체류하는 자들도 있을뿐더러 이 통계에는 거소신고를 한 뒤에 다시 한국을 떠난 경우도 다수 포함되기 때문에 현재 한국에 거주하는 재일조선인의 수를 파악하기는 쉽지 않다. 분명한 것은 거소신고제도가 생긴 1999년 이후 1만 2,000명 이상의 자이니치들이 한국에서 일정 기간 생활하였다는 사실인데 그들은 과연 무슨 목적으로, 어떻게 한국으로 이동하게 되었는가. 3, 4절에서는 한국 이동을 하는 과정에서 직면하는 재일조선인들의 구체적인 경험을 통해 한국 이동의 제도적 조건, 그리고 그들의 경계인식과 일상적인 교섭과정을 살펴볼 것이다.

4. 경계선을 둘러싼 일상적 정치

1) 경계 위의 국적

영토와 사람에 경계선을 그음으로서 성립되는 국민국가는 그 자체가 인위적인 존재이다. 제국주의와 냉전의 시대를 거쳐 우리는 국경선으로 구분된 국민국가의 주권을 보편적이며 고정적인 원리로 이해하게 되었다.

---

14) 『출입국·외국인정책 통계월보』 2013년 2월호 참조. 일본 국적자 통계는 「외국 국적 동포 거소신고현황」(2012년 12월 말 기준) 참조.
15) 국내거소신고 대상자에는 외국 영주권을 가진 한국 국적자인 '재외국민'과 외국 국적을 가진 동포인 '외국적 동포'들이 해당된다. 이 재외동포들은 주민등록증과 등록번호 대신 외국인등록증과 유사한 '국내거소신고증'과 '거소신고번호'를 부여받을 수 있는데 이는 주민등록제도를 대신하는 기능을 갖추지 못하고 있는 것이 실정이다.

전쟁, 점령, 식민지 지배 등 어떤 정치적 폭력의 산물임에도 불구하고 국경선과 그에 따른 개인의 국적은 일상생활 속에서 끊임없이 정당화되어, 자연화된다. 글로벌 시대에 '이동'이 문제가 되는 것은 그만큼 영토와 사람을 국경선과 국적으로 분할해 왔기 때문이다. 인위적 국경선은 가족 이산과 생활권 분할, 소통 단절을 가져왔지만 자연화된 분단선을 설정할 때 재일조선인의 국적문제는 미궁에 빠지게 된다. 경계지대에 사는 사람들에게 자신의 소속을 정의하는 국적은 자명한 사실이 아니라 늘 불안정하고 유동적이다.

앞서 본 바같이 과거 일본 정부가 일본에 남은 한반도 출신자들에게 일률적으로 부여한 등록상의 표시는 지역적 기호로서의 '조선'이었다. 그후 대한민국 국적을 취득하지 않고 지금도 여러 이유 때문에 '조선' 표시를 유지하는 사람들이 일정하게 존재하며 그들을 우리는 '조선적'으로 부르고 있다. 물론 국제법상 국적은 각국의 국적법에 따라 정해지는 것이므로 이 표시가 국적을 확정하는 것은 아니다. 즉 '조선' 표시가 곧 조선민주주의인민공화국 국적을 나타내는 것은 아니다. 무엇보다 북일 간 수교가 없는 현재, 일본에서 조선민주주의인민공화국의 국적은 인정되지 않는다. 하지만 한국 국적을 택하지 않는다는 점에서 한국 정부는 사실상 '조선적'을 '북한 국적'으로 간주하여 관습적으로 국적 변경을 요구해 왔다. 더 정확히 말하면 '조선적'자들은 일본에서도 한국에서도 법적 차원에서 '북한 국적'을 인정받아 본 적이 없음에도 불구하고 권리를 거부당할 때만 '북한 국적자' 취급을 받는 것이다. '조선적'의 위치는 분단국가에서 법이나 제도가 얼마나 자의적인 것인지를 말해 준다.

'탈냉전'기에 특징적인 것은 한국에서 '조총련계 동포'로 불리는 조선학교 출신자들의 한국왕래가 급속히 증가한 점인데 그 중에는 원래

'조선적'을 유지했다가 한국 입국을 위해 한국 국적을 취득한 사람들이 다수 포함된다. 그들은 한국 입국을 시도한 첫 단계서부터 분단체제의 현실에 부딪혀 입국을 포기하거나 주일한국영사관의 지시를 따라 '조선적'을 포기하게 된다. '조선적'자들이 한국 여권을 가지려면 먼저 영사관에서 재외국민 등록을 한 뒤에 그 증명서를 가지고 일본 거주지 행정기관에서 외국인 등록증 국적란 기재를 '조선'에서 '한국'으로 변경해야 한다. 이 기재변경 서류를 다시 영사관으로 제출해야 여권발급이 접수된다. 주일영사관이 일본 정부의 재일조선인 관리의 원형인 외국인 등록체제와 결탁하여 국민화를 진행하는 절차는 한일 간의 식민주의적 유착의 사례를 잘 보여 준다. 게다가 오랫동안 고국을 떠난 상태에 있는 재일조선인이 한국의 정식 여권을 얻기 위해서는 산재된 선조들의 호적(현 가족관계등록부) 또한 정리를 해야 한다. 한국어에 익숙하지 않은 재일조선인들은 이 절차에 많은 돈과 시간을 들이면서 '대한민국 국민'으로 편입되어 간다. 원래 여권이라는 신원확인 시스템이 "국가에 의한 합법적 이동수단의 독점화"라는 성격을 가진다면(Torpey, 2000) 분단국가의 여권발급은 그 자체가 체제경쟁과 국민 만들기의 근간을 이루는 국가권력의 작동을 의미한다.

1990년대 이후 한국 정부는 여권 없는 '조선적'자들에게 여행증명서 발행을 통해 일시적인 한국 입국의 길을 열어 왔다.[16] 이는 제한적이긴 하지만 '조선적'의 역사성을 유지한 채 한국왕래를 할 수 있는 유일한

---

16) 1990년에 제정된 남북교류협력법 제10조(외국거주동포의 출입보장)에서는 "외국 국적을 보유하지 아니하고 대한민국의 여권을 소지하지 아니한 외국거주 동포가 남한을 왕래하려면 여권법 제14조 1항에 따른 여행증명서를 소지하여야 한다"고 정하고 있다. 이 조항이 '조선적'자들에 대한 여행증명서 발급의 근거가 되어 왔다.

〈그림 5-1〉 한국 입출국에 필요한 '조선적'자의 여권

여권 없는 '조선적'자는 일본 공항에서는 일본 정부가 발행한 '재입국허가서'(오른쪽)로 출국,
재입국하며 한국 공항에서는 한국 정부가 발행한 일회용 '여행증명서'(왼쪽)로 입국, 출국한다.

가능성이었다. 그러나 이명박 정권에 들어서면서 '조선적'자에 대한 여
행증명서 발급거부 건수는 급증하였고 천안함 사건 이후에는 모든 발급
신청이 거부되었다.[17] 현재 자녀들을 조선학교에 보내거나, '조선적'을
유지하는 자들은 해마다 감소하여 전체 재일조선인 중 10%를 밑도는 소
수집단이 되었다. 즉 그만큼 한국으로의 이동을 위해 국적 또한 이동해
야만 하는 현실이 있음을 말하고 있다. 이렇게 볼 때 '조선적'을 둘러싼
문제는 소수의 당사자들만의 문제가 아닌, 일본 식민지 지배와 남북분
단에 규정된 재일조선인들의 역사적·현재적 위치를 보여 주는 진행형의

---

17) 외교통상부의 통계에 따르면 '조선적' 재일조선인의 여행증명서 발급 거부 건수는 2006년
8건, 2007년 0건, 2008년 7건에 불과하던 것이 2010년에는 279건으로 늘어났다(『연합뉴스』
2010년 10월 18일). 한편 민단에서는 2001년부터 2009년까지 3만 5,000명의 '조선적'자들
이 한국 국적을 취득했다고 발표한 바 있다.

문제이다. 다시 말하면 재일조선인의 국적문제가 가지는 태생적인 불확실성은 지연된 탈식민과 탈냉전의 현실을 집약적으로 보여 주고 있다.

구술자들 중에서는 한국적을 가진 9명 중 7명이 어렸을 때나 성인이 되면서 한국적을 취득하고 있다. 그 중 4명은 직접적으로 자신의 한국 이동을 위해 '조선적'을 포기한 경우다. 2006년 한국적을 취득한 최준형(33세)은 대학 시기 북한 여권으로 해외여행을 나가면서 인천공항을 경유했을 때 느꼈던 공포심을 지금도 생생히 기억한다. 일본학교를 다녔지만 어렸을 때부터 부모한테 분단 이전의 '조선'의 의미를 듣고 자랐다. 학생시기부터 자이니치들의 커뮤니티나 오사카 지역의 통일축제에 접할 기회가 있었고 자원봉사로 참여하기도 했으나 한계가 있었다. 막상 자신에게는 '자이니치'임을 내세울 것이 없다는 것을 알았을 때 '동아시아공동워크숍'[18] 행사를 통해 많은 소중한 한국인들을 만나게 된다. 국적을 바꾸고 한국행을 택한 것은 자연스러운 선택이었다고 한다. 한국 입국에 두려움이 있었지만 막상 해보니까 전혀 어려운 일이 아니었다. 지금 그는 오히려 '조선적'을 유지해야 할 역사적 의미가 사라지고 있음을 느끼고 있다. "내용이 없는데 형식만 지키자고 하는 것보다는 자신이 직접 할 수 있는 일을 찾는 것이 낫다"고 보는 것이다.

---

18) '동아시아공동워크숍'(1990년대까지는 '한일공동워크숍', 이하 '워크숍')은 1997년부터 현재까지 계속된 한국인, 재일조선인, 일본인들이 모이는 역사관련 워크숍이다. 1997년 여름, 일본 홋카이도 슈마리나이에서 강제노동 끝에 숨진 조선인 희생자들의 유골 발굴 작업부터 시작한 워크숍은 그후에도 홋카이도, 서울, 제주도, 오사카, 지리산 등에서 역사현장 필드워크와 토론, 문화행사를 꾸준히 지속하면서 젊은 세대의 한국인과 일본인, 그리고 재일조선인들 간의 소통과 연대의 계기를 제공해 왔다. 그 외 일본에서는 오사카 지방의 재일조선인들을 중심으로 한 '원코리아 페스티벌'이나 '유스 포럼'이, 한국에서는 지구촌동포연대(KIN)와 같은 NGO단체가 재일조선인과 한국인을 연결하는 역할을 해왔다. 많은 구술자들이 이러한 활동을 통해 서로를 알고 있거나 한국에서의 경험들을 공유하고 있었다.

한편 2005년에 한국인 남성과의 결혼을 계기로 한국적을 취득한 박리혜(35세)의 경우 결혼이라는 인생의 전기가 없었다면 국적을 바꿀 일은 없었다고 단호하게 말한다. 자신의 정체성을 포기해서까지 이동수단을 얻는 것에 대해 오히려 회의적이었다. 그러나 동시에 한국사람과 한국문화의 매력에 빠져 갔다. 6년이 지난 지금 그는 자신의 선택이 옳았음을 실감하고 있다. 한국생활에 적응하면서 시야도 넓어지고 자신의 삶이 풍부해졌다. 실질적인 면에서는 무엇보다 여권이 생겼다는 것이 가장 큰 변화다. "여권을 가진다는 것이 이렇게 편하고 좋은지 몰랐다"고 하는 것처럼 여권을 통한 이동성의 획득은 이들에게 실리적인 이편성과 안정감을 처음 맛보게 한다. 여권을 가진 자들에게 국경선은 별로 문제가 되지 않는다. 일본과 한국, 그리고 제3국을 자유롭게 오고 가면서 실질적인 메리트를 얻을 수 있었던 것은 큰 발견이었다.

구술자들 중 가장 최근에 국적을 취득한 강태환(32세)의 경우, '조선적'으로 한국에 장기체류 중 천안함 사건이 터져 여행증명서 갱신이 거부되었다. 한국에서 처리해야 할 일들이 남아 있었던 그는 자신의 의사에 반해 급하게 한국 여권을 신청해야만 했다. 조선학교 커뮤니티와 긴밀한 관계를 유지했던 강태환은 국적을 바꾸라고 하는 영사관의 압력과 바꾸지 말라고 하는 주변의 암묵적인 시선의 딜레마 사이에서 결국 국적취득을 선택하게 된다. 주변 한국사람들의 반응은 위로와 사과, 환영 등 각기 다양하였다. 강태환의 케이스는 '조선적'이라는 불확실한 정체가 어떤 위기적 상황에 있어서는 쌍방의 냉전논리가 길항하는 해석과 정치의 장을 형성시키는 것을 잘 보여 준다. '조선적'자의 한국 국적취득은 이동이라는 탈냉전적 계기를 냉전적 국가 논리의 작동 장소로 삼는 역설과 긴장을 드러내는 것이다(김예림, 2009: 368). 한편 여권을 통해 얻은 이동성은 당사자들에게 일종의 특권성의 획득이기도 하다.

> 여권을 취득해서 이동이 편해진 것이 일단 큰 변화죠. 예전까지는 갈 때마다 영사관에 가서 복잡한 절차를 밟아야 한다는 번거로움과 부담감이 있었지만 여권이 만료되지만 않았다면 그냥 편안하게 후쿠오카에서 배 타고 부산으로 갈 수도 있어요. 그 대신 여권을 가진 자의 특권성을 항상 느끼게 됩니다. 주변에는 여전히 못 오는 사람들이 있으니까 인터넷을 통해 서울에서 즐겁게 지내고 있는 소식을 전하기도 미안해요. (강태환, 남/32세)

1990년대까지만 해도 한국과의 관계가 걸려 조직이나 커뮤니티와의 관계가 멀어지는 경우가 많았던 것을 생각하면 지금 상황은 많이 변했다. "1세 동포가 고향으로 가지도 못하는데 어떻게 3세인 네가 가냐"는 비난 어린 충고를 받은 적도 있지만 사실은 주변에서 한국에 대한 관심과 반응이 뜨겁다는 것을 알고 있다. "한국은 어떠냐?"고 적극적으로 질문을 받기도 하고 강연 청탁을 받기도 한다. 그러나 현재도 강태환은 한국적을 취득한 사실을 주변에 적극적으로 말하지 않는다. 오히려 자신이 지금 서 있는 곳이 안전지대가 아닌, "어느 쪽에서도 공격당할 수 있는, 배신자로 불릴 수 있는 위치"에 있다는 것을 항상 자각하고 경계한다. 지금은 단지 이 중간적인 위치를 최대한 활용하는 것뿐이다.

2000년 이후 한국적을 취득한 구술자들은 소중한 한국인과의 만남을 통해 이동의 가능성, 즉 수단으로서의 국적을 선택하고 있다. 한국 이동은 그들에게 새로운 생활세계와 인간관계의 확장이라는 실질적인 메리트를 안겨 주고 있다. 다만 제도적 안정감과 이동의 자유가 그들의 정체성의 안정과 자유를 바로 보장하는 것은 아니다. 한국적취득은 최준형에게 합리적인 결단이었던 것에 비해, 박리혜와 강태환에게는 현실과의 타협이라는 성격을 가졌던 것으로 보인다. '조선적'에서 한국적으로의 제도적인 경계 넘기는 그들의 삶을 재설정하기보다는, 삶의 연속성 속에서 예전보다 더욱 미시적인 경계 정치를 작동시킨다. 국적이 가지는 역사적인 상징성과 현실적인 기능성 사이의 갈등은 한국 사회와의 관계 속에서도, 자이니치 커뮤니티와의 관계 속에서도 쉽게 해소되지 않는다. 그들에게 볼 수 있는 갈등과 책임감은 결국 재일조선인에게 여전히 자유로운 국적 선택이 성립되지 않다는 것을 말해 주고 있다.

2) '위험한 국민'의 출현

이렇게 재일조선인들의 국적취득은 탈냉전과 지구화의 시대상황이 요청하는 일종의 대한민국 분단국가의 국민화의 양상을 보여 준다. 그러나 새로 한국 국민이 된 재일조선인들을 지금 한국 정부는 다시 문제적 존재로 만들고 있다. 최근 재외동포를 둘러싼 큰 제도적 변화 중에 재외국민 투표권의 부여를 들 수 있다. 2009년에 공직선거법 등의 개정으로 2012년 4월의 국회의원 총선거와 12월의 대통령선거에서 재외국민들도 국정에 참여할 수 있게 된 것이다. 그런데 국적을 바탕으로 한 정치적 권리의 확대는 분단국가의 안보상황에 심각한 딜레마를 야기하고 있다고 한다. 정치권과 외교통상부, 민단과 주일영사관 내외에서는 새로 한국적을 취득한 '조총련 동포'들을 어떻게 구분할 것인가가 큰 쟁점으로 부상하고 있다.

예컨대 민단은 2011년 신년사에서 "조선적에서 한국적으로 변경하여 한국 여권을 소지해 한국 국정 선거에 참여할 선거권을 얻고도 총련

활동에 종사하는 동포가 상당수 있다는 실태를 파악하고 총련으로부터 완전히 이탈한 동포와 준별해 대처하는 것"을 '2012년 문제'의 대응 준비로 내걸었다.[19] 최근 정치권에서도 '조총련' 투표참여를 막으려는 움직임을 보이면서 "북, 조총련에 투표권 주는 정부"를 비난하고 나섰다. 정부 관계자는 "재외국민을 위장해 들어오는 간첩들은 안보상의 위협일 뿐만 아니라 내년 선거에도 영향을 미칠 수 있다"며 "내년 총선을 앞두고 대폭 늘어날 것으로 예상되는 만큼 대북 용의점이 있는 동포는 국적 취득을 불허하고, 주요 혐의자에 대해서는 국적취득 이후에도 감시를 강화할 방침"을 밝혔다.[20] 오랫동안 한국 정부가 실시해 온 국민화 프로젝트의 허점을 재외국민들의 정체의 불순함에 떠넘기려고 하는 것이다. 이제 문제의 대상은 '조선적'을 유지하는 자들이 아니라 한국적을 취득한 무수한 '조선적 출신자'로 이행하였다. 그들은 제도상으로는 불순함이 보이지 않기 때문에 더 '위험한' 존재인 셈이다.

이러한 인식과 더불어 현재 주일영사관이 하는 이른바 '사상검열 캠페인'은 일본에 사는 재일조선인들에게 실지로 구체적인 어려움과 새로운 고통의 형태를 낳고 있다. 리경화(여/23세)의 경우 학생단체활동을 통해 과거에 북한을 방문한 경험이 걸려 한국적자임에도 불구하고 여권 발급을 거부당했다. 그녀는 영사관 직원한테 전화를 받아 "한국적을 가진 자가 총련에 관여하는 것은 위법이며 한국 정부의 허가 없이 북한을 방문한 것은 범죄"라는 말을 듣고 혼자 가족여행에서 빠질 수밖에 없었

---

19) 「신년사―격동 극복하는 민단 만들기」, 『민단신문』 2010년 12월 27일자의 해설 '2012년 문제'란 종북세력의 책동 봉쇄해야' 참조.

20) 「'가면' 쓴 불순세력…… 내년 양대선거 뿌리째 뒤흔들 우려」, 『문화일보』 2011년 10월 20일자.

다. 영사관 직원이 말한 "당신 사상은 여전히 조선적"이라는 말을 듣고 온몸의 힘이 빠져 더 이상 대화를 할 수 없었다. 현재 재일조선인들 중 80% 이상이 한국적자로 추정되는 현실 속에서 새로 한국적을 가진 자들에 대한 사상검열은 끝없는 상호불신을 일으키는 계기가 되어 있다. 이미 중학생 때에 한국적을 취득한 최송이(여/27세)의 경우도 마찬가지다. 인권문제에 종사하는 그녀가 '조선적'자에 대한 여행증명서 발급거부 문제와 관련해서 한국 정부를 비판하는 글을 썼더니 그것을 찾아본 영사관 직원이 "한국적을 가지면서 그런 내용의 글을 쓰는 것은 문제다. 일을 그만하라"는 전화를 걸어 왔다. 이러한 사례들은 지금 여기저기서 찾아볼 수 있는데 그 외에도 주일영사관은 한국적을 가진 재일조선인들의 신원조사를 통해 여권 유효기간을 자의적으로 제한하거나 여권갱신을 거부하는 등의 제재를 펼치고 있다.[21] 이런 경험을 직접 겪으면서 최송이는 자신은 재외국민 참정권을 행사하지 않을 것이라고 말하고 있다. 재일조선인들 내부에 또다시 분단선을 긋는 권리행사는 하지 않겠다는 의사의 표현이다.

한국 사회에서 반공주의적 인식틀은 약화되었다고 하지만 여전히 공식적 이데올로기로 자리 잡고 있으며 최근 남북관계의 긴장관계는 이틀을 정당화하고 있다. 최근 볼 수 있는 재일조선인에 대한 캠페인은 제도적 경계를 넘은 '동포'들에 대해 분단국가의 이분법이 언제든지 활성

---

21) 2010년 9월 20일에 개정된 여권법시행령은 제2장 제6조 '일반여권의 유효기간'에서 "5. 국외에 체류하는 '국가보안법' 제2조에 따른 반국가단체의 구성원으로서 대한민국의 안전보장, 질서유지 및 통일·외교정책에 중대한 침해를 야기할 우려가 있는 사람: 1년부터 5년까지의 범위에서 침해 우려의 정도에 따라 외교통상부장관이 정하는 기준에 따른 기간"이라는 항목을 신설하여 이에 해당하는 사람인지 여부는 관계 행정기관과의 협의를 거쳐 결정한다고 규정하고 있다.

화되는 모습을 적나라하게 보여 주고 있다. 이러한 과잉된 반응은 디아스포라들의 이동에 따르는 제도적 유동성이 분단국가의 경계를 허무는 과정에서 보이는 백래시(back lash)이며, 이미 한국이 '경계도시'임을 거꾸로 증명하고 있다. 여권발급이라는 '이동수단의 독점화'를 통해 대한민국이 진행해 온 국민 확대사업은 지금 그 임계점에서 기존질서에 사람들을 회수시키려고 하는 역학과 서로 상극을 일으키고 있는 것이다.

3) 제도의 비유연성, 주체의 유연성

앞에서 본 국적취득은 '조선적' 재일조선인들이 한국 이동을 시도하는 첫 단계에서 넘어서야 할 가장 실질적이며 제도적인 경계선이다. 이는 탈냉전과 지구화의 시대에도 사라지지 않는 식민주의적·냉전적 규범을 반영하고 있다. 물론 경계선에는 국경만이 해당되는 것이 아니다. 우리는 일상적으로 마음속에서도 선을 긋는 행위를 반복하고 있다. 즉 우리는 "일정한 사람들을 둘러싸고 그 내부를 최적화하기 위해 모든 노이즈와 리스크를 배제"(杉田敦, 2006: 173)하려고 하는 행위가 습성화되어 있다. 재일조선인들은 한국 사회가 작동시키는 경계선과 그 시선의 역학, 즉 '경계선의 이데올로기'를 감지하면서 타협과 회피, 대항과 활용 등의 방식으로 이와 교섭해 나간다. 과연 한국 사회와 재일조선인들의 관계를 규정해 온 경계선의 이데올로기는 무엇이며 그 경계선은 '탈냉전'기에 어떻게 재편성되고 있는가. 이에 대해 재일조선인들은 어떤 경계 정치를 펼치고 있는가.

　권혁태의 연구는 해방 후 한국 사회의 재일조선인 표상을 주로 개발주의('졸부'), 반공주의('빨갱이'), 민족주의('반쪽발이')라는 세 가지 필터로 정리하고 있다(권혁태, 2007). 이러한 필터는 지금까지도 재생산되면서 재일조선인의 이미지를 형성하는데 여기에는 재일조선인들이 식민지 지배를 수행한 구종주국이자 그후 경제대국이 된 일본에서 살아오면서 북한과 밀접한 관계를 유지해 왔다는 역사인식의 정형화가 작동하고 있다. 따라서 식민지 지배와 분단의 과정에서 한국 사회를 강력히 규정해 온 '친일', '반일', '반공' 이데올로기가 재일조선인 인식에 그대로 투영되는 경향이 있었다. 이 점은 디아스포라 중에서도 재일조선인과 한국 사회의 특징을 확실히 나타내고 있다.

물론 앞서 본 바같이 '탈냉전'기에 들어 이러한 틀은 현저히 약화되었고 그 구조에서 빠져나갈 구멍들이 많아지고 있다. 특히 2000년대 가장 큰 변화는 공식적·비공식적으로 총련계 재일조선인들과 한국 사회와의 접촉이 늘어나기 시작한 점이다. 1990년대 초반에 한국인과 결혼하고 1996년부터 한국에서 생활해 온 이남지(여/42세)는 90년대까지는 '재일교포'라고 하면 "민단계인가, 조총련계인가"를 반드시 질문받았지만 2000년대에 와서 그런 질문이 없어졌다고 말한다. 혹은 세대적인 차이일 수도 있다. 40대 이상은 "어느 쪽인가요?" 하고 꼭 사상을 확인하려고 한다. 냉전체제의 영향이 약화되면서 지금 20~30대 조선학교 출신자들은 주변 한국사람들과 특별한 긴장감 없이 원만한 관계를 유지하는 것처럼 보인다. 그러나 국가보안법이 현존하는 한국 사회에서 경계선의 역학은 정치적 상황변화에 따라 언제든지 작동될 계기를 품고 있다. 그 속에서 총련계 재일조선인들은 한국 사회에서 자신들이 놓인 위치에 자각적이며 애써 조선학교식 '우리 말'을 수정하거나 자신의 고향이 남한에 있음을 강조하는 등의 정서적인 연결고리를 찾으려고 한다. 이남지를 비롯하여, 한국인 남성과 결혼한 박리혜(여/35세)나 양미영(여/37세)도 시댁 식구와 친척들, 주변 친구들한테 조선학교 출신이란 사실을 밝히지 않는다. 숨기는 것은 아니나, 굳이 스스로 분단선을 그을 필요가 없다고 판단하는 것이다.

그러나 이러한 현실적인 판단이 자신의 의사이기 전에 친밀한 한국 사람의 조언과 눈치를 통해 이뤄질 때도 있다. 양미영은 남편이 자신을 가끔씩 일본사람으로 소개를 할 때의 복잡한 심정을 털어놓았다. 시댁 식구들은 그를 '재일교포'로만 알고 있다. 그녀는 조선학교를 다니며 '북조선'도 다녀 본 자신의 경험들을 말하고 싶지만 남편은 그녀가 불리한 상황이 될까봐 그녀의 정체를 한국 사회에 저촉되지 않는 모습으로 축소시킨다. 양미영은 일본에 있었던 동안 한국을 수십 번 왕래했지만 그저 여행으로 다녀 본 것과 살아 보는 것의 차이를 알아 가고 있다. 지금은 어쨌든 누군가와 만나 일본어로 이야기하고 싶어서 SNS를 통해 알게 된 몇 명의 일본사람들과 가끔씩 카페에서 수다를 떤다. 초면끼리 만나도 일본에서 왔다는 '냄새'를 서로가 알고 바로 친해질 수 있다. "'조국'은 북조선, '모국'은 한국이라고 생각했는데 막상 와 보니까 달랐다. 역시 35년 살아온 일본이 모국인 것 같다"고 말한다.

양미영에 비해 거주경험이 긴 박리혜와 강태환의 생각은 더 현실적이며 전략적이다. 박리혜의 경우 자신의 정체성은 '조선학교를 다닌 자이니치'지만 한국에서는 '한국사람'이 될 수도, '일본사람'이 될 수도 있다. 모임의 분위기나 사람마다 적절하게 자신의 요소들을 구분하고 표상하는 것이다. 한국사람들이 자신을 '한국인'으로 보든 '일본인'으로 보든 별로 상관없지만, 조선학교 시절 친구들이 자신을 '한국사람'으로 보는 것에 민감한 것처럼 정체성은 어디까지나 조선학교 커뮤니티에 속한다. 박리혜가 보여 주는 표상의 자유로움과 소속의 확고함이라는 양면성은 '자기표상'과 '정체성'이 분리되는 지점을 보여 준다. 강태환 역시 폭넓은 자기표상의 방식을 습득하고 있다. 그는 자신이 가진 자원이 많다는 사실에 처음부터 자각적이었다. 일본어를 하면 일본 좋아하는 친구들이 자신을 멋있게 봐 주고 조선학교 출신임을 밝히면 진보적 활동가들이 반갑게 맞아 주기도 한다. 그는 조선학교 출신자들이 자꾸 "한국 가면 말이 안 통한다"고 비굴해지는 것에 대해서도 경종을 울린다. 조선학교에서 배운 '조선말'은 한국어와 많이 다르지만 남북 간에 문법상 차이가 있거나 일본에 '현지화'되는 것은 당연하다는 입장이다. 조선학교 출신자들이 언어적 긴장을 나타낼 때 공통적으로 떠올리는 금기어는 '동무'인데, 자신도 모르게 '동무'라는 말이 튀어나와 식은 땀을 흘린 이남지에 비해, 강태환은 오히려 '동무'라는 말을 좋게 받아들이는 한국사람들이 있다는 사실이 반가웠다.

이러한 차이의 배경에는 무엇보다 구술자들의 시대적 혹은 세대적인 경험의 차이가 있다. 1990년대에 처음 한국을 접하는 것과 2000년대 후반의 열린 한국 사회를 접하는 것과는 경험이 다를 수밖에 없다. 그러나 일반적인 시대적 차이에도 불구하고 총련계 재일조선인들의 경우 냉전/분단 이데올로기에 대해 전략적인 교섭의 방식을 스스로 체득하고 있다. 특히 강태환의 경우 한국 사회의 시선과 나 자신, 즉 표상과 정체성을 구분할 것 없이 한국 사회의 다양한 층과 적절하게 교섭해 나가는 유연한 정체성(flexible Identity)의 모습을 보이고 있다. 다시 말하면 이러한 주체의 유연성은 한국적취득 과정에서 그가 경험한 제도적인 비유연성에 대한 대안적·대항적인 의미를 나타내기도 한다.[22]

4) 민족/다문화의 이중기준을 넘어

한편 한국으로 온 모든 재일조선인이 경험하는 일상적 경계선은 대부분

언어와 문화에 관련된 것이라 하겠다. 군사독재시기의 유물인 반공주의의 영향력에 비해 한국 사회를 보다 광범위하게 규정하는 이념이자 심성은 민족주의다. 민족주의는 항상 새로운 상황과 맥락에 맞게 갱신되어가는데 여기서는 최근 디아스포라를 둘러싼 민족주의의 모습을 다문화주의와의 불편한 결합에서 찾아볼 수 있다.

'다문화'의 구성원은 일반적으로 이주노동자들이며 한국적을 가진 재외국민들의 존재는 포함되지 않는다. 아무리 문화적 이질성을 가졌다고 해도 재외국민들에게 부여되는 가치는 '다문화'가 아니라 어디까지나 '민족'이다. 일반적으로 다문화주의가 단일민족국가 환상에 대한 대안적 가치를 내포하고 있다고 한다면 이 다문화주의와 민족주의의 불편한 양립을 어떻게 봐야 할 것인가. 윤인진이 주도한 한국인들의 의식조사에서는 문화적 다양성에 대해 55.4%가 긍정적인 인식을 가지는 한편 단일민족국가에 대한 자부심 또한 62.9%가 긍정적으로 받아들이고 있다(윤인진 외, 2010: 113~114).[23] 즉 현재 한국 사회에서는 다문화주의와 단일민족주의가 상충하는 것이 아니라 공존하는 가치로 자리 잡고 있다.

---

22) 물론 구술자 모두가 이러한 유연한 정체성을 지향하고 실천하는 것은 아니다. 90년대 중반에 한국생활을 시작한 서명기(남/43세)는 자신을 '자이니치'가 아니라 '한국인' 그 자체로 본다. 왜냐하면 그는 "제도적으로 한국인"이기 때문이다. 그는 제도 없는 정체성과 디아스포라 논의에 오히려 의문을 제시한다. "제도적인 '한국인'을 그대로 정체성으로 여기면 왜 안 되나요? 꼭 자이니치의 역사성을 개인이 다 짊어질 필요가 있을까요?" 이런 질문에 대해 그는 스스로 답하고 있다. "(……) 거꾸로 보면 제도와 정체성이 '한국'으로 일치하는 것 자체가 제 역사성이겠네요. 저는 역시 북한을 내 나라로 생각할 수 없으니까요. 그렇다면, 일치하지 않는 사람들은 한국사람, 조선사람, 자이니치의 모두를 자신의 정체성으로 여기면 되잖아요." 서명기와의 인터뷰 작업에서는 필자와 구술자의 역사적 경험과 지향성의 차이가 노정되는 과정을 볼 수 있었는데 그 경험이 글을 쓰는 데 많은 도움이 되었음을 여기서 밝혀 둔다.

23) 조사는 2008년 12월에 전국 만 20세 이상의 성인남녀 1,200명을 대상으로 실시되었다.

이는 분단국가가 가지는 현실적 한계라 하겠다. 문제는 이러한 다문화주의와 단일민족주의의 이중잣대가 '내부화'(민족)와 '외부화'(다문화)의 형태로 지극히 자의적으로 적용되는 점이다. 다시 말하면 이 시각은 국민/외국인, 혹은 우리/타자의 이분법을 흔들지는 않는다. 경우에 따라 어느 한쪽의 코드를 선택할 뿐이다.

　이러한 이분법적인 시각에서 재일조선인 스스로도 자유로울 수가 없다. 자신이 민족의 일원으로 인정받을 수 있을지에 대한 끊임없는 자기검열은 특히 재일조선인들의 청년기를 사로잡게 된다. 일본에서 오랜 세월을 철처한 외국인으로, 출입국관리의 대상으로 살아온 재일조선인들은 한국에서도 외부인 취급을 당하는 것에 민감해진다.[24] "모국어 습득"을 위해 한국 이동을 시작하는 대부분의 재일조선인들에게 한국 사회 전체가 가지는 이분법적 시각은 종종 그들의 한국생활의 의미와 의지 그 자체를 겪는 계기가 될 수 있다. 세대교체가 진행된 현재도 이러한 상황은 충분히 반복될 수 있다. 선행연구에서도 볼 수 있듯이 한국 사회에 대한 "상처", "실망", "배신", "소외", "짝사랑" 등은 재일조선인들이 입에 달기 쉬운 단어들이다. '조국'과의 관계설정에서 볼 수 있었던 이러한 "전형화된 패턴", "좌절 코스"에 대해 모든 구술자들이 비교적 자각적이었으며 또 다른 관계를 만들려고 하는 모습들을 찾을 수 있었다.

　'재일한국인 2세'인 이창(남/50세)은 대학 시절에 한국어를 조금 배우긴 했으나 "심각한 민족정체성의 결손"을 느끼면서 40세 나이에 한국

---

24) 1947년 일본국헌법 시행 전날에 '외국인등록령'(1952년 '외국인등록법'으로 대체)이 제정되었다. 현재도 영주권을 가진 재일조선인들도 만 15세가 되면 외국인 등록을 하고 등록증 상시휴대의무가 발생한다. 한국과 달리 주민등록증 없이 지내는 일본 사회에서 외국인 등록증은 항상 국가 관리의 대상자임을 상기하게 만드는 장치로 작용해 왔다.

유학을 결심하게 되었다. 일본 지방신문사에서 연봉 1억을 받으면서 기자생활을 했지만 그 지역의 기득권층과 함께 어울리면서 기사를 쓰는 것이 자신에게 아무런 의미가 없음을 깨닫게 된다. 그 시절과 비교했을 때 그의 한국생활은 경제적으로 불안정하지만 한국어 습득을 통해 "결손된 정체성이 채워지는 과정"을 경험하고 있다. 일본에 돌아가면 또 한국어를 까먹을까봐 걱정이 되어 결국 10년째 한국에서 버티고 있다. 그러나 그에게 자기주장이 강한 거친 한국 사회는 결코 편안한 사회가 아니다. 마음 통하는 친구를 사귀기도 힘들다. 자신을 "일본인에 더 가깝다"고 평가하는 그는 한국생활에 좀 지쳤다고 털어놓았다.

> 몇 년 살다 보니까 한국 사회의 모습이 제대로 보였죠. 나는 좋았다고 생각해요. '조국'이라고 관념적으로 생각했던 것들을 구체적으로 피부로 느낄 수 있는 과정이었으니까. 알게 되었으니까. '조국'은 '조국'이니까. 나한테 맞지는 않지만 그게 당연한 것이에요. 당연하다고 느낄 수 있게 된 것이 나한테는 큰 성과예요. 그저 반발해서 한국을 싫어하게 되면서 일본으로 돌아가는 것이 아니라 여기는 이런 사회라고. 맞지는 않지만 내 조국이라고. (이창, 남/50세)

관념적인 사고에서 벗어났을 때 '조국'을 있는 그대로 받아들일 수 있게 되었던 점을 그는 거듭 강조하였다. 그것은 결국 나서 자란 일본이 자신에게 보다 편안한 사회임을 스스로 인정하는 과정이기도 했다. '상처'와 '실망'이 아니라 한국 사회를 제대로 알고 비판적으로 볼 수 있게 된 것은 하나는 그가 10년간의 한국생활을 통해 한국어 습득에 일정한 성과를 거두었기 때문이며 또 하나는 대학에서 일본어를 가르치면서 "확실히 자이니치가 받아들여지고 있다"는 구체적인 느낌을 얻었기 때문이다. 1990년부터 한국에서 일본어 강사로 일해 온 이남지의 경우 2000년대 이후 한국 사회의 변화는 보다 직접 피부에 와 닿는 경험이었다. 처음엔 '자이니치'임을 밝힐 수도 없었던 것이 요즘엔 우대를 받기까지 한다. 이남지는 10년 넘게 일본어 교육 전문가로 살아오면서 "재한자이니치"들이 운영하는 모임을 통해 비슷한 경험을 해온 선배들과 교류해 왔다. 경계적 위치에서 한국 사회의 변화를 경험해 온 그들은 한일관계의 발전에 자신들이 가교적인 역할을 해왔음을 자각하고 있다. 그런데 그 이면에서 일본어학원 강사로 일하는 재일조선인들은 일반적으로 학원에서 일본이름을 강요받거나, 일부 대학교에서도 자신의 정체를 밝히지 않고 '일본인 강사'로 일할 것을 요구받아 왔다. 그런 관행은 현재도 계속되고 있다.

일본인인 척해 달라고…… 대학에서는 본명도 괜찮은 데도 있었지만 학원은 다 안 됐어요. 저는 보통 처음에 확인해요. '자이니치'라고 말해도 좋은지. 그런데 학원에서는 다 안 된다고 하더군요. 학과장의 재량으로 결정하는 것 같은데 처음엔 기분 나빴죠. 왜 여기 와서 일본이름을 써야 되는지……. 그런데 지금은 일은 일이라고 구분하고 있어요. 사실 수업 중 자이니치의 이야기를 해야 할 때가 몇 번 있었는데 학생들한테 질문 받아요. "선생님은 자이니치냐"고. 그럴 때는 거짓말 할 수는 없으니까 사실대로 대답한 적은 있어요. 학생보다는 보호자가 일본인을 선호하는 것 같더라구요. '네이티브'에 대한 신앙이 있는 거죠. 우리도 네이티브임은 틀림없는데……. 요즘 대학도 마찬가지예요. 아예 일본어 관계에서는 자이니치를 고용하지 않는다고 결정한 대학도 있

어요. 자이니치는 원서 단계에서 접수를 안 해준대요. (이남지, 여/42세)

이남지는 이러한 불편함 때문에 오히려 자이니치를 선호하는 직장을 골라서 가게 되었고 최근에는 한국이름으로 계속 일을 하고 있다. 주변에서도 일본어학원에서의 모욕적인 경험 때문에 계속 직장을 바꾸거나 학생들한테 '자이니치'임을 밝혔다가 문제가 된 경우를 쉽게 찾을 수 있다. '어학'이라는 국민국가의 틀을 전제로 한 분야에 종사하는 재일조선인들은 오랫동안 한일 간 '가교'라는 미명 아래 정체를 밝히지 않는 채 숨은 공로자의 역할을 해왔다. 그러나 2000년 이후 한일 간 문화적 구도의 변화 속에서, 한국인들의 일본어 수요가 줄어든 반면 일본인들을 위한 한국문화 수요가 급속히 늘어났다. 즉 2000년대 중반 이후 본격화된 한류는 한국으로 들어오는 재일조선인들에게 새로운 길을 열고 있다.

최근 한국에서 직장생활을 하는 사람들 중에는 한류관련 여행업이나 문화산업에 종사하는 경우를 종종 볼 수 있다. 대학원 재학 도중에 한국어 유학의 길을 선택한 최준형(남/33세)의 경우, 일본인을 대상으로 한 한국관련 정보 사이트를 만드는 일, 한국 드라마의 일본어 관련 상품을 제작하는 일을 하면서 생계를 유지해 왔다. 회사에서 '일본 스태프'로 일하는 것에 대해 특별히 거부감은 없었다. 오히려 여기서 먹고살 수 있는 길이 있다는 것이 감사하게 느껴졌다. 일본에서는 인문계 대학원을 졸업해도 자신에게 마땅한 취직자리를 찾기가 힘들었기 때문이다.[25] 유

---

25) 그런데 인터뷰 한 달 후 최준형은 회사의 '재정상의 이유'로 인해 갑작스럽게 해고를 당했다. 그후 몇 달 동안 번역, 통역 등으로 생활을 유지했던 그는 최근 자이니치가 경영하는 식품회사에 취직하였다.

일한 문제는 애초에 한국어 습득을 목표로 들어왔는데 10명 이상의 '일본 스태프'가 있는 직장에서 일하다 보니 좀처럼 한국어 수준이 향상되지 않다는 점이다. 그래서 그는 회사 사람들과 원만한 관계를 유지하면서도 주말에는 자이니치의 정체성을 이해해 주는 소수의 한국인 지인들을 찾아다니면서 한국어의 감각을 되살리고 있다. 일본에 있는 가족과 친구들의 한국에 대한 반응도 극적으로 변했다. 1990년대에 이남지가 한국으로 떠날 때, 주변에서는 "대학도 다닌 애가 어떻게 그런 후진 나라로 시집을 가냐"고 말렸으나 지금은 오히려 눈을 반짝거리면서 "한국은 어때?" 하고 물어본다.

80~90년대부터 이어지는 일본어학원 강사, 그리고 2000년대 이후 한류관련 '일본 스태프'는 재일조선인들이 한국에서 생활하는 데 중요한 생계수단으로 자리 잡고 있다. 직장에서 일본인들과 함께, 한국이름을 가진 '일본인'으로서의 역할을 하는 것에 대해 대체적으로 그들의 반응은 담담하다. 먹고살기 위한 수단으로서의 '일본'을 활용하는 것 또한 자신의 정체성의 일부로 받아들이고 있다. 잘 알려진 피에르 부르디외의 '문화자본' 개념으로 본다면 그들에게 '일본어'는 경제적 가치를 창출하는 객체화된 문화자본이다. 다만 일상생활에서 재일조선인 자신들에게 보다 중요한 것은 다분히 신체화된, 아비투스(habitus)적 문화자본이라고 할 수 있다. 1990년대 후반에 한국에 들어와 15년 이상 홍대 근처에서 문화실천을 지속해 온 송지향(여/40세)은 지금 '한류'로 일괄되는 한일 간의 다양한 문화적 교류의 한 부분을 확실히 담당해 왔다. 입국 당시 '조선적'이었던 그녀는 처음엔 재일조선인의 권리옹호를 위한 NGO활동에 참여했으나 문화를 통한 한일교류의 방향으로 자신의 길을 전환한다. 한일 간 '코디네이터'는 당시 낯선 직업이었지만 자기희생적인 시민

운동보다 훨씬 생산적이었다고 한다. 코디네이터를 기축으로 한국정보 잡지 편집, 일본풍 소품가게 운영, 오가닉 카페 운영 등을 통해서 그녀는 현재 지방의 음식문화 전문가로서 자신이 지향하는 친환경적인 삶의 방식을 추구하고 있다. 이런 문화실천에는 일본에서 체득해 온 '아기자기한 것'들에 대한 애착이 확실히 살아 있다.

크리에이터들에게 재미있는 도시라는 것은 아무래도 한정되어 있잖아요. 역시 여기[홍대]는 그런 사람들이 모이는 데죠. 자이니치라고 해서 모이는 것은 아니지만…… 제가 개인적으로 여기가 좋은 것은 물론 비슷한 감각을 가진 사람들이 많은 것도 있지만, 역시 다른 지역에 비해 모든 것이 빨리 들어오기 때문에 그만큼 일본에 가까워요. 그 점이 편안하고 쾌적하게 느끼는 이유죠. "나도 뭔가 해보고 싶다"고 상담을 하러 오는 자이니치들도 많았는데 그런 사람들은 대부분 오래 못 가요. 제 주변에 있는 자이니치들은 자신이 하고 싶은 일을 확실히 하면서 우연히 만난 사람들이죠. 지금 한국의 여러 얼굴들을 일본에 알리는 데 있어 역시 자이니치의 역할이 컸다고 봐요. 자이니치들의 일본과 한국의 '관계'에 대한 사랑. 아마도 자기 자신에 대한 사랑일 수도 있는데…… 기본적으로 이 두 나라는 내가 살아가는 토대가 되는 곳이고 가족들이 살고 있는 곳이고 내 아이들이 지내는 곳일지 모르고…… 두 나라에 대한 사랑이 있어요. 코디네이터라는 직업은 그런 부분이 중요해요. 결혼식 주례를 서는 듯한 기분이라 할까요. 자이니치들은 공정하게 사랑을 가질 수 있다고 생각해요. (송지향, 40세)

송지향의 실천은 자이니치들이 일본에서 체득한 지식, 기술, 감각,

네트워크 등을 한국에서 전략적으로 활용해 나가는 '성공적' 사례를 잘 보여 준다. 자이니치들이 가진 본래 혼성적인 문화자본은 한국에서 재맥락화되면서 더욱 중층적인 과문화자본(transcultural capital)이라는 성격을 띠게 된다. 이창도 이남지도 대학이나 학원에서 일본어를 가르치는 한편 대학원에서 한국 근현대사를 연구한다는 공통성이 있는데 그런 방식으로 한일 간 경계 위에서 과문화적 자본을 확보해 가고 있다.

이들에게 한국과 일본은 생활적인 면에서도, 또 정체성의 관점에서도 이미 서로 배타적인 선택지가 아니다. 어느 쪽인가에 '정주'하는 것보다는 한국과 일본을 오고 가면서 살기를 원하고 있으며, 과국적인 영역을 자신들의 생활공간으로 삼고 있다. 한국생활 5년째인 최준형에게 서울은 어느새 일본의 낯선 지역보다 더 편안한 공간이 되었다. 장래에 대한 막연한 걱정은 있어도, 지금 단계에서는 일본으로 꼭 돌아가야 할 필연성은 없다. 고향 교토보다 서울이 자신의 커리어를 제대로 쌓을 수 있는 곳이기도 하다. 반대로 김포공항에서 30분 거리에 사는 이남지에게 일본은 KTX를 타고 부산으로 내려가는 것보다 더 가까운 곳이다. 한국에 온 지 15년이 된 그녀에게 시댁 식구들은 일본 영주권을 포기하고 주민등록을 가진 '완전한 한국인'이 될 것을 권유하지만 자신의 일부인 일본을 버리고 싶지 않다. 일본에서 살았던 세월을 더 한국에서 산다고 하더라도 '완전한 한국인'이 될 수도 없다는 것을 잘 알고 있다. 오히려 자신의 '어중간함'을 스스로가 잘 활용하면서 일본과 한국을 양립시키는 것이 가장 현실적인 길이다.

일본 국적을 가진 윤지미(여/35세)에게 경계 위에 놓인 생활감각과 정체성은 더 강하게 나타난다. 그녀는 1985년 일본국적법이 부모양계주의로 개정되면서 어머니의 국적을 따라 일본국적을 취득한 '외국적 동포'에 해당된다. 2002년에 한국 유학을 왔을 때부터 "일본사람이라는 말을 듣기 싫어서" 한국어 발음연습을 꾸준히 해왔다. 그러나 일본 국적을 가진 그녀에게 '외부화'의 규범은 더 강하게 작용되었다. 한국에서 결혼과 출산을 경험하고 전라북도에 정착한 현재도 그녀는 사람들이 자신을 '외국인'으로 보고 있다고 느끼고 있다. 그녀에게 국적문제는 대부분의 한국적 자이니치들이 경험하지 않는 깊은 고민거리로 자리 잡아 왔다.

한국에 와서 한때 진지하게 한국 국적을 회복할까 고민한 적도 있었다. '고국'에 와 있는데 '외국인', '일본인'으로 불리는 것이 마음이 복잡했다. 그런데 한 번 일본 국적을 취득한 나는 한국적을 회복한다고 다시 특별영주권이 인정되는 것도 아니고 일본에서 볼 때 일반 '한국인'이 되어 버리는 것이었다. (······) 그러다가 2003년도에 '재외동포법'에 대해 알게 되었고, '외국국적동포' 자격이란 것이 생겼다는 것을 알게 되었다. 2003년도 여름에 대학원에 입학하기 위해 다시 한국에 왔는데 유학생비자로 입국하고 바로 동포비자로 변경신청하러 갔다. 그때부터 결혼 후에도 계속 동포비자로 지내고 있다. '고국'이라고 생각하고 들어온 한국에서 '외국인 등록'을 해야 한다는 것이 마음이 가장 불편한 일이었다. 그래서 결혼한 지금은 '외국인 등록'을 다시 하고 배우자비자로 영주권을 신청하는 것이 권리는 더 많아지겠지만, 단지 외국인 등록을 하기 싫다는 이유로 동포비자를 고집하고 있다. (윤지미, 여/35세)

윤지미에게 '조국'은 어디까지나 국적을 가진 일본이다. 그러나 한국도 조부모의 나라, 자신의 뿌리인 '고국'이며 자신을 '동포'로 인정해주길 바라고 있다. 그녀의 경우 국민/외국인의 이분법에 해당되지 않는 자신의 경계성을 다문화 교육에 대한 관심과 활동을 통해 해소하는 것처럼 보인다. 초등학교 방과후수업에서 일본어를 가르치는 일을 하면서 가끔씩 아이들이 한국어 발음을 비웃거나 깔보기도 하지만 이제는 상처받지는 않는다. 그것은 그녀가 지향하는 가치가 '민족'보다는 '다문화'로 이행했음을 말해 주고 있다. 그러나 현재 한국의 다문화주의가 '대한민국 제일주의'로 바꿔치기 되는 것을 민감하게 받아들이고 있다. 심지어는 다문화가족지원센터 기념행사에서도 태극기에 대한 경례가 요구되는 현실은 그녀를 혼란스럽게 만들 수밖에 없다.

민족/다문화의 경계를 사는 재일조선인에게 생활 속에서 어느 한쪽의 틀만이 강요되는 것은 한국 사회와의 관계의 비대칭성을 각인시키는 계기가 된다. 여기서 문제가 되는 것은 경계선 그 자체가 아니라 경계선이 항상 자신의 의사에 앞서 타율적으로, 자의적으로 그어지는 것, 즉 경계선을 긋는 기준이 항상 자신의 밖에 있다는 점이다.[26] 한국으로 역/이동하는 디아스포라들의 존재는 '대한민국 중심'의 민족주의와 다문화주의를 동시에 묻는 매개적 위치를 차지하고 있으며 구술자들이 보이는 전략적 위치는 이미 이런 실천을 가능하게 만들고 있다. "누군가를 위한 가교가 아닌 자신을 위해 양쪽이 필요하다"(최준형), "한일관계에 대한 사랑은 자기 자신에 대한 사랑으로 이어진다"(송지향)는 감각은 그들이 한국 이동을 통해 도달한 지점이자 냉정한 판단이다. 그들에게 한국은 결코 자신의 민족적 정체성만을 걸고 '귀환'하는 땅이 아닌, 생활이 확장

---

26) 이 점과 관련해서 서경식은 여기서 '모어'(일본어)와 '모국어'(한국어)의 권리가 서로 양립 가능한 개념임을 주장하면서 제국주의를 당한 근현대사 과정에서 다언어·다문화 공동체로 변용한 600만 명의 코리안 디아스포라들을 단일문화집단으로 되돌리려는 것의 비극을 말하고 있다(서경식, 2011).

된 공간이며 자신의 경계적 불안정성을 긍정적인 자원으로 전화시킬 수 있는 곳으로 되어 가고 있다.

5. 상상적 이동과 문화적 접속

마지막으로 검토하고자 하는 것은 '탈냉전'기 재일조선인들의 한국 이동의 배경에 있는 문화적·정서적인 맥락이다. 2000년대 이후 '한류'가 동아시아의 문화교통상황을 극적으로 변형시킨 과정에서 재일조선인들은 한류를 견인하는 역할을 해왔다. 그 맥락은 일본사람들의 수용의 방식과 적지 않은 차이를 드러낸다. 대부분의 재일조선인들이 한반도 남쪽에 뿌리가 있으면서도 재일조선인들에게 한국은 오랫동안 '상상 속의 조국'에 불과하였다. 특히 공식적으로는 한국으로의 이동과 교류가 차단되었던 총련계 재일조선인들에게 한국 대중문화의 등장은 민주화와 탈분단의 과정을 실감하게 만드는 계기가 되었다.[27] 모국어를 습득한 조선학교 출신자들은 한국 대중문화에 대한 이해도와 몰입도에서 유리한 조건을 가지고 있다. 총련계 재일조선인들은 사상적으로 한국과 위배된다는 공식적 이미지인 반면 민주화와 탈냉전을 지향하는 한국 사회와 비교적 쉽게 접속할 수 있는 언어적·정서적인 기반을 습득하고 있다. 즉 조선학교 출신자들이 지닌 비분단적인 지향성의 의도하지 않는 효과를 그

---

27) 물론 총련계 재일조선인들 속에서도 비공식적인 교류는 항상 존재해 왔다. 친척들은 물론 70~80년대까지 들어온 밀항자들, 1980년대 이후 유학생들과 사업가들, 그리고 '한국 클럽'에서 일하는 여성들 등과의 접촉은 사실상 재일조선인들과 한국인 뉴커머들의 관계의 밑바탕이 되었다. 여기서 등장하는 김소원의 경우도 1970년대에 밀입국으로 들어온 외삼촌에 대한 기억, 또 '한국 클럽' 주방에서 일하는 어머니를 따르던 제주도 출신의 '쑈맨' 언니들에 대한 기억이 한국인의 원체험을 형성하고 있다.

들과 한국 사회의 관계 속에서 찾아볼 수 있다. 구술자들 중 조선학교를 다닌 세 명은 1990년대부터 한국의 대중문화를 적극적으로 받아들인 경험을 가지고 있다.

한류 열풍이 일어나기 훨씬 전부터 나 홀로 한류를 즐겼어요. 20살 때쯤에 한국드라마 「전쟁과 사랑」을 봤는데…… 혹시 보셨나요? 빨치산 출신과 남조선 사람과의 연애 이야기였는데 시대배경이 마침 우리가 조선학교에서 배워 온 근대사라서 푹 빠졌어요. 정말 리얼리티가 있었어요. 가족들이 다 같이 보고, 친척들한테도 빌려 주고. 물론 「모래시계」도 가족 다 같이 열심히 봤어요. 그래서 저는 빠른 시기에 인터넷을 시작했어요. 한국드라마에 대한 정보를 얻기 위해서…… 지금 생각해 보면 이런 것들이 한국어나 한국적인 감각을 키우는 데 상당히 도움이 된 것 같아요. (양미영, 여/37세)

일본에 있을 때 우리 집에서는 하루 종일 KNTV를 틀고 있었고 할머니도 아버지도 한국 TV밖에 안 보셨어요. 제가 처음 한국을 가려고 한 것도 연예인 팬 미팅에 참가하기 위해서였죠. 언제부터 그렇게 되었는지 모르지만…… 그래서 제가 처음으로 결혼상대(한국인)를 일본으로 데리고 갔을 때는 할머니의 환대가 보통이 아니었어요. 반대하실 줄 알았는데 정말 기뻐하시더라구요. 역시 '우리말'이 통하니까. 친척들도 남편이 가면 다 좋아해요. 화면에서가 아닌 '진짜 한국인'을 만난다는 감각 같아요. (박리혜, 여/35세)

한국드라마가 VHS나 DVD의 형태로 일본에서 상품화된 것은 2000

년대 중반의 한류 이후이며 90년대까지는 한국인 뉴커머들이 비합법적으로 운영하는 비디오 대여점을 통해서만 한국드라마 시청이 가능히였다. 송연옥에 따르면 뉴커머들의 집주지역인 오사카 이마사토에 한국영화, 비디오 대여점이 급증하기 시작한 것은 1993년경이다. 이 경영에 자본력과 어학력을 가진 올드커머인 총련계 재일조선인들이 진입하면서 빠른 시기에 주요 시청자층 또한 형성해 갔다고 한다(宋連玉, 2008: 240). 당시 조선학교 출신자들은 「모래시계」를 비롯한 한국드라마를 비공식적 유통경로를 통해서 거의 실시간으로 접하고 있었으며 시청의 기본바탕에 한국 근현대사에 대한 관심과 동경, 공유 등의 정서적 접속이 있었음을 알 수 있다(韓東賢, 2006).[28]

1996년에 KNTV가 개설되면서 TV를 통해 한국방송 시청이 가능해졌는데 월 3,500엔의 시청료를 내는 시청자들은 주로 재일조선인과 뉴커머 한국인들이었다. 그후 2004년에 NHK에서 방송된 「겨울연가」가 폭발적 인기를 얻으면서 KNTV 가입자의 80%를 일본인이 차지하게 된다. 송연옥은 원래 KNTV에서 한국 사회의 민주화 과정을 보여 주는 다큐멘터리를 많이 방영했으나 한류 이후에는 일본사람들이 선호하는 인기 탤런트의 출연작과 멜로드라마로 편중되었다고 지적하고 있다(송연옥, 2009: 243).[29] 2000년대 이후 이른바 '일식한류'(日式韓流)의 확산은 일부 재일조선인들에게는 처음으로 한국 사회와 접속을 가능하게 했던

---

28) 한동현은 한국의 386세대와 조선학교 출신자들의 포스트콜로니얼적인 동형성(同型性)에 주목한다. 한동현이 만난 구술자들은 「모래시계」를 통해 조선학교에서 습득한 정치적·사회적 입장과 역사인식을 재확인한 것과 동시에 그러한 사회적 입장과 자본주의적 생활스타일과의 양립 가능성을 발견하고 있다. 韓東賢(2006) 참조.

29) 이향진의 한류연구 또한 재일조선인들이 일본인과 달리 시대극과 다큐멘터리를 선호한다고 지적한다(イ·ヒャンジン, 2008: 78).

근현대사의 '리얼리티'가 떨어져 가는 과정이기도 하였다. 일본에서 만난 김소원(여/45세) 역시 한류가 유행하기 이전부터 한국드라마를 즐겨보면서 한국어 발음을 익힌 사람 중에 한 명이다.

> 처음엔 역시 「모래시계」…… 어머니와 같이 밤새서 봤다. 광주를 이렇게 그리는구나, 하는 신선한 감동이 있었다. 음악에 가슴을 적시고, 인물에 감정이입하고 그리고 역시 말…… 나도 이런 '우리말'을 하고 싶다는 충동을 격하게 부추겼다. 그때부터 한국드라마라고 하면 무조건 입수해서 봤고 한국어 블로그도 2000년 이전부터 시작했다. 그때 나한테는 컴퓨터의 네모난 브라우저가 바로 한국이었다. (김소원, 여/45세)

1987년에 조선고급학교를 졸업한 김소원은 한국의 정치적 담론을 실시간으로 접하고 격동의 시대를 한국 민주화세력과 공유한 기억을 가지고 있었다. 2000년에 처음으로 한국을 방문한 김소원은 그때 우연히 접하게 된 미술계 활동가들과의 인적 네트워크를 통해 온라인상에서 꾸준한 소통을 해왔다. '조선적'이라는 그녀의 위치를 이해하고 배려를 아끼지 않는 그들에게 김소원은 "일반 한국시민의 성실하고 도덕적인 모습"을 봤다고 자부한다. 그들과의 온라인상에서 이루어지는 소통은 김소원에게 한국어 훈련의 기회이기도 했다. 그들을 만나지 않았으면 자신의 '우리말'은 더 얄팍한 것이었을 거라고 회상한다. 현재 한국으로의 이동을 대체하는 것은 한국인 유학생들과의 관계다. 김소원은 그들과 한국어로 대화하고 한국음식과 문화를 접하면서 일상적으로 '의사(擬似)한국'을 경험하고 있다. 그녀는 자신이 온몸으로 느낀 2000년 이후의 변화를 다음과 같이 설명한다.

90년대 초까지만 해도 한국으로 가고 싶다고 생각한 것은 그야말로 "나도 그들과 함께 민주화에 참여하겠다"는 정치적인 감각밖에 없었다. (……) 그러나 2000년 이후는 정치만이 아니라 문화, 정서, 생활을 통해 한국으로 가고 싶다고 절실히 느낀다. 나에게 숨 쉴 곳이 있다는 감각…… 나에게는 '대한민국'이라기보다 서울, 광주, 제주도에 갔다는 느낌이 크다. 국가가 아니라 그냥 땅. 거기에 사람들이 있으니까……. 물론 "국가보안법이 있는 한 우리는 절대로 안 간다"고 하는 사람들도 있지만 역시 2000년대의 현재를 80년대와 똑같은 잣대로 보는 것은 난센스라고 생각한다. 이제까지 얼마나 많은 희생이 있었는지를 알고, 그들에 대한 존경을 통해 한국을 방문하고 싶고, 그들이 현재 숨 쉬고 있는 곳으로 가고 싶다. (김소원, 여/45세)

대학교까지 조선학교를 다닌 김소원은 성장과정에서 '조선'과 훨씬 긴밀함을 유지해 왔다. 하지만 현재 그는 북한이 노스탤지어의 대상이 되어 가고 있고 문화정서적인 공감이나 친밀함이 결락되었다고 자신을 분석한다. 다시 말하면 김소원은 과거에 조선학교에서 배양된 조선말과 민족적 소속감, 역사인식, 문화적·정서적 자원을 현재 한국 사회와의 새로운 관계 속에서 재확인·재구축하고 있다. 여기서 언급하는 구술자들뿐만 아니라 한일 간에서 한국어와 한국문화와 관련된 일에 종사하는 사람들은 물론, 한류를 수용하는 수많은 조선학교 출신자들은 어렸을 때부터 민족교육을 통해 체득해 온 언어적·정서적인 문화자본을 한국이라는 맥락에서 재구축하고 있다고 볼 수 있다. 그런 기회들이 점점 늘어나는 것과 반비례하듯 원래 자신들과 긴밀한 관계를 맺었던 북한은 일본 사회에서 '악마화'되는 상황이 한편에서는 존재한다.[30] 총련계 재일조선인들의 위치는 이렇게 냉전과 탈냉전이 교차하는 지점을 보여 주는데, 이는 꼭 그들의 위치가 '조선'에서 '한국'으로 이동했다는 것을 의미하지는 않는다. 과거와 현재는 끊임없이 교섭하면서 복합적인 정체성을 형성한다.

물론 여기서 언급한 특징은 재일조선인 전반에 해당되는 것은 아니다. 이향진이 소개한 사례에서 볼 수 있듯이, 재일조선인들이 누구나 민족적 정체성을 우선적으로 내세우면서 한류를 접하는 것도 아니다(イ・ヒャンジン, 2008: 91). 그러나 '탈냉전'기 재일조선인들의 한국 이동과 대중문화 수용의 기저에는 공식적·비공식적으로 '본국'과의 관계의 끈을 놓치 않았던 사람들의 역사와 경험이 존재한다. 특히 김소원의 사례는 물리적 이동이 차단된 상태가 이동의 상상력을 더 키워 가는 모습을 잘 보여 주고 있다.

6. 결론: 생활권의 확장과 과국적 성원권의 요구

지금까지 주로 '탈냉전'기 이후 한국으로 이동하는 재일조선인 2, 3세들의 사례를 통해 그들이 일상적으로 직면하는 경계선과 이데올로기, 이에 대한 교섭과정을 살펴봤다. 이 글에서 분석한 것처럼 재일조선인들이 한국 이동의 첫 단계에서 거쳐야 할 '국민화' 과정은 국적이 가지는 역사적인 상징성과 현실적인 기능성 사이의 갈등으로 표출되면서 결과적으로

---

30) 김태식은 지금 일본 사회에서 코리아라는 '민족성 일반'이 부정되는 것이 아니라 한류스타가 대표하는 '비정치적인 좋은 코리아'와 북한이 대표하는 '정치적인 나쁜 코리아'로 분단되었다고 진단하면서 '한류의 정치화'와 '북조선의 탈악마화'가 현재 우선적인 과제라고 지적한다(金泰植, 2011).

그들에게 더욱 미시적인 경계 정치를 작동시켰다. 그들은 한국 사회의 다양한 층과 적절하게 교섭하면서 자기표상과 정체성을 구분하는 이중성을 보이거나, 유연한 정체성을 확보함으로써 제도적인 비유연성을 극복하고자 하였다.

그들은 한국과 일본을 생활적으로도 정체성의 관점에서도 서로 배타적인 선택지로 여기지 않고 국경선을 가로지르는 영역을 자신들의 생활공간으로 삼고 있다. 생활권의 확장의 배경에는 2000년 전후에 시작한 한일 간 혹은 동아시아 규모의 학술모임, NGO, 교류단체 등의 역할이 있었으며 이를 기반으로 한 인적 네트워크 형성과 거기서 만난 '친밀한 한국인'들의 존재가 그들의 한국생활을 안정적으로 지탱하였음을 알 수 있었다. 구술자들을 통해 공통적으로 나타난 사실은 그들에게 한국이 결코 자신의 민족적 정체성을 걸고 '귀환'하거나 일본에서의 생활기반을 완전히 옮겨 '이주'하는 곳이 아닌 기존 생활권이 연장, 확장된 곳으로 인식하고 있다는 점이다. 그 확장된 생활권 내에서 그들은 자신들이 가진 중층적인 문화자본, 즉 과문화자본의 가능성을 찾아보고 활용한다. 양쪽에 거점을 둔 삶을 '특권'으로 바라보는 한국 사회의 시선과 현실에 대해 최근 젊은 자이니치들은 적극적으로 양쪽에 걸친 성원권(membership)을 요구하기 시작하고 있다.[31]

한편 거의 모든 구술자들이 '귀환'이라는 말에 거리감을 표현한 한

---

31) 예컨대 최근 알게 된 일본 커뮤니티 사이트의 한 카페에는 한국인과 결혼하여 한국에 살게 된 자이니치 '엄마'들 약 70명이 등록되어 있다. 그들은 일본 영주권을 유지한 채, 한국에서 주민번호 없는 '재외국민'으로서 생활하고 있다. 일상적으로 부딪히는 여러 제도적 장벽에 관한 정보를 교환하고, 고민을 공유하면서 양국에 걸칠 수밖에 없었던 자신들의 삶을 알고 새로운 가능성을 진지하게 모색해 가고 있다. 조경희(趙慶喜, 2012) 참조.

편에서 그들의 역사적 기억은 자신들의 역/이동을 특별한 선택으로 만들고 있다. "내가 마치 할매하고 교체된 것 같은 착각을 하게 돼요. 할매는 12살 때 일본으로 건너가 공장에서 일했는데, 지금은 어찌 된 건지 내가 여기서 살고 있잖아요"(이남지, 여/42세), "아버지가 '너가 할아버지, 할머니 대신 모국으로 돌아갔으니 기뻐하고 계실거다'고 하셔요. 1세들이 못했던 귀환을 우리 세대가 대신하고 있다고 한다면…… 감회가 새롭죠"(양미영, 여/37세). 이 발언들에 나타나듯 디아스포라의 역/이동은 그들을 어쩔 수 없이 역사와 접속시키고 이를 재해석하게 만들고 있다. 물론 그 접속의 방식은 각자의 다양한 개인사를 바탕으로 이뤄지므로 자이니치로서의 경험이 '나의 가족 이야기'로 사사화(privatization)되는 경향은 항상 있다. 그러나 여기에는 과거의 이산경험의 귀결이 현재 월경적인 행위와 존재양태를 가능하게 한 디아스포라의 역사와 현실의 다이나미즘을 엿볼 수 있을 것이다.

또한 이동하지 않는, 혹은 이동이 차단된 재일조선인들은 디아스포라의 이동이라는 주제에서 배제되는 것이 아니라, 그들의 문화정서적인 접속과정이 또한 중요한 이동의 조건과 기반을 마련해 왔다. 특히 언어적 문화자본을 가진 조선학교 출신자들은 신체적으로 머물러 있으면서도, 그래서 더 활발한 상상적 이동을 할 수 있었다. 북한과 밀접한 관계를 가지면서도 원래 비-분단적 성향을 가졌던 총련계 재일조선인들이 '탈냉전'기에 한국 사회와 적극적으로 접촉하기 시작한 것은 어쩌면 당연한 일이다. 이는 결코 그들의 사상과 위치가 '조선'에서 '한국'으로 이동한 것이 아니라 우리 안에 있던 경계선이 약화되었을 뿐이다. 그 경계선은 또다시 활성화되어 가는 기미를 보이고 있다. 그러나 현재 글로벌화를 사는 우리는 물리적으로 제자리에 있는 동안에도 계속 움직이고 있으며(Bauman, 1998) 이동의 상상력을 과거의 질서에 가둬 놓을 수는 없을 것이다.

내국인/외국인, 민족/다문화가 엄연히 구분되는 한국 사회의 제도와 인식에 대해 이동하는 재일조선인들의 현실은 또 다른 범주로 접근할 필요성을 제기하고 있다. 즉 민족/다문화를 서로 다른 범주로 설정하는 것이 아니라, '민족', '동포' 그 자체가 수많은 경계선을 내포한 혼종적이며 움직이는 실체라는 인식 전환이 필요하다. 이는 현재 한국 사회의 다문화정책에 재외동포들의 존재를 포함시키라는 단순한 요청이 아니다. 오히려 "외국인의 한국인화"를 표방하는 한국식 다문화주의를 바로 디아스포라들의 존재를 통해 성찰할 수 있을 것이다. 이동하는 디아스포라들의 삶의 모습을 조명하는 것은 한반도의 이산과 분단, 그리고 다문화가 분리할 수 없을 만큼 얽혀 있음을 밝히는 작업이 될 것이다.

6장 _ 동포의 권리로부터 재한의 권리로? 혹은 성원권으로부터 장소권으로?

신현준

1. 서: 민족적 불평등과 공간적 불평등으로

마지막 장에서는 '특별하고 불평등한' 세 유형의 상이한 동포들에 대한 사례연구의 기초 위에 이 돌아온 동포들의 삶을 상이한 각도에서 조망하는 작업을 수행하고 향후의 연구 과제를 제시해 보고자 한다. 이를 위해 나는 동포들이 한국으로 돌아온 뒤 어디에서 살고 있는가에 초점을 맞추고자 한다. 이는 앞의 글에서도 산발적으로도 다루어졌지만, 이를 주요 각도로 고찰하지는 않았기 때문에 별도의 장이 필요하다.

　이런 논의는 한국이라는 과국적 공간에서 복수의 장소들이 불균등한 성격과 양상으로 형성되어 있다는 것을 전제하는 것이다. 또한 동포들의 대량귀환을 포함하는 지구화 과정이 20년 가량 진행되어 온 현 시점에서의 그 지리적 스케일에 주목하는 것이다. 파레냐스와 시우(Parrenas and Siu, 2007: 3)의 논의를 다시 참고한다면, 이 장 이전까지의 고찰이 명시적이든 암묵적이든 민족특수적/과국적(ethnic-specific/transnational) 스케일을 취했다면, 이후의 고찰은 장소특수적/교차민족적(place-specific/cross-ethnic) 스케일이 될 것이다.

그 뒤 이 글은 양자를 종합하여 동포들을 포함한 이주자들이 한국이라는 공간을 어떻게 변화시키고 있으며, 그 효과가 무엇인지를 검토할 것이다. 이를 위해 존 프리드먼(John Friedmann)과 사스키아 사센(Saskia Sassen) 등의 '세계 도시/글로벌 도시' 이론과 샤론 주킨(Sharon Zukin)의 '사신화'(仕紳化) 이론을 소개하고 이를 적용해 볼 것이다. 이들의 이론들이 선진국, 주로 서양의 도시를 중심으로 수행한 것인 만큼 한국의 대도시에 적용할 경우 비판적이고 창조적 적용이 필요한 것은 물론이다.

2. 외국인들을 위한 장소들: 서울의 경우

1장에서 돌아온 동포들의 이름에 환원 불가능한 차이가 있고, 이 차이가 민족의 계서화를 낳는다고 말한 바 있다. 이런 차이는 이들이 거주하는 장소에도 영향을 미치고, 그 장소는 이들의 정체성들을 다시 규정한다. 장소가 "어떤 공간에 있는 특정한 위치(location)이고, '우리가 누구인가'에 대한 정박(anchor)과 의미를 부여한다"면(Orum and Chen, 2003: 1), 혹은 "사람들이 살고 일하고 따라서 친밀하고 지속적인 접속을 맺는, 공간 속의 특별한 부지(site)"(Orum and Chen, 2003: 15)라면, 상이한 장소와 상이한 정체성은 불가분하다. 이하에서 좀더 자세히 알아보자.

2008년 서울시에서 수행한 조사를 인용한다면, 한국에 거주하는 외국인들 가운데 51%가 서울을 비롯한 수도권에 거주하고 있으며, 그 가운데 서울에 거주하는 외국인들의 분포는 〈그림 6-1〉처럼 구분된다. 불행히도 이 통계에서 동포는 별도로 구분되고 있지 않지만, 위에서 살펴본 상이한 유형의 동포들은 자신들의 국적지에서 온 비(非)동포계 외국

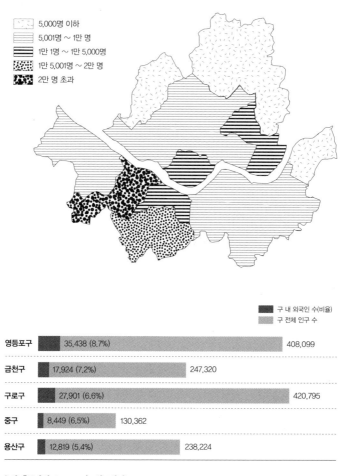

〈그림 6-1〉 2008년 서울 외국인 분포와 외국인 비율이 높은 구

- 5,000명 이하
- 5,001명 ~ 1만 명
- 1만 1명 ~ 1만 5,000명
- 1만 5,001명 ~ 2만 명
- 2만 명 초과

■ 구 내 외국인 수(비율)
■ 구 전체 인구 수

구	외국인 수(비율)	전체 인구 수
영등포구	35,438 (8.7%)	408,099
금천구	17,924 (7.2%)	247,320
구로구	27,901 (6.6%)	420,795
중구	8,449 (6.5%)	130,362
용산구	12,819 (5.4%)	238,224

출처: 『동아일보』 2009년 2월 5일자

<표 6-1> 서울시 총인구 및 외국인 인구 추이

연도	1998	2000	2002	2004	2006	2008
서울 총인구	10,321,496	10,373,234	10,280,523	10,287,847	10,356,202	10,456,034
외국인 인구	50,990	61,920	73,228	114,685	175,036	255,207
외국인 비율	0.49%	0.60%	0.71%	1.11%	1.69%	2.44%

출처: 『동아일보』 2009년 2월 5일자

인 이주자들과 한데 어울려 살고 있다고 간주할 수밖에 없다. 이는 현장
조사를 통해 보완되어야 하지만, 일단 그 개연성을 염두에 두고 논의를
전개하자.

　이들 서울의 다양한 장소들 사이로 두 개의 축 혹은 연계(nexus)
를 그려 볼 수 있다. 우선 서울의 동남쪽에서 서북쪽을 연결하는 축은 강
남·서초 지역의 미국인과 프랑스인, 용산구 이촌동의 일본인, 연희동의
타이완인의 존재를 관찰할 수 있다. 이들 커뮤니티들의 역사에는 다소의
시기적 편차가 존재하지만, 비교적 '부유한' 외국인들이 거주하는 장소
들이 이 축을 따라 형성되고 있다. 상주인구를 넘어 이들이 사교를 수행
하는 여가를 소비한 지역까지 고려한다면, 이 축의 의미를 재확인할 수
있다. 예를 들어 강남·서초 일대와 신촌·홍대 지역을 주말 저녁 시간에
방문하면 이 점을 쉽게 실감할 수 있다.[1]

---

1) 2008년 1월 서울시가 외국인타운 여섯 곳을 공식 지정한다고 보도되었는데, 이 여섯 곳은
연남동 차이나타운, 이촌동 재팬타운, 서래마을 프랑스타운, 한남동 아메리칸타운, 이태원
아메리칸타운, 역삼동 아메리칸타운이었다. 그 위치를 살펴보면 서북부에서 동남부를 잇
는 연계에 위치해 있다. 참고로 연남동 차이나타운은 조선족과는 큰 관계가 없다(『중앙일보』
2008년 1월 25일자).

반면 서울의 남서부에서 동북부를 잇는 축은 '외국인 노동자'의 축
이다. 구로구·영등포구를 출발하여 용산구와 동대문구를 거쳐 성동구
와 광진구에 이르는 연계다. 구로구·영등포구에는 가리봉동과 대림동
을 중심으로 조선족들이 집거하고 있고, 그 정반대편인 광진구 자양동에
도 상당한 규모의 집거지역이 존재한다. 서울의 중앙에 속하는 이태원동
에는 주한미군과 더불어 중동과 아프리카의 이주민들의 커뮤니티가 성
장하고 있고, 동대문 지역에는 러시아·몽골·우즈베키스탄 등 중앙아시
아, 네팔·방글라데시 등 남아시아에서 온 이주자들의 커뮤니티가 곳곳
에 형성되어 있는 것이다. 반복되는 말이지만 이 후자의 축이 이 책에서
주로 관찰한 곳들이었다.

　　이런 변화의 의미는 무엇일까. 대도시 속의 다문화의 존재의 현실을
인정하는 것으로 충분할까. 그렇지만 이에 대한 조금 더 이론적이고 구
조적인 이해를 포기할 수는 없다. 그래서 '특별하고 불평등한' 동포를 포
함한 비동포 이주자들의 커뮤니티가 형성된 장소들을 소개하고 그 의미
를 따져 볼 필요가 있다. 이 책을 쓰는 과정에서 실제로 필드워크를 수행
했던 현장들에 대해 간략히 스케치를 해본 뒤에 이런 새로운 현실에 대
한 재개념화를 시도해 보자.

3. 이주자로서 동포들의 치환된 장소들

1) 구로·영등포: '옌벤거리'의 치환 그리고 확대

최근 서울의 다른 지역으로도 확대되고 있지만, 조선족이 밀집해서 거
주하는 지역은 서울 서남부의 3개 행정구역인 구로구·영등포구·금천구
다. 그렇지만 조선족 커뮤니티가 처음 형성된 곳은 구로구 가리봉동으

로, 재래시장인 가리봉시장을 중심으로 주거지들이 형성된 곳을 지칭한다. 구로구가 서울에 편입된 역사는 그리 길지 않은데, 1949년 현재의 구로동과 신도림동이, 그리고 1963년에는 가리봉동, 개봉동, 고척동이 각각 영등포구로 편입되면서 시작되었다. 1980년에 구로구가 신설되고 그 외곽지역을 편입시키면서 지금의 행정구역이 되었다. 따라서 이 구역의 역사는 1980년 이전까지는 영등포구의 오래된 역사의 일부라고 할 수 있다.

이 구역은 1899년 한국 최고(最古)의 철도인 경인선이 노량진역과 (구)제물포역 사이에 개통되면서 그 '길목'의 성격을 가졌다. 그 결과 식민지 시대에는 철도를 매개로 사람과 물자의 이동이 많았던 성격을 갖는다. 1945년 해방 이후에는 월남인과 귀국인이 이동의 행렬에 가세한 뒤 이곳의 주민이 되었는데, 1949년 구로동과 신도림동이 영등포구로 편입된 것이 그 하나의 증거다. 이곳은 또한 한국전쟁기 미군이 인천상륙작전을 수행한 뒤 서울로 이동한 경로이자 이후 미군부대의 물자가 서울로 이동하는 경로로 자리 잡게 되었다.

그리고 구로구와 가리봉동의 성격을 확립한 계기는 1964년 5월 '사단법인 한국수출산업공단', 줄여서 '구로공단'의 설립이다. 1963년 영등포구가 확대되어 구로공단 소재지가 서울로 편입된 배경에는 이런 변화가 있었다. 구로공단은 1960년대 중반부터 수출 주도 공업화의 현장으로 번성하여 1970년대 후반에는 11만 명이 이곳에 종사했다. 이곳은 1970년대의 청계천에 이어 1980년대 수도권 노동운동의 메카가 되었는데, 1985년에 일어난 구로동맹파업이 그 대표적 사건이다. 그 뒤 이런저런 이유로 공장들이 시외 혹은 국내로 이전함에 따라 1995년에는 노동자 수가 총 4만 명 수준으로 감소했다.

구로공단이 전성기를 누릴 때 가리봉시장 뒤편에는 단독주택을 가능한 한 잘게 쪼갠 이른바 '쪽방' 혹은 '벌집'이라는 독특한 주거장소들이 형성되었고 이런 특징은 지금도 유지되고 있다(『한겨레』 2011년 8월 25일자). 이곳은 농촌에서 이주한 '여공'의 생활공간이었지만 1980년대 후반부터 여공들이 떠나기 시작하면서 공동화되었고, 시간이 지나면서 이주노동자들로 채워졌던 것이다. 이들이 가리봉동으로 유입되기 시작한 시기는 1990년 중반부터지만 지금의 규모로 옌볜거리가 형성된 것은 2002년경이다(『매일경제』 2010년 11월 14일자). 그 배경은 한국 정부가 불법체류 외국인 노동자들에게 자진신고를 하면 일정 기간 동안 출국을 유예한 조치다. 몇 달이라도 체류할 수 있는 기회를 가진 이주노동자들이 이곳 쪽방을 찾았고, 시간이 더 지나면서 비(非)조선족 이주노동자들이 다른 곳으로 옮겨 가면서 조선족들이 집거하는 장소들로 정착한 것이다.

그런데 2000년대 이후 구로공단은 서울디지털산업단지라는 이름 하에 IT첨단산업단지로 육성되기 시작했다. 초고층 아파트형 공장이 새롭게 건설되었고, 과거의 제조업공장 건물들은 패션타운이나 아웃렛 건물로 리모델링되었다. 과거 가리봉역이 '가산디지털단지역'으로, 구로공단역이 '구로디지털단지역'으로 개명한 것은 이런 변화를 반영한 것이다. 그 결과 이 단지에 입주한 업체들은 출판, 영상, 방송, 통신, 정보서비스업 등으로 변하면서 G밸리라는 이름으로 불리고 있지만, 업종만 달라졌을 뿐 여전히 노동자들은 비정규·저임금·장시간 노동에 시달리고 있다는 보도도 있다(『한겨레』 2012년 1월 8일자).

노동조건이 어떠하든 말쑥한 외양을 하고 있는 디지털단지의 주력 업종인 '문화산업'에서 일하는 사람들은 내국인들이 다수다. 그 효과로

엔벤거리가 소재한 가리봉시장 구역은 '재정비촉진지구'로 지정되어 이른바 '카이브'(Korea Advances & Innovation Valley)라는 뉴타운으로 재개발된다는 계획이 추진되어 왔다(『흑룡강신문』 2009년 1월 15일자). 현재 이 계획은 주택공사의 부실로 인해 중단된 상태지만, 조선족들이 풍선효과처럼 가리봉을 떠나 다른 장소로 이동하는 효과를 낳았다. 그 결과 지금 조선족의 상권과 거주지는 가리봉동 인근의 남구로역(7호선)을 거쳐 대림역(2호선·7호선)까지 광범하게 펼쳐져 있고, 최근에는 신대방동, 신림동, 낙성대(봉천동), 건대입구(자양동) 등 지하철 2호선 역 주변으로 확산되고 있다. 이들 가운데 현재로서는 대림의 조선족 커뮤니티가 가장 큰데, 이곳은 가리봉같이 이주자들이 집거하는 지대라기보다는 내국인과의 협거(協居)하는 접촉 지대의 양상을 띠고 있다. 이곳에는 식당, 상점, 환전소, 인력사무소 등 이주자들에게 필수적인 업체는 물론 신문사, 여행사, PC방, 노래방 등 편의시설들이 빼곡히 들어찬 지 오래다.[2]

결론적으로 구로구·영등포구·금천구 일대의 전통적인 내국인 노동자들의 주거공간을 그대로 활용하여 형성된 이주자 커뮤니티는 산업구조의 첨단화를 시도한 정부 시책으로 인해 도시 내부에서의 장소들의 이동성이 발생하는 도시의 사회생태학을 보여 준다.

2) 동대문: 창신동의 '남아시아'와 광희동의 '중앙아시아'

동대문 영역은 문자 그대로의 의미에서는 전근대 서울(한양 혹은 경성)의 동쪽 끝을 의미하고, 식민지 시대부터는 전통적 상권이 형성된 곳으

---

2) 구로구와 영등포구의 조선족의 밀집거주지역의 양적 현황에 대해서는 이 책의 윤영도의 글(2장)과 이정은의 글(3장), 그리고 김현선(2010)과 임선일(2011) 등을 참고할 수 있다.

로 지금도 대형 규모의 재래시장들이 존재한다. 이곳은 한국전쟁 이후 봉제산업을 중심으로 영세한 규모의 제조업이 발전하여 1960년대 경공업 중심의 경제성장을 주도하는 산업구역으로 변모되었다. 1970년 전태일 열사의 분신이라는 역사적 사건에서 보듯 열악한 노동환경에서 '저임금·장시간 노동'이 이루어지고 있다는 오명을 가지고 있고, 그 결과 1980년대까지 노동운동의 상징적 메카가 되기도 했다. 1990년대 이후 한국에서 전통적 제조업이 사양화되면서 동대문은 저렴한 민생용품의 도소매업으로 그 명맥을 유지해 갔다.

그렇지만 1990년대 중반 이후 동대문은 새로운 상징과 기호를 얻어 갔다. 1998년 밀리오레와 두산타워 등 대기업이 건설한 대형 의류쇼핑몰이 건설되면서 동대문은 '패션타운'이라는 새로운 이름을 얻었다. 디자인부터 완제품까지 1~2일이 걸린다는 이른바 '패스트 패션'의 상징이 되면서 'DDM'은 2000년대 초중반 중저가 브랜드들의 매장으로 전성기를 누렸고, '심야 쇼핑'이라는 독특한 관행은 내국인들뿐만 아니라 외국인들의 발길을 끌어들였다. 최근에는 한편으로는 저렴한 중국산 수입품의 대량유통, 다른 한편으로는 국제적 패스트 패션(이른바 SPA)이 국내시장에 진입하면서 다시 위기에 처해 있지만, 무언가 '끈질긴 생명력'을 가진 곳이라는 인상이 완전히 사라지지는 않고 있다.

이 동대문 지역을 찾으면 내국인들뿐만 아니라 중국과 일본에서 '질 좋고 가격이 합리적인' 의류를 쇼핑하러 온 관광객들로 가득하다. 서울의 지구화 혹은 권역화의 한 단면을 보여 주는 현상이다. 그렇지만 두산타워와 밀리오레가 있는 동대문의 중심구역을 벗어난 북쪽의 창신동과 남쪽의 광희동으로 가면 풍경이 사뭇 달라진다.[3]

동대문 지역 북부의 창신동의 좁은 골목들에는 아직도 소규모의 봉

제공장들이 줄을 지어 늘어서 있다. 과거에는 평화시장을 비롯한 옥내 건물들의 2층 이상에 공장들이 입주해 있었지만, 이 건물들이 도소매로 기능을 전환하면서 제조업공장들은 주택가의 가정집 1층을 이용하여 존속하고 있는 것이다. 이런 가내 제조업공장들에는 내국인들뿐만 아니라 외국에서 이주해 온 노동자들이 미싱을 돌리면서 일하고 있다. 패션몰에서 판매되는 화려한 의류들은 아직도 이런 영세한 공장들에서 만들어지고 있는 것이다. 이곳에서는 조선족을 포함한 중국에서 온 이주자들 및 네팔, 방글라데시, 베트남 등 남아시아와 동남아시아에서 온 이주자들이 일하고 있는데, 그 결과 이들을 위한 식당, 상점, 환전소 등을 쉽게 찾을 수 있다. NGO단체들도 이들 이주노동자들을 위한 쉼터 역할을 하고 있는데, 대표적으로 전태일기념사업회와 서울외국인노동자센터가 이곳에 위치해 있다. '이곳에 쓰레기를 버리지 마시오'라는 경고문이 4~5개 다국어로 쓰여 있는 것이 이 구역의 성격을 잘 보여 준다. 앞서 말한 구로구·영등포구·성동구에 비해 이곳에서 조선족의 밀집도는 상대적으로 낮은 편이다. 그렇지만 동대문 전철역 주변에는 양꼬치를 비롯한 조선족 고유의 음식을 판매하는 식당들이 다수 존재한다.

한편 그 반대쪽(남쪽)인 광희동에는 러시아, 몽골, 우즈베키스탄, 카자흐스탄에서 온 이주자들을 위한 공간이 형성되어 있다. 이 구역은 본래 인쇄업체들이 밀집해 있던 곳인데 도심의 인쇄업이 쇠퇴하면서 인근 의류쇼핑몰에서 물건을 떼어다가 파는 러시아인 '보따리 장사들'이 임

---

3) 이 부분은 글쓴이의 현장답사와 「다문화 사회를 닮은 동대문」(『샐러드TV』 2008년 9월 23일자)을 참고하여 작성되었고, 「전태일의 시간·공간·생각」(『한겨레21』 834, 2010년 11월), 「서울속의 다문화 거리 ②: 왕산로」(『매일경제』 2010년 11월 21일자) 등 인터넷 검색을 통해 본 신문이나 잡지 기사들도 참고하여 작성되었다.

시로 체류하는 장소들이 들어서다가 1997년 말 경제위기를 거치면서 러시아인들은 이태원으로 이동하고 몽골과 우즈베키스탄에서 온 이주노동자들과 무역 상인들이 그 자리를 채우기 시작했다. 그 결과 비공식적으로 몽골거리, 우즈베키스탄거리, 러시아거리라고 불리는 작은 골목길들이 생성되었다. 한마디로 중앙아시아 이주자들의 커뮤니티가 형성된 것이고, 이들을 위한 식당들, 상점들, 교회들 및 기타 편의시설 및 유흥시설이 빼곡이 도열해 있다. 지금은 중앙아시아 나라들이 하나의 언어를 공유하지는 않지만, 소련 시절의 유산으로 러시아어를 사용하는 사람들이 많고 키릴문자를 공유하는 나라들이므로 간판들에 쓰여진 키릴문자가 이 지역의 정체성을 보여 준다. 고려인들 역시 이곳의 풍경을 바꾸는 작인들 가운데 하나다. 이곳에 거주하는 고려인들뿐만 아니라 파주와 고양 등 경기 북부의 공장에서 일하는 고려인들이 휴일에 이곳을 찾아와서 러시아와 중앙아시아의 음식을 먹고 음료를 마시면서 사교를 하는 주말집결지[4]를 형성한다.

결국 동대문은 대자본에 의한 구(舊)도심의 공간적 재구조화에도 불구하고 전통적 산업 부문이 잔존하고 있고, 이 부문의 노동력이 동포를 포함한 이주자들로 채워지는 역사적 서사를 쓰고 있다. 서울의 개발

---

[4] 고려인들뿐만 아니라 다른 민족들도 마찬가지다. 공간을 공유하는 몽골인들의 주말집결지의 정경에 대해서는 아래 에스노그래피를 인용해 본다. "동대문운동장 인근 광희동에 위치한 몽골타운은 몽골 상점 밀집건물인 '뉴금호빌딩'을 거점으로 형성되어 있는데 매주 일요일이면 약 200여 명 가량의 몽골 이주자들이 모여들어 '주말집결지'(weekend enclave)의 모습을 보인다. 이주자들은 이국 땅에서 본국의 음식과 노래를 즐기며 서울을 탈영토화한다. 커뮤니케이션 수단의 발달에 의한 시공간압축은 웹을 통해 본국의 소식에 실시간으로 접근할 수 있게 하고 위성통신으로 몽골의 TV방송을 동시에 시청할 수 있도록 돕고 있다. 이주자들은 몽골타운을 방문함으로써 서로의 정보를 공유하고 본국의 식료품, 영화DVD 등을 구입하여 이국생활의 외로움을 달랜다"(정가영, 2009: 26~27).

이 구도심 외부를 중심으로 이루어지는 지역 간 불균등 발전이 도심 일부의 공동화를 야기하고, 그 결과 상대적으로 지가 및 임대료가 저렴한 틈새 영역을 잔존시킨 것이다. 이곳들이 동포들을 포함한 이주자들의, 대도시 내부의 은밀한 협곡 같은 장소들을 창출하고 있는 것이다.

3) 안산 원곡동: '아시아'의 지도를 축소해서 다시 그리기

서울 남쪽 끝에서 30km 거리에 위치한 '경기도 안산시 단원구 원곡동'은 이른바 '국경 없는 마을'이라는 별칭으로 유명하고 외국인 이주노동자 밀집거주지라는 특징을 지니고 있다. 행정구역상으로는 원곡본동, 원곡1동, 원곡2동으로 분리되어 있는데, 이 가운데 원곡본동이 이주자들의 집거지구다. 2009년경 원곡본동의 인구는 내국인 3만 8,282명, 외국인 2만 1,264명이고, 세 동을 모두 합하면 내국인 6만 6,816명, 외국인 3만 5,862명이었다. 원곡본동 외부에도 상당수의 이주자가 거주하고 있음을 알 수 있다.

이곳은 지하철 4호선 안산역에서 길을 건너면 바로 나오는 곳이라 안산의 중심이라는 인상을 주지만, 그 과정은 복잡하다. 실제로 이곳은 1977년 반월공단, 1988년 시화공단이 조성되면서 공단들과 근접한 이곳으로 내국인 노동자들이 유입되어 형성된 곳이었다. 이 공단들은 당시 서울 서남부에 밀집해 있던 공장들, 특히 구로공단의 공장들이 제반비용 상승의 압력하에서 원가를 낮추기 위해 대량으로 이전하는 장소들이기도 했다.

그렇지만 1990년대 이후 상록수역과 중앙역 인근에 아파트 단지와 상권이 형성되면서 도시 내 인구 이동이 발생하여 원곡동은 일종의 공동화 현상에 직면하게 되었다. 반면, 공단들에 속한 제조업공장들에서는 오히려 인력 수요가 증가하면서 이주노동자들이 상대적으로 저렴한 가격에 거처를 구할 수 있게 되었다. 그 결과 현재 40% 정도의 주민이 외국 국적을 가진 이주자들로 채워지게 된 것이다. 국경 없는 마을이 된 역사는 10년을 조금 넘는 수준인 것이다.

원곡동 자체에 제조업공장은 거의 없다. 이곳은 거주지(주택가)이자 상권이라는 성격을 가지고 있는데, 흥미로운 것은 이 영역의 북쪽은 중국에서 온 이주자들이, 남쪽은 '기타' 국가에서 온 이주자들이 차지하고 있다는 인상을 주고 있다는 점이다. 이는 한국에 입국하여 체류하는 외국인들의 비율을 고려하면 정상적인 비율이다. 그 결과 북쪽은 가리봉동이나 구로동과 다르지 않은 반면, 남쪽은 아시아의 여러 권역의 여러 나라들의 성좌를 보는 듯하다. 그 가운데 눈에 띄는 나라들의 기호는 베트남, 필리핀, 태국, 인도네시아, 인도, 네팔, 방글라데시, 우즈베키스탄이다. 거리와 골목에 이 나라들의 식당과 상점을 비롯한 서비스 업체들이 밀집해 있다. 우즈베키스탄(중앙아시아) 식당 맞은편에 인도네시아(동남아시아) 식당이 있고, 멀지 않은 곳에 필리핀 업소가 이웃해 있는 장면은 한국의 여타 장소들에서는 찾기 힘들지 않을까 한다.

그 결과 이곳은 독특한 다언어적 상황이 존재한다. 이주자들은 자신들 내부에서는 자신들의 모국어를 사용하지만, 민족 간 언어(ethnic language)로는 '한국적이지 않은' 한국말이 사용된다. 모국어와 한국어 사이에는 일종의 권역어가 사용된다. 예를 들어 필리핀사람과 네팔사람 사이에는 영어가 사용될 때가 있고, 우즈베키스탄사람과 몽골사람 사이에는 러시아어가 사용될 때가 있다. 조선족은 한족과 대화할 때는 중국어를, 한국인을 포함한 다른 민족과 대화할 때는 한국어를 사용한다.

안산의 경우 상당수의 조선족과 고려인이 거주하고 있음에도 불구하고, 다른 소수자들과 뒤섞여 있는 장소의 특성상 눈에 띄지는 않는다. 오히려 한국인과 유사한 신체적 외모로 인해 조선족과 고려인은 탈인종화되어 더 알아보기 힘들다. 그렇지만 중국 식당에 모인 사람들 가운데 한국인과 외모가 비슷하면 조선족이고, 우즈베키스탄 식당에 모인 사람들 가운데 한국인과 외모가 비슷한 사람은 고려인일 확률은 높다.

정리하면, 안산은 주민들의 계급적 특징(공장 노동자)과 국적의 특징(외국인 이주자)이라는 선명한 양대 특징이 혼융된 장소다. 이런 특징들을 기초로 동포와 비동포 모두를 망라하는 접촉지대(contact zone)라는 성격은 다른 곳에서는 찾아볼 수 없는 독특한 특징이다. 마지막으로, 이곳에 '다문화'와 관련된 각종 제도들과 시설들이 다양하게 존재하는 것은 자연스러운 것이다.

4) 부산 초량동: '상하이거리'와 '러시아 텍사스'의 병존

'부산 동구 초량동'은 부산역(기차역)에서 지하도로 길을 건너면 위치한 곳이다. 한국 제2의 도시 부산에 이르는 육로 관문의 맞은편이 부산 시민들에게는 이방지대라는 사실은 아이러니다. 그 '이방지대'의 역사는 19세기 말로 거슬러 올라간다. 중국인, 당시 청나라 사람들이 한국, 당시 조선에 집단적으로 정착하기 시작한 것은 1882년 임오군란 때로 거슬러 올라간다. 1884년 인천에 이어 1887년 부산에도 청 체국이 조계지를 건설하고 영사관을 설치하면서 이곳은 조선인들에 의해 '청관'으로 불렸다. 그 이후 이곳은 정치적·경제적 변화에 따라 부침을 거듭하면서 화교들의 커뮤니티를 형성했다. 특히 한국전쟁을 거치면서 한국의 다른 지역에 살던 화교들이 피난을 내려와 정착하면서 1960년대에 부산 화교 커뮤니티는 전성기를 누렸다.[5]

한편 화교 커뮤니티의 오른편 일대는, 1945년 미 군정이 시작되고 한국전쟁을 거치면서 인근의 미군부대, 일명 '하야리아 부대'에 대량주 둔한 미군을 위한 '환락'을 제공하는 장소로 변모되면서 '텍사스촌'이라는 이상한 이름으로 불리게 되었다. 지금도 바와 클럽 입구에 '외국인 전용업소: 내국인 출입을 제한합니다'라는 문구가 붙어 있는 것은 이 때문이다. 반세기가 지나고 소련이 해체되어 미소 냉전이 종식된 1991년부터는 감천항에 러시아 선박이 취항하면서 러시아 선원들이 드나드는 관문이 되었는데, 그 결과 초량동 거리는 '러시아 텍사스'라는 새로운 이름으로 불리게 되었다. 그 이유는 이곳의 업소들에 러시아(및 필리핀)에서 이주한 여성들이 일하게 되고, 인근 거리들에 러시아 및 CIS에서 온 이주자들이 일하는 상점, 식당, 술집, 여관 등이 들어섰기 때문이다. 1997~1998년 한국과 러시아 양국 모두의 경제위기 이후 '러시아 특수'가 사라졌다고는 하지만, 이곳은 한국에서 고려인들과 러시아인들의 가장 가시적인 장소다. 김해 등지의 공장에 취업하는 고려인들이 주말과 휴일에 여가의 시간을 즐기는 공간으로서의 역할을 하고 있다. 케이블 방송을 통해 러시아 채널을 감상할 수 있는 곳은 부산이 유일할 것이다.[6]

한편 청관거리는 1997년에는 '상하이거리'로 이름을 바꿨다. 1993

---

5) 부산 화교의 역사 일반, 특히 한국전쟁 이후 부산 화교 커뮤니티의 변화에 대해서는 장세훈(2009)과 안미정(2011)의 최근 연구가 섬세하고 신선하다.

6) 고려인 및 러시아인 커뮤니티와 관련하여 부산과 유사한 곳은 동해시다. 부산에 비해 그 규모는 작지만, 부산과 더불어 러시아인들과의 접촉이 많다는 특징을 가지고 있다. 일본과 러시아를 왕복 운행하는 정기 여객선 항로의 정박지들 가운데 하나라는 특성상 러시아 선원들을 위한 바, 클럽(노래방), 식당 등의 유흥시설들이 소재한 거리가 있다(송정동). 이곳에서는 러시아 선원들뿐만 아니라 인근의 공장에서 일하는 이주노동자들이 여가시간을 소비하고 있다. 교통표지판에 러시아 문자(키릴문자)가 병기되어 있고, 동해고속도로를 '아시아 하이웨이'라고 부르는 것도 이 지역의 글로벌화를 보여 준다.

년 부산과 상하이가 자매결연을 맺고 부산에는 상하이거리, 상하이에는 부산거리를 조성하기로 합의한 결과다. 1970년대 이후 화교 커뮤니티는 쇠락하는 과정을 거쳤지만, 1990년대 이후 지방정부의 관광정책의 효과로 거듭나는 전기를 마련한 것이다. 이 정책들은 2007년에는 '차이나타운 지역발전특구' 지정으로 이어지면서 '차이나타운'으로 거듭났다. 이 영역을 '동아시아 해항도시의 이문화 공간 형성과 변용'으로 분석한 구지영(2011)이 세밀하게 연구했듯 "장소를 구성하는 해석과 실천"이 전개된 것이다(구지영, 2011: 636~643). 이 책의 주제와 관련해서 중요한 것은 이 영역에서 식당들을 운영하거나 혹은 거기서 일하는 조선족들의 존재를 찾기가 어렵지 않게 되었다는 점이다.

그 결과 부산역에서 바라볼 때 이곳은 마치 좌측에는 중국(만주)이, 우측에는 러시아(연해주와 사할린)가 놓여 있는 듯한 착각을 던져 준다. 거리 하나를 사이에 두고 한자와 키릴문자가 분할되어 있고, 그 경계 부근에는 공존하는 경우도 있다. 수도권에 사는 사람들을 위해 비유적으로 표현한다면, 왼쪽에는 인천 차이나타운을, 오른쪽은 동대문 광희동을 결합시켜 놓은 것처럼 보인다. 그 사이로 한국인은 물론 미국인, 일본인, 필리핀인도 드문드문 관찰된다. 물론 늦은 밤에 가면 그리 안전하다고 보기는 힘들다.[7]

한편 덕포동(사상구)에도 이주자들의 커뮤니티가 건설되어 있다.

---

7) 초량동의 '텍사스촌'을 비롯하여 러시아인들을 범죄화하는 선정적인 르포기사들은 심심치 않게 찾을 수 있다. 예를 들어 「'서울의 밤' 점령한 하바로프스크 미녀군단 5000명」(『신동아』 2000년 3월호), 「금발의 꽃뱀, 인터걸 24시」(『주간한국』 2002년 9월 5일자), 「활개치는 외국인 조폭 ①: 명태·게 들여와 '검은 돈' 챙기기」(『조선일보』 2003년 4월 28일자), 「러시아 마피아 "부산의 밤은 내 손안에": 총기·마약 등 각종 밀수품 시장에 풀어…… 수산업·무용수 공급 등 각종 이권에도 개입」(『주간동아』 2006년 5월 23일자) 등을 참고할 수 있다.

역시 비유에 지나지 않지만, 이곳은 서울 이태원과 안산 원곡동을 섞은 다음 그 규모를 축소한 모습이다. 이곳이 형성된 이유는 초량동에 비하면 간단한데, 다양한 외국에서 와서 부산 및 김해의 공단에서 이주노동자들이 일하기 시작하면서 서서히 형성되었다. 정리하자면, 초량은 해로와 연결된 항구도시라는 전통적 특징에 더하여 19세기 말 이래 현대사에 따른 초국적 인구 이동으로 인해 독특한 민족경(ethnoscape)을 형성했다. 또한 전통적 공단지대의 존재와 새로운 고급주택지대의 개발로 인해 이런 민족경이 형성·유지되었다고 말할 수 있다.

5) 인클레이브 혹은 허브

이상으로 동포를 포함한 이주자들의 커뮤니티들이 형성된 몇 가지 장소들을 살펴보았다. 그렇지만 이것만으로 이주자들 전체의 살아가는 모습의 전모를 보았다고 말할 수는 없다. 이주자들이 공장에 부속된 기숙사에서 숙식을 해결하는 경우가 많고 결혼이주자의 경우 내국인의 가족에 속해 함께 살기 때문에, 비교적 가시적으로 관찰되는 커뮤니티들이 이주자 전체의 모습을 보여 주기는 무리일 것이다. 이들이 또한 인터넷과 이동전화를 포함한 현대적 통신수단으로 각지에 흩어진 성원들과 접속되어 있다는 점도 망각해서는 안 된다. 단, 한 가지 확인할 수 있는 점은 소통적 이동성의 발전에도 불구하고 어느 정도 고정된 장소에 기반한 커뮤니티들이 완전히 시야에서 사라질 수 없으며, 커뮤니티에 소속된 성원들의 경제적·문화적 허브(hub)의 역할을 수행하고 있다는 점이다. 내국인의 시각에서 인클레이브인 이곳은 이들의 대인 소통을 하는 장소로서 기능하고 있는 것이다.

이 커뮤니티들은 한국인, 즉 내국인이 마음먹고 찾아가면 찾기 어렵지는 않지만 그렇다고 자주 방문하는 곳은 아닐 것이다. '어쩌다 한 번 이국적 음식을 먹어 보기 위해 찾아가는 일' 이외에는 방문할 일이 거의 없는 곳이라고 할 수도 있고, 실제로 대부분의 신문 보도는 이 장소들을 '이국적 먹거리'와 연관 짓는 관광객적 시선을 넘어서지 않고 있다.[8] 학술연구의 경우 위에서 언급했듯이 특정 지역의 특정 장소에 대한 연구들이 생산되고 있지만, 이들 전체를 아우르는 비교연구는 아직 궤도에 오른 것 같지 않다.[9]

4. 도시의 공간적 불평등과 이주자들을 위한 장소

1) 세계 도시/글로벌 도시 이론들의 재검토

이런 장소들을 어떻게 개념화할 수 있을까. 앞서 열거한 예들이 도시공간에 형성된 장소들이기 때문에 도시에 대한 논의는 불가피해 보인다. 나는 '세계 도시'(world city) 혹은 '글로벌 도시'(global city)에 관한 이론 및 그에 대한 반론을 재검토하고, 이를 한국의 현실에 대입해 보고자

---

8) 대표적으로 「'다문화'에 젖어 드는 글로벌 대한민국」(『시사저널』 2011년 9월 7일자), 「서울 속 다양한 외국으로 떠나 보세요—왕십리 베트남타운, 용산 인도거리, 역삼 다국적타운……」 (『조선일보』 2011년 2월 16일자), 「서울속의 다문화거리」(『매일경제』 2010년 11월 14, 21일자) 등이 있다.

9) 박세훈(2010)은 외국인 밀집거주지역이라는 시각에서 공단배후 노동자 거주지(안산시 원곡동, 남양주 마곡동), 대도시 저렴주택지(가리봉동, 대림동), 외국관련시설 주변지역(인천 차이나타운, 부산 차이나타운, 서울 이태원 및 이슬람마을), 전문인력의 고급주거지(서울 서초 서래마을, 동부이촌동 일본인마을)로 그 유형들을 구분하면서 상세한 사례연구를 수행했다. 그가 이 연구를 통해 발견한 것은 외국인 밀집지역이 유형별로 "차별화·양극화"가 진행되고 있는 점, 외국인 노동자를 중심으로 한 "신빈곤층의 형성", 마지막 유형을 제외한 나머지 유형들에서 "외국인과 한국주민 간의 갈등관계 형성" 등이다. 이 발견들은 모두 유효하지만 이렇게 공간적 불평등이 형성되고 이것이 계급적 양극화를 낳고 있는 원인들에 대해 조금 더 큰 틀에서의 이론적 설명이 필요해 보인다.

한다.[10) 도시의 브랜딩(branding)에 대한 담론들이 넘쳐 나고 '글로벌'이나 '세계(적)'이라는 수사가 동원되면서 이런저런 도시(재)개발(urban regeneration)이 이루어지는 현실은 이제 한국인들에게 익숙하다. 이렇게 도시공간을 산뜻하게 바꾸려는 어젠다에서 '너절하고 지저분한' 이 방지대 혹은 다문화지대는 그저 싹 없애 버리지 못해 방치하는 타자의 장소일 뿐일까. 전혀 그렇지 않다는 것이 나의 생각이고, 이를 세계 도시/글로벌 도시에 관한 개념들을 원용하고 글쓴이의 상상을 더해서 풀어 보고자 한다.

프리드먼은 "한 도시의 세계경제로의 통합의 형식과 정도, 그리고 새로운 공간적 분업에서의 기능이 도시 내부에서 일어나는 구조적 변화에 결정적이다"(Friedmann, 1986: 7)라는 첫번째 테제를 시작으로 세계 도시들의 공간적 계서화로의 배열, 생산 부문들 및 고용의 구조와 동학, 국제적 자본의 집적과 축적, 국내외 이주자들의 이동, 공간적 계급적 양극화, 국가재정 능력을 넘는 사회적 비용의 증대 등을 지적했다. 5년 뒤 사센은 뉴욕, 런던, 도쿄에게 글로벌 도시들의 자격을 부여하면서 기존의 세계 도시들과 차별화된 글로벌 경제의 동학을 논하면서, 이 도시들이 아래 네 가지 방식으로 기능한다고 설명한다. 이는 국내 문헌들에서도 많이 소개되었지만(유환종, 2000; 남기범, 2001; 곽노완, 2009),[11) 그리

---

10) 사센과 프리드먼의 논의는 탈산업화 이후의 도시를 '정보 도시', '네트워크 사회' 등의 아이디어를 통해 도시를 '흐름들의 공간'(space of flows)으로 개념화한 마누엘 카스텔(Castells, 1996)의 아이디어의 일부를 공유하면서도 '장소의 중심성'(the centrality of place)을 강조했다는 점에서 차별화된다. 용어법과 관련해서는 프리드먼은 세계 도시, 사센은 글로벌 도시를 선호하는데, 다른 논자들의 경우 이를 혼용하기도 한다. 그렇지만 사센은 전자는 일반적 의미인 반면 후자는 "현시대의 특종성에 대한 인식에서 나와서" 정식화된 것이라고 말하면서 양자를 구분하고 있다(Sassen, 2004: 372~374).

11) 이들 가운데 곽노완은 프리드먼과 사센을 '지구주의자'이자 '경제결정론자'라고 집요하게

길지 않으니 다시 한번 옮겨 보자.

① 세계경제의 조직화에서 고도로 집중화된 명령점들(command points)

② 주도적 경제 부문들에서 제조업을 대체한 금융 및 특화된 비즈니스 서비스의 핵심적 위치들

③ 이 주도적 부문들에서 혁신의 생산을 비롯한 생산의 부지들

④ 생산된 생산물과 혁신을 위한 시장들

부연 설명한다면, 스카이스크래퍼들이 즐비한 이른바 중앙비즈니스구역(central business district)이 글로벌 도시의 중심성을 형성하고 이른바 FIRE(Finance, Insurance, Real Estate)라고 불리는 서비스산업 및 이른바 '생산자 서비스'(producer services)[12]가 발전하고 이들이 전통적 제조업을 대체하여 글로벌 경제의 핵심 부문을 형성한다. 현대적 통신기술 및 정보경제의 혁신과 밀접하게 연관되어 발전하는 이 서비스 부문은 과국적 자본의 초이동성(hypermobility)을 통해 획득하는 초과이윤을 누리고, 그 주요 에이전트들은 고학력의 전문직들로 보통 상상을 초

비판하는데, 2000년대 이후 사센의 작업에 대해서 충분히 따라잡고 있는 것 같지는 않다. 게다가 그의 주장은 추상 수준이 높아서 이 글의 목적과는 적합하지 않으므로 길게 논하지는 않고자 한다.

12) 생산자 서비스란 대중이 소비하는 서비스가 아니라 기업들이 생산 및 상업 행위를 위해 소비하는 서비스로 그 종류로는 금융, 회계, 광고, 보험, 경영 컨설팅, 연구 및 개발, 엔지니어링과 건축, 디자인, 행정, 법률, 공공관계, 통신 및 이동통신, 청소, 경비 등을 망라한다. 사센은 이 부문들의 비중을 강조하면서 "서비스집약적 생산양식"과 "서비스 테크놀로지의 산업화"라고 말하고 있다(Sassen, 1991: 95). 이는 뉴욕과 런던에서 전형적으로 나타나는데, 여타 도시에서 이 서비스 부문의 비중과 역할은 초미의 쟁점이 된다.

월하는 고액의 소득을 획득한다. 요즘 유행하는 말로 표현하는 '1%'의 계층이다. 평범한 중간계급이 교외에 거주한다면 이들 초고임금 전문직 계급은 글로벌 도시 내부에 거주하면서 과거의 허름한 지역을 문화적으로 '힙'(hip)하게 만들면서 자신들의 거주지역으로 전환하는 사신화(仕紳化, gentrification)[13]가 발생하고 있다는 점도 도시공간의 재구조화와 관련하여 주목되는 현상이다.

산업구조 및 고용구조 면에서 설명한다면, 이들 글로벌 도시에서는 재래 제조업 부문은 쇠퇴하여 시외 혹은 국외로 자리를 옮기게 되는 반면 위 전문직들을 위해 봉사하는 각종 서비스 부문이 그 자리를 채운다는 특징을 갖는다. 전문직들이 일할 때 건설의 관리와 수리를 맡는 각종 잡역부들(청소부, 수리공, 경비)뿐만 아니라 이들의 여가를 위한 세탁업, 소매업, 숙박업, 요식업, 성 산업 등에 종사하는 서비스업 노동자들이 동일한 공간에 공존하고 있다는 것이다. 지구화 및 세계 도시와 깊이 연관되는데 프리드먼이 "세계 도시는 특권화된 계급을 위해 존재하는데, 광범한 저숙련 노동자들의 군대가 이 계급의 분부에 응하는 개인적 서비스에 종사한다"(Friedmann, 1986: 332)고 말한 이 현상을 사센은 '새로운 불평등'(new inequalities)으로 개념화한다. 이것이 '새로운' 이유는 포드주의 시대의 자본가와 노동자 사이의 불평등과는 달리 극단적으로 상이한 두 종류의 서비스업 사이의 불평등이기 때문이다. 사센의 간명한 표현을 빌리면 글로벌 도시들은 "기업적 자본의 과잉가치증식(over-

---

13) 사신화란 "도시 중심에 있는 사회적 주변자와 노동계급 거주영역의 전환"(Zukin, 1987: 129)으로 정의되는데, 주킨에 따르면, 사신화는 제조업의 쇠퇴에 따라 공동화된 산업 시설에 '가난한 예술가'들이 거주하다가 방세가 오르면서 중간계급들에게 구매되는 패턴을 취한다.

valorization)을 위한 부지들(sites)이자 불리한 노동자들의 가치감소 (devalorization)를 위한 부지들"(Sassen, 1999: 90)인 것이다.

새로운 불평등에 의해 만들어진 불리한 부문들(disadvantaged sector)은 이민자들과 여성들에 의해 채워지고 이는 글로벌 도시의 타자가 아니라 유기적 구성요소라는 것이 그녀의 요지다. 뉴욕의 경우를 앞서의 사신화 현상과 연관지어 말하자면, 초고소득자들은 자동차를 끌고 가서 월마트에서 쇼핑하고, 스타벅스에서 커피 마시고, 맥도날드에서 패스트 푸드를 먹는 것이 아니라, 도심공간에 있는 그들의 거주지 인근 조그만 상점, 커피숍, 식당 등에 도보로 혹은 자전거를 타고 찾아가 온갖 이민자 들이 만들어 판매하는 물품들의 이국적 진품성(authenticity)을 소비한 다(Zukin, 2000). 이런 순환이 이른바 비공식 경제를 부활시키는 효과도 지적할 수 있다. 이 모든 것이 세계 각지의 힙스터들을 포함한 관광객들 의 발길을 사로잡는 유·무형의 자원이 된다는 것은 두말할 필요도 없다.

'글로벌 도시들'에 대한 사센의 이론에 대해 이런저런 비판들이 없 지 않고 이 논쟁은 지금도 진행 중이다. 『도시연구』(*Urban Studies*) 지상 에서 1996년 영미의 도시들과 유럽(네덜란드)의 도시들 사이의 차이를 두고 크리스 햄닛(Hamnett, 1996)과 잭 버거스(Burgers, 1996) 사이에 전 개된 논쟁[14]에 이어, 2001년에는 리처드 힐 및 김준우가 '동아시아 발전

---

14) 햄닛은 네덜란드 같은 유럽 나라들에서는 국민국가의 복지체계가 매개 변수(mediating variables)로 작용하고 그 결과 직업구조가 '양극화'되지 않고 '전문화'(pro-fessionalisation) 되었다고 주장하면서 버거스와 사센을 비판했다. 나로서는 경험적 증거에 대해 왈가왈부 하기 힘들지만, 햄닛이 이주자 문제를 진지하게 고려했는지는 의문이다. 반면, 사센이 "국 민국가는 이 세계에서 점점 덜 중요한 행위자가 되고 있다"(Sassen, 1991: 167)고 말한 것은 반대자들에게 두고두고 비판받는, '2009년 글로벌서울포럼'에 기조연설자로 초대된 것 못 지않은 '실수'로 보인다.

국가'(developmental state) 이론에 근거하여 사센과 프리드먼을 신랄하게 비판했다. 힐과 김준우는 뉴욕과 런던이 "시장중심적이고 부르주아적"인 반면 도쿄와 서울은 "국가중심적이고 정치적-관료적"이라고 분류하면서, 전자와 후자는 "두 개의 상이한 세계 도시 유형들"이라고 비판했다(Hill and Kim, 2000: 2168). 그 뒤로 비(非)영미, 특히 아시아의 세계 도시들에 대한 연구는 두 진영 가운데 하나의 입장을 취하면서 전개되었다고 해도 지나치지 않다.[15]

이 논쟁은 도시의 권역적 기반, 주요 행위자들, 경제적 이데올로기, 지구적 통제 능력, 산업 및 고용구조, 이민에 대한 조절 등을 두루 고려하고 있기 때문에 여기서 새로운 양적 데이터와 그에 대한 질적 해석을 평가할 여유는 없다. 단, 사센과 프리드먼이 뉴욕과 런던 등 서양 혹은 영미의 '챔피언 사례들'에 불균형하게 치우쳐 있는 것은 사실이지만, 힐과 김준우는 동아시아 혹은 일본과 한국의 발전주의국가(developmentalist state) 모델에 준거한 '도전자 사례들'을 특권화한다는 인상을 주고 있다. 동아시아 도시들의 경우 힐과 김준우가 지적한 (국민)국가의 역할과 도시의 역사적 궤적에 주목할 필요를 수용하고 영미 모델을 이상화하지 않는 것은 필요하지만, 그렇다고 해서 영미 유형과 동아시아 유형의

---

15) 그들이 사센과 프리드먼을 "지구주의자"(globalists)로 칭하고, 그들의 이론이 "지구적 고도 금융에 대한 숨가쁜 찬가"(Hill and Kim, 2000: 2188)를 부른다고 말해, 두 진영 사이에 다소 감정이 담긴 설전이 전개된 일이 있다(Friedman, 2001; Sassen, 2001; Hill and Kim, 2001). 그 이후 타이페이를 연구한 왕치아황(Wang, 2003)과 싱가포르를 연구한 융과 올즈(Yeung and Olds, 2011)는 대체로 힐과 김준우의 이론적 틀을 따르고 있고, 상하이를 비롯한 중국의 도시를 연구한 오룸과 첸(Orum and Chen, 2003), 도쿄를 연구한 이와부치 고이치(Iwabuchi, 2008)는 힐과 김준우를 참고하지 않고 있지만 프리드먼과 사센을 무비판적으로 수용하지는 않는다. 서울을 연구한 신경호·마이클 팀버레이크(Shin and Timberlake, 2006)와 도쿄를 연구한 다마노 가즈히(Tamano, 2011)는 양자 사이에서 균형을 취하고 있다.

이항대립에 빠질 필요는 없을 것이다. 오히려 지구화에 의해 도시 간 상호접속성과 계서화가 동시에 발생하고 국가의 "지구화 게임"(Shin and Timberlake, 2006: 166~167)을 통해 도시 간 경쟁이 전개되는 전체적 과정에 대한 이해 속에서 특정한 사례에 대한 구체적 연구가 필요할 것이다. 이를 위해 향후 이론적 논거와 경험적 증거를 갖추는 작업이 필요한 것은 물론이다.

이에 대한 총체적이고 본격적인 연구가 이 글의 주제는 아니다. 나는 단지 한국의 세계 도시들에서 공간적 불평등이 어떻게 전개되는가에 초점을 두고 과국적 이주라는 각도를 통해 도시의 공간들이 어떻게 재편성되는지에 주목하기 위해 위의 이론들을 '도구적으로' 사용할 것이다. 이는 단지 사회경제적 변화를 기술하는 것을 넘어 (문화)정치의 장소를 탐색하기 위한 것이다. 분명한 것은 한국에서는 1990년대 이후에 비로소 지구화 혹은 '세계화'가 본격적으로 추진되었고, 1997년 말의 경제위기 이후 그 과정이 가속화되었다는 점이다. 따라서 지금의 시점에서 한국의 도시공간이 어떻게 재편성되고 있는가를 검토할 필요가 있다. '글로벌 도시인가, 아닌가'라고 경계를 긋기보다는 '글로벌 도시를 향한 욕망'이 어떻게 생산되고, 어떻게 실현(혹은 좌절)되고, 그래서 결국 어떠한 구조와 형태를 낳고 있는가를 살펴보는 것이 생산적일 것이다. 서울이 '세계 일류도시'를, 부산도 '세계 도시'를 공식적으로 천명했던 것은 그저 냉소적으로 평하고 넘어갈 일이 아니라 면밀하게 주목해야 할 현상이다. 다음 절에서 서울을 대상으로 그 역사적 궤적을 추적해 보자.

2) 서울의 재구조화: 오래되고 새로운 불평등의 병존

1970년대 이후 서울의 확장적 개발은 한국전쟁 이후 강북의 구도심으로 몰려든 내부이주자들(이른바 '이촌향도')이 밀집한 지역들을 벗어난 지역을 주택단지로 개발하는 패턴을 취했음을 알 수 있다. 서울특별시 행정구역 내부로 편입되었기 때문에 이제는 교외(suburb)라고 부르기는 어폐가 있지만 여의도와 강남(당시 이름은 '영동')의 개발이 상징적이다. 이후 1980년대 목동과 상계동이나 1990년대 서울 외부의 '신도시'는 강남 개발을 복제하는 것이었다.

그런데 주지하듯이 강남은 1990년대 이후 신흥 중간계급의 주거 공간 이상으로 발전했다. 특히 IMF 위기를 겪은 1990년대 말 이후 금융자본화와 자본자유화가 급물살을 타고, 그리고 정보통신부문의 발전에 드라이브가 걸리면서 강남·서초 일대와 여의도 금융가를 더하면 일종의 중앙비즈니스지구라고 해도 좋을 만큼 발전하면서 세계 도시의 면모를 갖추어 나아갔다. "대규모 비즈니스와 서비스 기업의 다수의 헤드쿼터가 그곳[강남 및 서초]에 집중되어 있다. 정보테크놀로지비즈니스의 30%는 강남구에 위치하고 있고 벤처자본기업의 절반 이상이 이 영역에 소재한다. 이 강남·서초로부터 징수하는 조세수입은 전국의 12%에 이른다"(Shin and Timberlake, 2006: 163)는 언급은 한국 내부의 공간적 불평등뿐만 아니라 서울 내부의 공간적 불평등을 설명하는 정보로 충분할 것이다. 조금 더 구체적 예를 든다면, 애플코리아(잠원동), 구글코리아(역삼동), HP(여의도) 등 다국적기업의 지사들이 이 일대에 입주해 있고, 국내 재벌기업들인 삼성(서초동), 현대자동차(양재동), LG(여의도), GS(역삼동)의 헤드쿼터가 오래전부터 이 일대에 있었거나 최근에 이전한 것은 자연스러운 일이다. 2000년대 이후 강북 도심(종로 일대)의 일부가 오히려 강남을 복제하는 스카이스크래퍼를 짓고 있지만 추월이나 추격은 거의 불가능해 보인다.

이상은 '강남과 강북(사실은 비강남)의 불균형'이라는가, '사회적 계급의 양극화'라고 불러 온 현실들의 사회공간적 각도에서 조망한 것이다. 그렇다면 과연 한국에서 사센이 말한 대로 주도적 서비스 부문과 불리한 서비스 부문이 공존하게 되었고, 후자는 이주자와 여성 등 소수자에 의한 저임금 육체노동에 의해 채워지고 있는가.[16] 이에 대한 답은 간단하게 내릴 수 없다. 우선 한국에서는 제조업 부문이 국민경제에서 차지하는 비중이 아직 크고, 그 결과 대규모 공장들이 서울 외부로 이전했다고 하더라도 수도권을 벗어나지 않는다. 또한 서울 내부에도 영등포, 동대문, 성동 등지에 준(準)비공식 부문으로 재래 소규모 제조업 시설들이 잔존하고 있다. 서울에 거주하는 대다수의 외국인(비동포) 이주노동자들은 이런 '제조업' 부문에서 일을 하고 있다. 예를 들어 미국계 금융회사 차티스(Chartis)에서 일하고 서래마을에 사는 프랑스인이 네팔인 경비에게 인사를 하고 카자흐스탄 요리사가 조리하는 레스토랑에 갈 확률은 많지 않다. 현시점에서는 서울 이태원이나 부산 초량동에서 미국인 병사가 러시아나 필리핀에서 온 여급과 술을 마시는 것이 사센이 말한 '새로운 불평등'에 가장 가까운 예일 것 같다. 도시의 역사적 궤적은 지구적 경제의 명령만큼이나 그 도시의 구조와 형식을 규정하는 것이다.

'불리한 부문', 즉, 저임금 서비스업에서 이주자의 비중이 크지 않은

---

16) 신명직은 가리봉을 분석한 글에서 사센을 원용하여 "분명한 것은, 서울의 구로 수출공단 일대, 성수·성남 지역, 부천·인천 지역, 안양·안산 지역의 상대적 고임금층이 되어 버린 중간층이 공장이전과 함께 사라진 곳에, 초저임금층의 이주노동자들이 광범위하게 등장하였고, 동시에 강남으로 대표되는 금융·보험·부동산·법률 서비스를 중심으로 하는 초고임금 전문직층이 등장했다는 사실이다"(신명직, 2011: 61~62)라고 말한다. 그렇지만 그의 글은 소설과 영화의 텍스트 분석이라서 저 '사실'에 대한 경험적 증거를 제시하는 데는 큰 관심이 없어 보인다.

또 한 가지 이유는 서울에서는 값싼 내국인 노동자를 구하기가 '글로벌 도시들'에 비해 상대적으로 쉽다는 점일 것이다. 뉴욕과 런던에 비해 도쿄와 홍콩이 조금 더 쉬울 것이고, 도쿄와 홍콩에 비해 서울과 타이페이가 더 쉬울 것이고, 서울과 타이페이보다는 베이징과 상하이가 더 쉬울 것이다. 이는 이 도시들의 지구화의 정도의 차이라기보다는 도시들이 처한 지리경제적 조건들의 차이에 기인한다. 그럼에도 불구하고 불가역적 경향이 관찰되는 것에 눈감을 수는 없다. 강남의 고급주택에서 가정부로 일하는 '조선족'의 이야기는 한 소설에서 이미 다루어질 정도고,[17] 강남의 일식집에서 일했다는 고려인을 만난 일도 있다. '불리한 부문'의 서비스업에서 돌아온 동포들이 일하고 있는 것은 더 이상 낯선 일이 아니다.

아마도 이들은 '동포'라는 이유 때문에 다른 외국인들에 비해 내국인들이 출입하는 장소들에 쉽게 취업되었을 것이다. 신체적 외양의 유사성과 더불어 언어문화적 근접성을 갖춘 조선족의 경우 다른 이주노동자에 비해 그 가능성이 클 것이다. 다국적기업에 근무하는 '코리안 아메리칸'이 살고 있는 럭셔리 아파트에 중국동포가 가사노동을 하기 위해 대림동에서 출퇴근하고 있지 않을까. 이번 연구에서 이런 사례를 발견하지는 못했다. 그렇지만 서울이 아닌 장소에서 비슷한 예를 찾은 일이 있다. 한국 대기업의 런던 지사에서 근무하는 지인이 사는 런던 교외의 집에 머물 때 그곳에서 가사노동을 돕던 사람은 조선족 아주머니였기 때문이다. '재영동포'의 집에 중국동포가 일을 하고 있었던 것이다.[18]

---

17) 주이란의 소설 「중국어 수업」(2008)은 베이징대학교를 나온 조선족 여성이 이런저런 사정으로 한류 스타의 집에서 가정부 겸 중국어 강사로 일하는 이야기를 다루고 있다.
18) 최근 들어 조선족의 일자리가 변화하는 현상이 관찰된다는 보도가 심심치 않게 나오고 있다. 재한조선족은 '남성의 경우 공사장 인부, 여성의 경우 식당종업원'이라는 전형적인 직

제도적 이유로 인해 비동포 이주자들이 자신들의 커뮤니티를 벗어나 내국인을 대상으로 서비스업을 수행하기 곤란한 현시점에서, 내국인과 동포 사이 그리고 동포와 동포 사이에서 '새로운 불평등'에 가까운 유형의 불평등이 발생하는 것을 관찰할 수 있다. 사센은 글로벌 도시가 초고소득 전문직과 불리한 노동자 모두에게 "경제적·정치적 작동을 위한 전략적 부지들"(Sassen, 2000: 90)이라고 말한 바 있다.[19] 그렇다면 중국 동포들이 줄기차게 요구해 왔던 '다른 동포들과의 동등한 대우'는 단순히 민족 동질성을 회복하는 추상적인 차원이 아니라 이런 글로벌 도시에서 발생하는 새로운 불평등과 연관된 정치적 요구로 인식할 필요가 있다. 이 불평등성에 대한 미래의 경합은 점점 더 문화적 동질성(민족)이 아니라 경제적 합리성(계급)에 기초하여 전개될 것이다.

　　그렇지만 서울이 뉴욕이나 런던과 비슷하게 발전할 것이라는 진화론적 발상으로부터 거리를 둘 필요가 있다면, 한국에서의 계급적 불평등은 몇 개의, 적어도 두 개의 불평등이 중첩되어 있다는 것을 인식할 수 있다. 하나는 중소기업 위주의 제조업 부문에서 엄존하는 저임금·장시간 노동에 의한 재래의 계급적 불평등이다. 이 부문이 단기간에 소멸하

업 정체성을 가졌지만, 최근에는 이발사·미용사, 편의점 종업원, 대리운전기사 등으로 일자리가 '진화'하고 있다(『조선일보』 2011년 9월 17일자). 또한 다소 과장되었지만 조선족 '부의 양극화'가 심화되어 서비스업에서 조선족을 구하기 힘든 '인력난'이 발생한다는 보도도 있다(『파이낸셜뉴스』 2011년 11월 9일자). 이것이 구조적인 변화인지 순환적인 변동인지는 불명확하다. 단지 이 보도들이 나온 시점을 고려하면, 방문취업제 만기에 따라 조선족을 대량고용하는 서비스업에서 인력수급의 불균형이 심각했다는 것을 보여 준다.

19) 사센은 포드주의하에서 전략적 스케일은 일국적(national)이었고 도시는 의미를 상실했다고 본다. 불리한 사람들 및 권력 없는 사람들의 정치적 작동을 위한 핵심 부지들로 부상한 곳은 포드주의 공장과 광산이었다는 것이다(Sassen, 2005: 90). 그런데 한국에서 포드주의든, 포스트포드주의든 공장은 여전히 정치적 작동의 핵심 부지들 가운데 하나다.

지는 않는다면 공장들과 건설현장들은 여전히 '전략적 부지들'이 될 것이다. 그렇지만 포드주의 시대와 다른 점이 있다면 대체로 내국인들 사이의 계급불평등이었던 이 관계에 인종과 민족이라는 요소가 개입되고 있다는 점이다. 이런 불평등의 부지들은 서울과 부산 등 광역 도시권(city-region) 내부에 자리 잡고 있다. 다른 하나는 방금 말했던 새롭게 형성되는 도시 내부의 불평등(intra-urban inequality)이다. 앞서 말했듯, 이 새로운 불평등은 현시점에서는 내국인과 동포 사이, 상이한 동포들 사이, 동포와 비동포 이주자 사이의 균열[20]로 나타나는 양상을 보이고 있다. 즉, 이주자에 대한 조절은 그들이 체류하는 나라에서의 미시적 격리 장치를 포함하는 것이다.

5. 결론: 시민권 없는 장소권

이제까지 특별하고 불평등한 동포들에 대해 그들이 거주하는 장소를 치환했을 때 어떠한 이름으로 호명되는가를 검토하고, 그 이름이 어떤 장소로 물리적으로 배치되고 상상적으로 연관되는가를 검토했다. '과국적

---

20) 두 유형의 불평등에 대한 투쟁들 사이의 모순들이 존재하지 않는 것은 아니다. '재외동포법'을 둘러싼 논란으로 돌아간다면, 처음에 이 법률이 조선족과 고려인을 배제한 것은 시민적·정치적 권리를 박탈하는 정도가 아니라 민족의 성원에 속할 권리를 박탈하는 것이었다. 이에 대한 조선족과 고려인의 투쟁은 동포들 사이의 평등이라는 원칙에 입각해서 자신들도 민족의 일원이 될 권리를 주장하는 것이었다. 이런 도전은 이후의 출입국정책 및 노동이주체제의 변화들에 불가역적 효과를 미쳤다. 2000년대를 거치면서 비동포 이주노동자들 및 결혼이주자들이 한국 사회의 순혈주의적 민족주의(ethnonationalism)에 도전하면서 '다문화주의'의 목소리를 내고 있을 때, 조선족과 고려인의 저항은 바로 이 순혈주의적 민족주의를 공고화하는 것이었다. 그 결과 도시에 대한 권리, 줄여서 도시권을 주장하는 각 집단의 방식은 크게 달라졌다. 의도하지 않았겠지만 방문취업제는 분할통치(divide and rule)에 성공한 것처럼 보인다. 그 성공이 영원할 수는 없겠지만.

이동성'이라는 거창한 범주가 무색하게 특정한 동포의 정체성이 특정한 장소와 연계되면서 하나의 도시공간이 어떻게 격리된 채 구조화되고, 그 격리된 영역들 사이에 상징적 경계가 만들어지고 있는지도 살펴보았다. 또한 동포들마다 상이한 양상을 취하지만 자신들의 출신국의 비동포 외국인들과 어떤 사회적 관계와 문화적 가맹을 맺는지(혹은 맺지 않는지)에 대해서도 시사를 주었다고 생각한다. 그리고 이런 장소들의 배치가 경제적 지구화에 의해, 국가의 법적 구조와 형식이 주어진 것이라고 주장했다.

한국에 체류하는 동포들에게 법률적-시민적 국적과 생물학적-혈연적 민족 사이에 괴리가 존재하고, 그 결과 한국이라는 공간에서 내부자도 외부자도 아닌 모호한 지위를 차지한다는 점은 여러 번 반복해서 강조되었다. 그러면 이 동포들은 자신들이 실제로 거주하는 도시 및 도시 내의 장소에 대해 어떤 감정을 갖는 것일까. 그 감정을 소속감이나 성원감이라고 말할 수 있을까. 이에 대해서는 '정주의식'이나 '정주지'라는 각도로 접근해 온 최근의 연구가 있다(김현선, 2010; 안미정, 2011). 그렇지만 이런 '의식'을 권리로 사고하는 것은 아직 낯선 것 같다. 그렇게 사고하기 위해서는 새로운 시각이 필요하다.

크리스티앙 요프케(Christian Joppke)는 근대 국가(국민)가 근본적으로 "영토적임과 동시에 민족적인 이중적 제도"(Joppke, 2006: 84)라고 주장하면서, 영토 단위로서 국가는 이민자를 포함한 그 영토의 주민에게 성원권을 부여하는 경향이 있는 반면, 민족 단위로서 국가는 외국에 있는 성원에게 시민권을 부여하는 경향이 있다고 본다. 요프케는 전자를 시민권의 탈민족화(de-ethnicization), 후자를 시민권의 재민족화(re-ethnicization)라고 칭하며, 전자와 후자가 각각 정치적 좌파와 정치적 우파의 견해라고 간주되었지만 현시대에 와서 동요하는 양상을 분석한다. 그리고 현재 발생하고 있는 양자 사이의 '노이즈'는 실제로는 지구화 시대의 포스트(국민)국가적 시민권의 출현에 따라 근대국가적 시민권 그 자체의 쇠퇴를 보여 준다고 평하고 있다. 경직된 국적(시민권) 제도를 가지고 있는 한국에서도 최근의 다문화 담론, 특히 결혼이주를 통한 '다문화가정'의 담론에서는 시민권의 탈민족화가 등장하고, 재외교포에 대한 담론, 특히 재외국민 투표권에 대한 담론은 시민권의 재민족화가 등장한다고 볼 수 있다.

아이러니는 우리가 다루고 있는 특별하고 불평등한 동포들은 이 둘 모두로부터 배제되고 있다는 점이다. 그들은 '동포'이기 때문에 탈민족화된 다문화 시민에 대한 혜택으로부터 배제되고, 또한 '외국인'이기 때문에 재민족화된 재외국민의 권리를 행사할 수 없는 것이다. 앞에서 내가 불평등성에 대한 미래의 경합이 점점 더 문화적인 (상상된) 동질성이 아니라 경제적인 현실적 합리성(계급)에 기초하여 전개될 것이라고 말한 것은 이런 맥락이다. 민족에 대한 '상상된' 동질성은 이제까지 조선족과 고려인을 비동포 외국인에 비해 바람직한 이주노동자로 주조해 냈다. 그렇지만 국민국가의 영토에 거주 혹은 체류할 권리를 논할 때 이 민족이라는 범주는 점점 더 통용되지 못할 것이다.

향후 어떻게 전개될지를 예측하기는 조심스럽다. 한 가지 분명한 것은 불리한 부문에서 일하는 집단들이 다른 어떤 집단으로 대체되든 이 행위자들이 그저 주변화된 무력화된 존재들은 아니라는 점이다. 이제까지의 논의는 이들이 지구화의 정치경제적 과정에 의해 지금 여기에서 현존을 획득했다는 것을 보여 준다. 그 점에서 그들은 도시에 대한 권리(도시권), 장소에 대한 권리(장소권)를 주장할 수 있는 현실적 근거들을 확보하고 있다. 한국에서 시민권에 대한 개념이 너무 경직되어 있었다면, 그리고 법률적 국적 이외의 시민권을 논의하기가 어색하더라도, '시민권이 아닌 성원권'(Brubaker, 1989)을 논의할 지리적·정치적 기초가 존재하는 것이다. 달리 말해 상상된 공동체로서 국가('네이션')에 대한 성원권을 넘어 물리적 커뮤니티가 실존하는 장소에 대한 성원권을 사유할 시간이 도래했다.

도시권의 세부적 내용과 구체적 실현방법에 대한 최근의 논쟁에도 불구하고, 그 권리가 "도시화 과정에 대해, 그리고 도시가 만들어지고 다시 만들어지는 방식에 대해 일정 종류의 파워를 형성하는 것"(Harvey, 2008: 2)이라는 원론적 정의에 반대할 사람은 많지 않을 것이다. 그 파워는 법적 국적을 보유한 사람이 아니라 도시의 한 장소에 발을 붙이고 살고 있는 주민들 모두를 망라한다. 한국의 행정안전부에서 발급하는 '외국인 등록증'을 가지고 있으면 그 주소에 적힌 커뮤니티(즉, '동네')의 주민에 포함된다. 즉, 조선족은 대림동을 지금 모습으로 만든 '주민'에 속하고, 고려인은 광희동을 지금 모습으로 만든 '주민'에 속한다. 나아가 '조선족은 대림동, 고려인은 광희동, 재일조선인은 이촌동'으로 고정된 장소에 계박시키는 시선과 실천에 대해서 내부적 이동성을 주장할 필요가 있다. 따라서 조선족과 고려인은 자신들이 거주하는 장소를 포함하는 도시공간이 다시 만들어지는 방식에 대해 파워를 행사할 권리가 있다. 그 방식이 어떤 방식이고, 행사할 파워가 어떤 파워인가를 정의하고 실천하는 것은 기본적으로 당사자들의 몫이지만, 이를 정치적으로 대표하는 것이 이들만의 몫은 아니다.

후기: 대면(interface)

원고를 마무리할 무렵 이 책의 주장과 논지에는 아무래도 '불리한' 사건이 하나 발생했다. 지난 2012년 4월 2일 발생한 '수원 여대생 토막살인사건'의 용의자가 조선족 남성으로 밝혀졌기 때문이다. 이에 대해 조선족을 포함한 '외국인 범죄'에 대한 반감이 한국 사회에 증가하고 있는 것으로 보인다.

이 책의 핵심 주장은 동포나 외국인을 '이방인'으로 간주하는 시선에 대해 비판하는 것이다. 하지만 어떤 이론적 주장도 범죄 행위, 그것도 지극히 잔혹하고 엽기적인 범죄 행위를 정당화할 수는 없고 그래서도 안 된다. 한국 사회에서 차별받아 온 사람의 자연스러운 반응으로 이해하는 것도 도덕적으로 올바르지 않다.

그렇지만, 어떤 경우든 특정한 개인의 행위를 그가 속한 혹은 속한다고 간주되는 집단 전체의 속성으로 간주하는 것은 정당하지 않다. 문제는 한국 사회, 나아가 세계 전체가 외국인혐오증, 인종주의, 차별 등이 증가하는 방향으로 변화하고 있다는 사실이다. 물론 어떤 끔찍한 사건을 사회구조의 문제로 환원시켜 버리는 것은 바람직하지 않다. 그렇지만 그 구조를 변화시키는 노력이 필요하다는 사실, 그 변화를 위해서는 그 문제와 '대면'해야 한다는 사실은 변하지 않는다. 이 책은 그런 대면의 하나의 시도다.

참고문헌

1장 _ 동포와 이주자 사이의 공간, 혹은 민족과 국가에 대한 상이한 성원권

■ 단행본 및 논문

권태환·박광성. 2007. 「세계화 시대 중국조선족 노동력의 국제이동과 사회변화」, 2007 전 기사회학대회 '한국 사회학 50년 정리와 전망'(2007.6) 발표문.

권혁태. 2007. 「'재일조선인'과 한국 사회─한국 사회는 재일조선인을 어떻게 '표상'해 왔는 가」, 『역사비평』 봄호.

권희영·한 발레리·반병률. 2001. 『우즈베키스탄 한인의 정체성 연구』, 한국학중앙연구원.

김 게르만. 2005. 『한인 이주의 역사』, 박영사.

김 발레랴. 2011. 「연해주 고려인들의 현황과 한민족 공동체」, 건국대학교 통일인문학 연구 단 주최 통일인문학 제7회 국제 학술 심포지엄 '민족공통성 연구 방법론의 모색'(2011.5. 20) 발표문.

김영옥. 2007. 「새로운 '시민들'의 등장과 다문화주의 논의」, 『아시아여성연구』 46(2).

김필영. 2004. 『소비에트 중앙아시아 고려인 문학사: 1937~1991』, 강남대학교출판부.

박광성. 2010. 「초국적인 인구 이동과 중국조선족의 글로벌 네트워크」, 『재외한인연구』 21.

양혜우. 2011. 「귀환이주활동가의 사회운동과 초국적 사회자본에 관한 연구─방글라데시 네팔 노동자를 중심으로」, 성공회대학교 일반대학원 석사학위논문.

윤인진. 2004. 『코리안 디아스포라』, 고려대학교출판부.

이광인. 1992. 「시베리아주 조선민족과 중국 동북에로의 재이주」, 『재외한인연구』 2.

이진영. 2002a. 「조선인에서 조선족으로─중국공산당의 연변(延邊) 지역 장악과 정체성 변 화(1945~1949)」, 『중소연구』 26(3).

_____. 2002b. 「한-중 외교관계와 재중 동포─재외동포법 헌법 불일치 결정을 중심으로」, 『국가전략』 8(4).

_____. 2010. 「한국의 재외동포정책」, IOM Working Paper Series 2010~2011.

이철우·이호택. 2009. 「'韓人'의 분류, 경계 획정 및 소속 판정의 정치와 행정」, 서울대학교 통일평화연구소 학술대회 '민족공동체의 현실과 전망─분단, 디아스포라, 정체성의 사 회사'(2009.9.4~9.5) 발표문.

정성호. 2008. 「코리안 디아스포라—공동체에서 네트워크로」, 『한국인구학』 31(3).

정진아. 2011. 「한국에서 재러고려인 연구 현황과 과제—연해주, 사할린을 중심으로」, 건국 대학교 통일인문학 연구단 주최 통일인문학 제7회 국제 학술 심포지엄 '민족공통성 연구 방법론의 모색'(2011. 5. 20) 발표문.

정현수. 2004. 「중국조선족의 한국전쟁 참전연구」, 『국민윤리연구』 57.

조경희. 2007. 「한국 사회의 재일조선인 인식」, 『황해문화』 겨울호.

Appadurai, Arjun. 1996. *Modernity at Large: Cultural Dimensions of Globalization*, Minesota: University of Minesota.

Brubaker, Rogers. 1989. "Membership without Citizenship: The Economic and Social Rights of Noncitizens", in Rogers Brubaker(ed.), *Immigration and the Politics of Citizenship in Europe and North America*, Lanham MD: German Marshall Fund of America and University Press of America.

Clifford, James. 1994. "Diasporas", *Cultural Anthropology* 9(3).

Comaroff, John L. and Jean Comaroff. 2009. *Ethnicity, Inc.*, Chicago and London: The University of Chicago Press.

De Vos, George A. 1995. "Ethnic Pluralism: Conflict and Accommodation", in Lola Romanuci-Ross and George A. De Vos(eds.), *Ethnic Identity: Creation, Conflict and Accommodation*, Walnut Creek, CA: AltaMira Press.

Donnelly, Jack. 1986. "International Human Rights: A Regime Analysis", *International Organization* 40(3).

Duany, Jorge. 2002. "Mobile Livelihoods: The Sociocultural Practices of Circular Migrants between Puerto Rico and the United States", *The International Migration Review* 36(2).

Georgiou, Myria. 2006. *Diaspora, Identity and the Media: Diasporic Transnationalism and Mediated Spacialities*, Cresskill, N. J.: Hampton Press.

Hassan, M. Sajjad. 2007. "Review of Multiculturalism in Asia edited by Will Kymlicka and Baogang He", *Nations and Nationalism* 13(4).

Ho, Elaine Lynn-Ee. 2008. "'Flexible Citizenship' or Familial Ties that Blind?: Singaporean Transmigrants in London", *International Migration* 46(4).

Jense, Sven. 2010. *Circular Migration: Development or Kleenex Class?* Masters Thesis Political Science, Amsterdam: University of Amsterdam.

Knight, W. Andy. 2002. "Conceptualizing Transnational Community Formation: Migrants, Sojourners and Diasporas in a Globalized Era", *Canadian Studies in Population* 29(1).

Kokot, Waltraud, Khachig Tölölyan and Carolin Alfonso. 2004. *Diaspora, Identity and Religion: New Directions in Theory and Research*, London: Routledge.

Kong, Lily. 1999. "Globalisation, Transmigration and the (Re)negotiation of Ethnic Identity", in Peter Dicken, Philip F. Kelly, Lily Kong, Kris Olds and Henry Wai-chung Yeung(eds.), *Globalization and the Asia-Pacific: Contested Territories*, London: Routledge.

Kymlicka, Will. 1995. *Multicultural Citizenship: A Liberal Theory of Minority Rights*, Oxford: Oxford University Press.

Kymlicka, Will and Baogang He. 2005. *Multiculturalism in Asia*, Oxford: Oxford University Press.

Lee, Chulwoo. 2003. "'Us' and 'Them' in Korean Law: the Creation, Accommodation and Exclusion of Outsiders in South Korea", in Arthus Rosett, Lucie Cheng and Margaret Y. K. Woo(eds.), *East Asian Law: Universal Norms and Local Cultures*, Curzon: Routledge.

Lee, Everett S. 1966. "A Theory of Migration", *Demography* 3(1).

Ley, David and Audrey Kobayash. 2005. "Back to Hong Kong: Return Migration or Transnational Sojourn?", *Global Networks* 5(2).

Meinhof, Ulrike Hanna and Anna Triandafyllidou. 2006. "Beyond the Diaspora: Transnational Practices as Transcultural Capital", in Ulrike Hanna Meinhof and Anna Triandafyllidou(eds.), *Transcultural Europe: Cultural Policy in a Changing Europe*, Basingstoke, UK; New York, USA: Palgrave Macmillan.

Ong, Aihwa. 1999. *Flexible Citizenship: The Cultural Logics of Transnationality*, Durham; London: Duke University Press.

_____. 2006. *Neoliberalism as Exception: Mutations in Citizenship and Sovereignty*, Durham: Duke University Press.

Park, Hyun Ok. 2005. "Repetition, Comparability, and Indeterminable Nation: Korean Migrants in the 1920s and 1990s", *Boundary 2: An International Journal of Literature and Culture* 32(2).

Park, Jung-Sun and Paul Y. Chang. 2005. "Contention in the Construction of a Global Korean Community: the Case of the Overseas Korean Act", *The Journal of Korean Studies* 10(1).

Parreñas, Rhacel S. and Lok C. D. Siu. 2007. "Asian Diasporas: New Conceptions, New Frameworks", in Rhacel S. Parreñas and Lok C. D. Siu(eds.), *Asian Diasporas: New Formations,* New Conceptions, Stanford: Stanford University Press.

Ravenstein, Ernest George. 1885. "The Laws of Migration", *Journal of the Statistical Society of London* 48(2).

Reynolds, Tracey. 2008. "Ties That Bind: Families, Social Capital and Caribbean Second-Generation Return Migration", Working Paper No.46(February 2008), Sussex Centre for Migration Research, University of Sussex.

Safran, William. 1991. "Diasporas in Modern Societies: Myths of Homeland and Return", *Diaspora* 1(1).

Sassen, Saskia. 1988. *The Mobility of Labor and Capital. A Study in International Investment and Labor Flow*, Cambridge: Cambridge University Press.

Saveliev, Igor R. 2002. "Chinese Migration in Space and Time", in Pál Nyíri and Igor Saveliev(eds.), *Globalizing Chinese Migration: Trends in Europe and Asia*, Aldershot: Ashgate.

_____. 2010. "Mobility Decision-Making and New Diasporic Spaces: Conceptualizing Korean Diasporas in the Post-Soviet Space", *Pacifica Affairs* 83(3).

Seol, Dong-Hoon and John D. Skrentny. 2009. "Ethnic Return Migration and Hierarchical Nationhood: Korean-Chinese Foreign Workers in South Korea", *Ethnicities* 9(2).

Shin, Gi-Wook. 2003. "The Paradox of Korean Globalization", Working Paper issued by Shorenstein APARC(January 2003), http://iis-db.stanford.edu/pubs/20125/Shin.pdf.

_____. 2006. *Ethnic Nationalism in Korea: Genealogy, Politics and Legacy*, Stanford: Stanford University Press.

Tölölyan, Khachig. 1991. "The Nation-State and Its Others: In Lieu of a Preface", *Diaspora* 1.

Triandafyllidou, Anna. 2008. "Sub-Saharan African Immigrant Activists in Europe. Transcultural Capital and Transcultural Community Building", *Ethnic and Racial Studies* 32(1).

Um, Hae-Kyung. 2005. "Community, Identity and Performing Arts: The Korean Diaspora in the Former Soviet Union and China", in Hae-Kyung Um(ed.), *Diasporas and Interculturalism in Asian Performing Arts: Translating Traditions*, London; New York: Routledge.

Willis, David Blake and Stephen Murphy-Shigematsu(eds.). 2008. *Transcultural Japan: At the Borderlands of Race, Gender and Identity*, London; New York: Routledge.

Ланьков, А. Н. 2002. "корейцы СНГ", http://okoree.narod.ru/d25.htm.

■ 영상물

「설 특집 캄차카 한의 노래—제1부 반세기만의 재회」, KBS, 2011. 2. 5.

「설 특집 캄차카 한의 노래—제2부 잃어버린 세월」, KBS, 2011. 2. 6.

2장 _ 조선족·고려인 초국적 역/이주와 포스트국민국가적 규제 국가장치

■ 단행본 및 논문

곽승지. 2010. 「조선족 중국동포의 인정투쟁(認定鬪爭)」, 이주동포정책연구소 엮음, 『미드
　리』 4.

구지영. 2011a. 「이동하는 사람들과 국가의 길항관계—중국조선족과 국적에 관한 고찰」,
　『동북아문화연구』 27.

_____. 2011b. 「지구화 시대 한국인의 중국 이주와 초국적 사회공간의 형성—칭다오(靑
　島)의 사례를 통해」, 『한국민족문화』 40.

권태환. 2005. 『중국조선족 사회의 변화—1990년 이후를 중심으로』, 서울대학교출판부.

김명재 외. 2005. 『재외한인의 법적 지위와 기본권 현황』, 집문당.

김영로. 2011. 「중국동포(Chinese-Korean) 집단적 거주지에 나타난 지역사회에 대한 중국
　동포의 인식변화에 관한 연구」, 『한국 사회복지학』 63(3).

김재국. 1998. 『한국은 없다』, 흑룡강조선민족출판사.

김현미. 2009. 「방문취업 재중 동포의 일 경험과 생활세계」, 『한국문화인류학』 42(2).

김현선. 2010. 「한국체류 조선족의 밀집거주 지역과 정주의식—서울시 구로·영등포구를 중
　심으로」, 『사회와역사』 87.

박광성. 2006. 「세계화 시대 중국조선족의 노동력이동과 사회변화」, 서울대학교 대학원 박
　사학위논문.

박우. 2011. 「한국 체류 조선족 '단체'의 변화와 인정투쟁에 관한 연구」, 『경제와사회』 91.

설용수. 2004. 『재중동포 조선족 이야기』, 미래문화사.

안구환. 2007. 「국적법상 국적의 선천적 취득의 요건—호적실무를 중심으로」, 『법조』 56(2).

양은경. 2010. 「민족의 역이주와 위계적 민족성의 담론 구성—『조선일보』의 조선족 담론 분
　석」, 『한국방송학보』 24(5).

이병훈. 2007. 「한국의 재외동포정책—현상과 과제」, 『고려법학』 48.

이종철. 2008. 「재외동포정책 비교연구—각국 사례를 중심으로」, 『건국 60주년 기념 공동학
　술회의 자료집』.

이진영·이혜경·김현미. 2008. 『방문취업제에 대한 실태조사 및 동포 만족도 조사』 연구보
　고서, 법무부 출입국외국인정책본부.

임선일. 2010.「에스니시티(ethnicity) 변형을 통한 한국 사회 이주노동자의 문화변용 연구—한국계와 비한국계 이주노동자의 사례 비교」, 성공회대학교 대학원 박사학위논문.

임채완 외. 2005.『재외한인 집거지역 사회 경제』, 집문당.

전득주. 1999.「한국의 재외동포정책—김영삼 정부를 중심으로」,『한국민주시민교육학회보』4.

정근식. 2004.「이중국적—어떻게 보아야 하나」, 정인섭 엮음,『이중국적』, 사람생각.

정인섭. 2002.『재외동포법』, 사람생각.

_____. 2004.「이중국적에 관한 한국의 법과 정책」,『이중국적』, 사람생각.

황혜성. 2011.「왜 호모 미그란스(Homo Migrans)인가?」,『국경을 넘어서 이주와 이산의 역사』, 제54회 전국역사학대회 자료집.

Chen, Xiangming. 2005. *As Borders Bend: Transnational Spaces on the Pacific Rim*, Lanham, MD: Rowman & Littlefield Publishers.

Liang, Zai. 2001. "The Age of Migration of China", *Population and Development Review* 27(3).

Sassen, Saskia. 2006. *Territory, Authority, Rights: From Medieval to Global Assemblages*, Princeton, N. J.: Princeton University Press.

■ 기사 및 인터넷 자료

「국내 체류 관리 강화」,『매일경제』1992년 5월 27일자.

「미수교 국가 국민 30일 미만 체류 때 입국허가 재외공관장에 위임 법무부 절차 간소화」,『한겨레』1989년 2월 2일자.

「법무부 재외동포 기술교육연수제, 누구를 위한 것인가」,『세계한인신문』2010년 12월 30일자, http://www.oktimes.co.kr/news/articleView.html?idxno=1805.

「외국인 범죄 급증 불법체류 6만 명 추산」,『한겨레』1992년 5월 21일자.

「외국인 불법체류 급증 한달에 5~6천 명씩 늘어」,『매일경제』1992년 5월 21일자.

「재중국교포 초청 간소화」,『동아일보』1988년 10월 6일자.

「中(중)교포 밀항 "한국가면 큰돈번다" 집단入國(입국)」,『동아일보』1994년 7월 24일자.

「중국교포 모국방문 개방」,『경향신문』1988년 10월 6일자.

「중국교포 초청 허가심사 강화」,『경향신문』1990년 12월 11일자.

법무부 홈페이지(http://www.moj.go.kr/)

세계은행 홈페이지(http://data.worldbank.org/)

외교통상부 홈페이지(http://www.mofat.go.kr/)

외국인을 위한 전자정부 하이코리아(http://www.hikorea.go.kr/)

조글로(http://www.zoglo.net/)

3장 _ 한국 내 조선족동포 커뮤니티의 구성과 교류

■ 단행본 및 논문

구지영. 2011. 「이동하는 사람들과 국가의 길항관계―중국조선족과 국적에 관한 고찰」, 『동 북아문화연구』 27.

_____. 2011. 「지구화 시대 한국인의 중국 이주와 초국적 사회공간의 형성―칭다오(청도) 의 사례를 통해」, 『한국민족문화』 40.

국제고려학회아세아분회. 1999. 『중국조선족 공동체연구』, 연변교육출판사.

권태환. 2005. 『중국조선족 사회의 변화―1990년 이후를 중심으로』, 서울대학교출판부.

권태환·박광성. 2004. 「중국조선족 대이동과 공동체의 변화―현지조사 자료를 중심으로」, 『한국인구학』 27(2).

김경준. 1998. 「지역사회주민의 공동체 의식에 관한 연구」, 서울대학교 대학원 박사학위논 문.

김두섭. 2003. 「연변 조선족사회의 최근 변화―사회인구학적 접근」, 『한국인구학』 26(2).

김영경. 2008. 「한국 내 조선족 청년들의 사회문화 적응력 향상을 위한 요구분석」, 『한국기 독교상담학회지』 15.

김현미. 2008. 「중국조선족의 영국 이주 경험: 한인 타운 거주자의 사례를 중심으로」, 『한국 문화인류학』 41(2).

_____. 2009. 「방문취업 재중동포의 일경험과 생활세계」, 『한국문화인류학』 42(2).

문민. 2010. 「재한중국동포단체 현황과 과제」, MIDRI REPORT 4.

문형진. 2008. 「한국내 조선족 노동자들의 갈등사례에 관한 연구」, 『국제지역연구』 12(1).

박경환. 2006. 「디아스포라라는 거울, 민족이라는 담론, 그리고 초국적주의의 부상」, 『문화 역사지리』 18(3).

박광성. 2003. 「한국의 조선족노동자들의 유입과 정착, 적응에 관한 연구」, 서울대학교 사회 학과 석사학위논문.

_____. 2006. 「세계화 시대 중국조선족의 노동력 이동과 사회변화」, 서울대학교 사회학과 박사학위논문.

_____. 2010. 「초국적인 인구 이동과 중국조선족의 글로벌 네트워크」, 『재외한인연구』 21.

박배균. 2009. 「초국가적 이주와 정착을 바라보는 공간적 관점에 대한 연구―장소, 영역, 네 트워크, 스케일의 4가지 공간적 차원을 중심으로」, 『한국지역지리학회지』 15(5).

박소진. 2007. 「공간적 위계수사와 구별짓기―강북 어머니들의 자녀교육 내러티브」, 『한국 문화인류학』 40(1).

박우. 2011. 「한국체류 조선족 '단체'의 변화와 인정투쟁에 관한 연구」, 『경제와사회』 91.

박지환. 2005. 「분당 신도시의 사회적 생산과 구성―계급-공간의 사회문화적 형성에 관한 연구」, 『한국문화인류학』 38(1).

설동훈. 1999. 「외국인 노동자와 한국 사회의 상호작용」, 『노동문제논집』 13.

_____. 2001. 「외국인 노동자, 현대판 노예인가 외국인 용병인가」, 『당대비평』 6(1).

_____. 2002. 「국내 재중동포 노동자―재외동포인가, 외국인인가?」, 『동향과전망』 52.

예동근. 2010. 「글로벌 시대 중국의 체제전환과 도시종족공동체 재형성―북경 왕징 코리아 타운의 조선족 공동체 사례연구」, 『한국민족연구논집』 43.

요시하라 나오키. 2010. 『모빌리티와 장소―글로벌화와 도시공간의 전환』, 이상봉·신나경 옮김, 심산.

유명기. 2002. 「민족과 국민 사이에서―한국 체류 조선족들의 정체성 인식에 관하여」, 『한국문화인류학』 35(1).

유병호. 2000. 「중국 연변의 조선족―사회의 구조와 변화」, 『재외한인연구』 9.

윤영도. 2011. 「메트로폴리스의 구역화―규제장치로서의 범죄」, 성공회대학교 워크숍 발표문.

윤인진. 2004. 『코리안 디아스포라』, 고려대학교출판부.

이미애. 2008. 「가리봉동 중국거리에서의 조선족 여성의 위치성에 대한 문화·지리적 연구」, 중앙대학교 문화연구학과 석사학위논문.

이민주. 2008. 「재중동포의 상업 활동과 정체성 형성―가리봉동 현장 연구를 중심으로」, 연세대학교 문화학 협동과정 석사학위논문.

이승렬·최강식. 2007. 「자영업 부문에 관한 한·일 비교연구」, 『노동정책연구』 7(4).

이승률. 2007. 『동북아 시대와 조선족』, 박영사.

이정은. 2010. 「국가와 종족의 상호작용을 통해 본 조선족의 종족정체성―대련시 조선족 학교의 사례를 중심으로」, 『비교문화연구』 16(2).

_____. 2012. 「'외국인'과 '동포' 사이의 성원권―재한조선족 사회의 지위분화에 따른 성원권 획득 전략」, 『경제와사회』 96.

이주영. 2004. 「한국내 조선족 여성이주자의 가사노동경험」, 연세대학교 사회학과 석사학위논문.

이진영. 1999. 「중국소수민족 정책의 이론적 기초에 관하여」, 『아태연구』 6(2).

이진영·박우. 2009. 「재한중국조선족 노동자집단의 형성과정에 관한 연구」, 『한국동북아논총』 14(2).

이진영·이철우·이근관. 2005. 「재중동포의 중국 국적취득―그 시점과 자발성을 중심으로」, 법무부 연구용역 과제보고서.

이철우. 2008. 「주권의 탈영토화와 재영토화―이중국적의 논리」, 『한국사회학』 42(1).

이춘복. 2010. 『파란과 곡절 그리고 희망―중국조선족 출신 결혼이민자의 일대기』, 경진.

이현정. 2001. 「조선족의 종족 정체성 형성과정에 관한 연구」, 『비교문화연구』 7(2).

임계순. 2003. 『우리에게 다가온 조선족은 누구인가』, 현암사.

임선일. 2010. 「에스니시티 변형을 통한 한국 사회 이주노동자의 문화변용 연구—한국계와 비한국계 이주노동자의 사례 비교」, 성공회대학교 사회학과 박사학위논문.

임성숙. 2004. 「한국내 조선족 노동자의 민족정체성 형성과정」, 한양대학교 문화인류학과 석사학위논문.

전형권. 2008. 「국제이주에 대한 이론적 재검토—디아스포라 현상의 통합모형 접근」, 『한국 동북아논총』 13(4).

정기선 엮음. 2011. 『한국 이민정책의 이해』, 백산서당.

프레이저, 낸시. 2010. 『지구화 시대의 정의—정치적 공간에 대한 새로운 상상』, 김원식 옮김, 그린비.

하버마스, 위르겐. 2004. 『공론장의 구조변동』, 한승완 옮김, 나남.

홍세영·김금자. 2010. 「조선족 간병인의 문화적응 경험에 관한 연구—노인 간병서비스를 제공하는 조선족 여성을 중심으로」, 『한국노년학』 30(4).

Castles, Stephen and Alastair Davidson. 2000. *Citizenship and Migration: Globalization and the Politics of Belonging*, London: Palgrave.

Fitzgerald, David. 2002. "Rethinking the 'Local' and 'Transnational': Cross-Border Politics and Hometown Networks in an Immigrant Union", Working Paper 58(August 2002), The Center for Comparative Immigration Studies.

Sassen, Saskia. 1998. *The Mobility of Labor and Capital: A Study in International Investment and Labor Flow*, Cambridge: Cambridge University Press.

Taylor, Charles(ed.). 1994. *Multiculturalism: Examining the Politics of Recognition*, Princeton: Princeton University Press.

4장 _ 포스트소비에트 공간에서 재한고려인들의 월경 이동과 과문화적 실천들

■ 단행본 및 논문

고가영. 2005. 「모스크바 고려인—조선족 사회와 현지 한국인 사회의 협력과 갈등」, 임영상·황영삼 외, 『고려인 사회의 변화와 한민족』, 한국외국어대학교출판부.

구지영. 2011. 「지구화 시대 한국인의 중국 이주와 초국적 사회공간의 형성—칭다오(靑島)의 사례를 통해」, 『한국민족문화』 40.

권태환·박광성. 2007. 「세계화 시대 중국조선족 노동력의 국제이동과 사회변화」, 2007 전기사회학대회 '한국사회학 50년 정리와 전망' 발표문.

권희영·한 발레리·반병률. 2001. 『우즈베키스탄 한인의 정체성 연구』, 한국학중앙연구원.

기광서. 2001. 「구소련 한인의 민족정체성 상실과 회복—역사와 현재」, 『재외한인연구』 10.

김 게르만. 2010. 「구소련 붕괴 이후 중앙아시아 고려인의 사회-경제 그리고 민족문화의 발전과정」, 성동기 옮김, 『민족연구』 43.

김 나탈리아. 2004. 「연해주 지역의 고려인 디아스포라 사회 특성에 관한 연구—독일인 디아스포라와의 비교적 관점에서」, 서울대학교 국제대학원 국제학과 한국학전공 석사학위논문.

김덕중. 2009. 「연해주 농업에서의 한·러·중 협력 방안—이광규 저 『우리에게 연해주란 무엇인가』를 중심으로」, 『한국시베리아연구』 13(1).

김동원. 2010. 「한국교회의 러시아 선교에 있어서의 고려인 디아스포라의 역할 모색」, 총신대학교 신학대학원 신학과 선교신학전공 석사학위논문.

김 발레랴. 2011. 「연해주 고려인들의 현황과 한민족 공동체」, 건국대학교 통일인문학 연구단 주최 통일인문학 제7회 국제학술 심포지엄 '민족공통성 연구 방법론의 모색'(2011. 5. 20) 발표문.

김 빅토리아. 2004. 「카자흐스탄 고려인의 정체성 연구—고려인 3, 4세를 중심으로」, 한국외국어대학교 국제지역대학원 한국학과 석사학위논문.

김필영. 2004. 『소비에트 중앙아시아 고려인 문학사(1937~1991)』, 강남대학교출판부.

나형욱. 2010. 「사할린 영주귀국 동포 정착 실태에 관한 연구」, 2009년 재외한인학회 세계한상문화연구단 공동학술대회 '재외동포와 다문화'(2009. 12. 23) 발표문.

박광성. 2010. 「초국적인 인구 이동과 중국조선족의 글로벌 네트워크」, 『재외한인연구』 21.

박우. 2011. 「한국 체류 조선족 '단체'의 변화와 인정투쟁에 대한 연구」, 『경제와사회』 91.

서정렬. 2004. 「우즈베키스탄 고려인들을 위한 선교전략 연구」, 총신대학교 선교대학원 선교학과 국제사역 전공 석사학위논문.

성동기. 2001. 「우즈벡 다민족정책과 민족주의—현재의 시대적 상황에 따른 고려인의 위상 재조정」, 『재외한인연구』 11.

_____. 2011. 「고려인 연구사 정리와 향후 과제에 대한 고찰」, 윤인진 외 엮음, 『재외한인 연구 동향과 과제』, 북코리아.

심헌용. 2007. 「고려인의 신이주와 NGO의 역할—연해주와 볼고그라드」, 『한국시베리아연구』 11.

이광규. 2008. 『우리에게 연해주란 무엇인가—북방정책의 나아갈 길』, 북코리아.

이진영. 2010. 「한국의 재외동포정책」, IOM Working Paper Series 2010~2011.

임영상 외. 2007. 『독립국가연합의 한민족청소년 현황 및 생활실태 연구』, 한국청소년연구원.

임영상·황영삼 외. 2005. 『고려인 사회의 변화와 한민족』, 한국외국어대학교출판부.

임 율리아. 2007. 「우즈베키스탄 민족정책과 고려인 민족정체성에 관한 연구—고려인 설문조사 분석을 중심으로」, 전남대학교 대학원 정치학과 석사학위논문.

재외동포재단. 2010. 『재외동포에 대한 내국민 인식조사』, 재외동포재단.

전신욱. 2007. 「중앙아시아 고려인의 재이주 요인과 정착현황—연해주 지역을 중심으로」, 『한국정책과학학회보』 11(3).

정진아. 2011. 「한국에서 재러고려인 연구 현황과 과제—연해주, 사할린을 중심으로」, 건국대학교 통일인문학 연구단 주최 통일인문학 제7회 국제 학술 심포지엄 '민족공통성 연구 방법론의 모색'(2011. 5. 20) 발표문.

최이윤. 2005. 「중앙아시아 고려인의 재이주와 민족NGO의 활동」, 이화여자대학교 지역연구협동과정 석사학위논문.

Amnesty International. 2009. *Disposable Labour: Rights of Migrant Workers in South Korea*, London: Amnesty International Publications.

Bhabha, Homi. 1994. *The Location of Culture*, London: Routledge.

Brubaker, William Rogers. 1989. "Membership without Citizenship: The Economic and Social Rights of Noncitizens", in William Rogers Brubaker(ed.), *Immigration and the Politics of Citizenship in Europe and North America*, Lanham MD: German Marshall Fund of America and University Press of America.

De Vos, George A. 1995. "Ethnic Pluralism: Conflict and Accommodation", in Lola Romanuci-Ross and George A. De Vos(eds.), *Ethnic Identity: Creation, Conflict and Accommodation*, Walnut Creek, CA: AltaMira Press.

Duany, Jorge. 2002. "Mobile Livelihoods: The Sociocultural Practices of Circular Migrant between Puerto Rico and the United States", *The International Migration Review* 36(2).

Georgiou, Myria. 2006. *Diaspora, Identity and the Media: Diasporic Transnationalism and Mediated Spatialities*, Cresskill, N.J.: Hampton Press.

Ho, Elaine Lynn-Ee. 2008. "'Flexible Citizenship' or Familial Ties that Bind?: Singaporean Transmigrants in London", *International Migration* 46(4).

Huang, Shirlena, Brenda S. A. Yeoh and Theodora Lam. 2008. "Asian Transnational Families in Transition: The Liminality of Simultaneity", *International Migration* 46(4).

Ilkhamov, Alisher. 2006. "Geographic Mobility of Uzbeks: The Emergence of Cross-national Communities vs. Nation-State Control", Paper Presented at NBR Conference on Generational Change and Leadership Succession in Uzbekistan, June 2006.

Jense, Sven. 2010. *Circular Migration: Development or Kleenex Class?* Masters Thesis Political Science, Amsterdam: University of Amsterdam.

Knight, W. Andy. 2002. "Conceptualizing Transnational Community Formation:

Migrants, Sojourners and Diasporas in a Globalized Era", *Canadian Studies in Population* 29(1).

Kokot, Waltraud, Khachig Tölölyan and Carolin Alfonso(eds.). 2004. *Diaspora, Identity and Religion: New Directions in Theory and Research*, London: Routledge.

Meinhof, Ulrike Hanna and Anna Triandafyllidou(eds.). 2006. *Transcultural Europe: Cultural Policy in a Changing Europe*, Basingstoke; New York: Palgrave Macmillan.

Saveliev, Igor. 2000. "Mobility Decision-Making and New Diasporic Spaces: Conceptualizing Korean Diasporas in the Post-Soviet Space", *Pacific Affairs* 83(3).

Triandafyllidou, Anna. 2009. "Sub-Saharan African Immigrant Activists in Europe. Transcultural Capital and Transcultural Community Building", *Ethnic and Racial Studies* 32(1).

Tsuda, Takeyuki. 2007. "When Minorities Migrate: The Racialization of the Japanese Brazilians in Brazil and Japan", in Rhacel S. Parreñ as and Lok C. D. Siu(eds.), *Asian Diasporas: New Formations, New Conceptions*, Stanford: Stanford University Press.

Um, Hae-kyung. 2005. "Community, Identity and Performing Arts: The Korean Diaspora in the Former Soviet Union and China", in Hae-Kyung Um(ed.), *Diasporas and Interculturalism in Asian Performing Arts: Translating Traditions*, London and New York: Routeledge.

■ 기사 및 인터넷 자료

「사할린동포 영주귀국 설명회—2010년까지 영주귀국자 3,565명 국내에 정착」, 『동포뉴스』 2010년 6월 28일자, http://www.dongponews.net/news/articleView.html?idxno= 16435.

「사할린서 영주귀국 하자니 '부부 생이별'」, 『한겨레』 2008년 6월 15일자.

「우즈베키스탄, NGO 30여 개 단체 정식 재판 회부」, 『미션투데이』 2006년 2월 23일자, http://www.missiontoday.co.kr/colum/columnRead.php?num=177&code=p028.

「우즈벡 고려인 1천 명 들어온다」, 『파이낸셜뉴스』 2005년 5월 30일자.

「우즈벡 선교, 9.11 이후 최대 위기 맞아—우즈벡 현지인 신학교와 NGO 사역 지원 확대 돼야」, 『크리스천투데이』 2005년 7월 25일자, http://au.christiantoday.co.kr/view. htm?id=12005.

「2007년도 방문취업제 무연고동포 공개 추첨 선발자 명단」, 법무부, http://www.moj. go.kr/20071030_imm.html.

「인니, 산업연수생 7,000명 최다—통산부 하반기 도입인원 확정」, 『경향신문』 1995년 5월 30일자.

「재소동포 모국방문 추진―한적 내년부터 연(延) 50만 규모」, 『경향신문』 1985년 11월 19
일자.

"Scattered Koreans Turn Homeward", *Joongang Daily*, Sept 14, 2005, http://article.
joinsmsn.com/news/article/article.asp?ctg=12&Total_ID=1680735.

"The New Immigration Control Measures: Who Stands to Benefit?", *Ferghana News*,
Feb 7, 2007, http://enews.fergananews.com/article.php?id=2019.

"Uzbeks Prey to Modern Slave Trade: As Poverty and Unemployment Drive an
Increasing Number of Workers Abroad, Many Become Victims of Traffickers Who
Sell Them into Virtual Slavery", *IWPR News*, Feb 15, 2010, http://iwpr.net/report-
news/uzbeks-prey-modern-slave-trade.

■ 영상물

「고려인 강제이주 70년 특별기획 '귀향'―1부 끝나지 않은 유랑」, MBC, 2007. 10. 19.

「고려인 강제이주 70년 특별기획 '귀향'―2부 다시 조상의 땅에서」, MBC, 2007. 10. 26.

「다큐멘터리 3일: 나의 조국, 나의 고향, 사할린 아파트 3일」, KBS, 2010. 8. 15.

「다큐멘터리 3일: 마음의 거리 600km―연해주 고려인 마을 72시간」, KBS, 2009. 8. 22.

「설 특집 캄차카 한의 노래―제1부 반세기만의 재회」, KBS, 2011. 2. 5.

「설 특집 캄차카 한의 노래―제2부 잃어버린 세월」, KBS, 2011. 2. 6.

「세계테마기행: 대륙의 오아시스, 우즈베키스탄」(4부작), EBS, 2008. 12. 22~12. 25.

「추적 60분: 우크라이나 무국적 고려인 실태보고―우리는 유령처럼 살고 있다」, KBS, 2007.
8. 15.

5장 _ 이동하는 '귀환자'들: '탈냉전'기 재일조선인의 한국 이동과 경계의 재구성

■ 단행본 및 논문

국가안전기획부. 1998. 『21세기 국가발전과 해외 한민족의 역할』, 국가안전기획부.

권숙인. 2008. 「디아스포라 재일한인의 '귀환'―한국사회에서의 경험과 정체성」, 『국제지역
연구』 17(4).

권준희. 2002. 「재일조선인 3세의 '민족' 정체성에 관한 연구―조선학교 출신 '조선적'을 중
심으로」, 연세대학교 대학원 석사학위논문.

권혁태. 2007. 「'재일조선인'과 한국 사회―한국 사회는 재일조선인을 어떻게 '표상'해 왔는
가」, 『역사비평』 봄호.

김귀옥. 2010. 「분단과 전쟁의 디아스포라―재일조선인 문제를 중심으로」, 『역사비평』 여

름호.

김영환. 2002. 「한일시민연대를 통해 본 한국의 민족주의 연구―한일공동워크샵의 사례를 중심으로」, 서강대학교 대학원 석사학위논문.

김예림. 2009. 「이동하는 국적, 월경하는 주체, 경계적 문화자본―한국내 재일조선인 3세의 정체성 정치와 문화실천」, 『상허학보』 25.

김태기. 2000. 「한국정부와 민단의 협력과 갈등 관계」, 『아시아태평양지역연구』 3(1).

김현선. 2008. 「국적과 재일코리안의 정체성―두 개의 모국, 세 개의 국적, 그 분열과 경계의 삶」, 한국사회학회 2008 후기 사회학대회 발표문.

박원순. 1997. 『국가보안법연구』 2, 역사비평사.

법무부. 1999. 『재외동포의 출입국과 법적지위에 관한 법률 해설』, 법무부.

서경식. 2011. 『언어의 감옥에서』, 권혁태 옮김, 돌베개.

아파두라이, 아르준. 2004. 『고삐 풀린 현대성』, 차원현 옮김, 현실문화연구.

윤인진. 2004. 『코리안 디아스포라―재외한인의 이주, 적응, 정체성』, 고려대학교출판부.

윤인진 외. 2010. 『한국인의 이주노동자와 다문화사회에 대한 인식』, 이담북스.

이광규. 1998. 「포커스―IMF시대에 생각하는 재외동포정책」, 『통일한국』 170.

_____. 1999. 「해외교포와 한민족공동체」, 『총서 1 민족통합과 민족통일』, 한림대학교 민족통합연구소.

재일본대한민국민단. 1997. 『민단 50년사』.

조경희. 2007. 「한국 사회의 재일조선인 인식」, 『황해문화』 겨울호.

한영구 외 편저. 2003. 「외국인 등록상의 국적란의 '한국' 또는 '조선'의 기재에 관하여」, 『현대 한일관계 자료집 1: 1965~1979』, 오름.

金友子. 2009. 「民族と國民のあいだ―韓國における在外同胞政策」, 赤尾光春·早尾貴紀 編著, 『ディアスポラから世界を讀む』, 臼杵陽 監修, 明石書店.

金泰植. 2011. 「分斷される在日朝鮮人」, 『インパクション』 180, インパクト出版会.

野口道彦·戴エイカ·島和博. 2009. 『批判的ディアスポラ論とマイノリティ』, 明石書店.

リャン, ソニア. 2005. 『コリアン·ディアスポラ―在日朝鮮人とアイデンティティ』, 中西恭子 譯, 明石書店.

赤尾光春. 2009. 「追放から離散へ―現ユダヤ教における反シオニズムの系譜」, 赤尾光春·早尾貴紀 編著, 『ディアスポラから世界を讀む』, 臼杵陽 監修, 明石書店.

宋連玉. 2007. 「在日朝鮮人にとっての'韓流'」, 徐勝 外 編, 『'韓流'のうち外―韓國文化力と東アジアの融合反応』, 御茶の水書房.

杉田敦. 2005. 『境界線の政治學』, 岩波書店.

連合國最高司令官総司令部 編纂. 1996. 『GHQ日本占領史16―外國人の取り扱い』, 竹前榮治·松本邦彦 譯, 中村隆英 監修, 日本圖書センター.

押川文子 外. 2004. 「座談會パスポートをめぐる力學―國籍, 市民權, 移動」, 『地域研究』 6(2).

イ・ヒャンジン. 2008. 『韓流の社會學―ファンダム, 家族, 異文化交流』, 清水由希子 譯, 岩波書店.

趙慶喜. 2012. 「在韓在日朝鮮人の現在: 曖昧な〈同胞〉の承認に向けて」, 『インパクション』, 185.

岩渕功一. 2004. 「韓流が'在日韓國人'と出ったとき」, 毛利嘉孝 編, 『日式韓流』, せりか書房.

クリフォード, ジェイムス. 2002. 「ディアスポラ」, 『ルーツ―20世紀後期の旅と翻譯』, 毛利嘉孝 外譯, 月曜社.

トーピー, ジョン. C. 2008. 『パスポートの發明・監視・シティズンシップ・國家』, 藤川隆男 監譯, 法政大學出版局.

韓東賢. 2006. 「韓國ドラマ「モレシゲ(砂時計)」と朝鮮學校出身者―三八六世代との同型性をめぐって」, 『現代思想』 34(4).

韓榮惠. 2011. 「在韓在日朝鮮人―本國との新しい關係: "朝鮮"から"韓國"に"國籍変更"した在日3世を中心に」, 『移民政策研究』 3.

Appadurai, Arjun. 1996. *Modernity at Large: Cultural Dimensions of Globalization*, Minneapolis: University of Minnesota Press.

Bauman, Zygmunt. 1998. *Globalization: The Human Consequences*, Cambridge: Polity Press.

Brubaker, Rogers. 2005. "The 'Diaspora' Diaspora", *Ethnic and Racial Studies* 28(1).

Clifford, James. 1997. "Diaspora", *Routes, Travel and Translation in the Late Twentieth Century*, Cambridge, MA: Harvard University Press.

Hall, Stuart. 1990. "Cultural Identity and Diaspora", in Jonathan Rutheford(ed.), *Identity: Community, Culture, Difference*, London: Lawrence & Wishart.

Meinhof, U. H. and Anna Triandafyllidou. 2006. "Beyond the Diaspora: Transnational Practices as Transcultural Capital", in Meinhof, U. H. and Anna Triandafyllidou(eds.), *Transcultural Europe: An Introduction to Cultural Policy in a Changing Europe*, Basingstoke, UK; New York, USA: Palgrave Macmillan.

Noiriel, Gérard. 1996. *The French Melting Pot: Immigration, Citizenship, and National Identity*, Geoffroy de Laforcade(trans.), Minneapolis: University of Minnesota Press.

Ryang, Sonia. 2002. "Diaspora and Beyond: There is No Home for Koreans in Japan", *Review of Korean Studies* 4(2).

Safran, William. 1991. "Diasporas in Modern Societies: Myths of Homeland and

Return", *Diaspora* 1(1).

Sheffer, Gabriel. 2003. *Diaspora Politics at Home Abroad*, New York: Cambridge University Press.

Torpey, John. 2000. *The Invention of Passport: Surveillance, Citizenship, and the State*, Cambridge: Cambridge University Press.

6장 _ 동포의 권리로부터 재한의 권리로? 혹은 성원권으로부터 장소권으로?

■ 단행본 및 논문

강현수. 2009. 「'도시에 대한 권리' 개념 및 관련 실천 운동의 흐름」, 『공간과사회』 32.

곽노완. 2009. 「글로벌아고라의 도시철학―'글로벌시티' 대 '코스모폴리스' 내지 '트랜스내셔널 도시주의'의 이분법을 넘어」, 『마르크스주의연구』 6(2).

_____. 2011. 「도시권에서 도시공유권으로」, 『마르크스주의연구』 8(3).

구지영. 2011. 「동아시아 해항도시의 이문화 공간 형성과 변용―부산 초량동 '차이나타운'을 사례로」, 『석당논총』 50.

김필영. 2004. 『소비에트 중앙아시아 고려인 문학사: 1937~1991』, 강남대학교출판부.

김현선. 2009. 「국적과 재일코리안의 정체성―조선·한국적 유지자의 삶과 의식을 중심으로」, 『경제와사회』 83.

_____. 2010. 「한국체류 조선족의 밀집거주지역과 정주의식」, 『사회와역사』 87.

남기범. 2001. 「대담: 사스키아 사센이 본 세계화와 한국, 세계도시의 미래」, 『국토연구』 238.

박세훈. 2010. 「한국의 외국인 밀집지역―역사적 형성 과정과 사회공간적 변화」, 『도시행정학보』 23(1).

신명직. 2011. 「가리봉을 둘러싼 탈영토화와 재영토화―87 이후의 가리봉을 그린 소설과 영화를 중심으로」, 『로컬리티 인문학』 6.

안미정. 2011. 「부산 화교의 가족 분산과 국적의 함의」, 『역사와경계』 78.

유환종. 2000. 「사스키아 사센의 세계도시론」, 『국토연구』 224.

이진영. 2002a. 「조선인에서 조선족으로―중국 공산당의 연변(延邊)지역 장악과 정체성 변화(1945~1949)」, 『중소연구』 26(3).

_____. 2002b. 「한-중 외교관계와 재중 동포―재외동포법 헌법 불일치 결정을 중심으로」, 『국가전략』 8(4).

이철우·이호택. 2009. 「'韓人'의 분류, 경계 획정 및 소속 판정의 정치와 행정」, 서울대학교 통일평화연구소 학술대회 '민족공동체의 현실과 전망: 분단, 디아스포라, 정체성의 사회사'(2009. 9. 4~9. 5) 발표문.

임선일. 2011. 「한국 사회 이주민의 문화변용—구로의 중국동포와 마석공단의 이주노동자」, 이종구 외 지음, 『이주민의 에스니시티와 거주지역 분석』, 이담북스.

장세훈. 2009. 「'부산 속의 아시아', 부산 초량동 중화가의 사회생태학적 연구」, 『경제와사회』 81.

정가영. 2009. 「'보이지 않는 아이들'(Invisible Children)—재한몽골 이주 청소년의 적응 욕구와 삶 기획의 의지」, 『사회연구』 2(2).

주이란. 2008. 「중국어 수업」, 『혀』, 글의꿈.

Brubaker, Rogers. 1989. "Membership without Citizenship: The Economic and Social Rights of Noncitizens", in Rogers Brubaker(ed.), *Immigration and the Politics of Citizenship in Europe and North America*, Lanham MD: German Marshall Fund of America and University Press of America.

_____. 2011. "Economic Crisis, Nationalism, and Politicized Ethnicity", in Craig Calhoun and Georgi Derluguian(eds.), *The Deepening Crisis: Governance Challenges after Neoliberalism*, New York: Social Science Research Council and New York University Press.

Burgers, Jack. 1996. "No Polarisation in Dutch Cities?: Inequalities in a Corporatist Country", *Urban Studies* 33(1).

Castells, Manuel. 1996. *The Rise of the Network Society*, Oxford; Malden, MA: Blackwell Publishers.

Friedmann, John. 1986. "The World City Hypothesis", *Developmenet and Change* 17.

_____. 2001. "World Cities Revisited: A Comment", *Urban Studies* 38(13).

Hamnett, Chris. 1996. "Why Sassen is Wrong: A Response to Burgers", *Urban Studies* 33(1).

Harvey, David. 2008. "The Right to the City", *New Left Review* 53(Sep-Oct), http://187.45.205.122/Portals/0/Docs/righttothecity.pdf.

Hill, Richard Child and June Woo Kim. 2000. "Global Cities and Developmental States: New York, Tokyo and Seoul", *Urban Studies* 37(12).

_____. 2001. "Reply to Friedmann and Sassen", *Urban Studies* 38(13).

Iwabuchi, Koichi. 2008. "Lost in TransNation: Tokyo and the Urban Imaginary in the Era of Globalization", *Inter-Asia Cultural Studies* 9(4).

Joppke, Christian. 2006. "Citizenship between De- and Re-Ethnicization", in Y. Michael Bodemann and Görkçe Yurdakul(eds.), *Migration, Citizenship, Ethnos*, New York: Palgrave MacMillan.

Orum, Anthony M. and Xiangming Chen. 2003. *The World of Cities: Places in Comparative and Historical Perspective*, Oxford: Blackwell Publishers.

Parreñas, Rhacel S. and Lok C. D. Siu. 2007. "Asian Diasporas: New Conceptions, New Frameworks", in Rhacel S. Parre as and Lok C. D. Siu(eds.), *Asian Diasporas: New Formations, New Conceptions*, Stanford: Stanford University Press.

Sassen, Saskia. 1991. *The Global City: New York, London, Tokyo*, Princeton: Princeton University Press.

_____. 2000. "The Global City: Strategic Site/New Frontier", *American Studies* 41(2/3) (Summer/Fall).

_____. 2001. "Global Cities and Developmentalist States: How to Derail What Could Be an Interesting Debate: A Response to Hill and Kim", *Urban Studies* 38(13).

_____. 2004. "Afterword", in Josef Gugler(ed.), *World Cities beyond the West: Globalization, Development, and Inequality*, Cambridge: Cambridge University Press.

_____. 2005. "The Repositioning of Citizenship and Alienage: Emergent Subjects and Spaces for Politics", *Globalizations* 2(1).

Seol, Dong-Hoon and John D. Skrentny. 2009. "Ethnic Return Migration and Hierarchical Nationhood: Korean-Chinese Foreign Workers in South Korea", *Ethnicities* 9(2).

Shin, Kyoung-ho and Michael Timberlake. 2006. "Korea's Global City: Structural and Political Implications of Seoul's Ascendance in the Global Urban Hierarchy", *International Journal of Comparative Sociology* 47(2).

Tamano, Kazuhi. 2011. "Reconsidering Tokyo as a Global City", 『人文學報』 437.

Wang, Chia-Huang. 2003. "Taipei as a Global City: A Theoretical and Empirical Examination", *Urban Studies* 40(2).

Yeung, Henry Wai-chung and Kris Olds. 2011. "From The Global City to Globalising Cities: Views from a Developmental City-State in Pacific Asia", Paper Presented at the IRFD World Forum on Habitat—International Conference on Urbanizing World and UN Human Habitat II, Columbia University, New York City, USA, June 4-6, 2001.

Zukin, Sharon. 1987. "Gentrification: Culture and Capital in the Urban Core", *Annual Review of Sociology* 13.

_____. 2000. "Consuming Authenticity", *Cultural Studies* 22(5).

■ 기사

「'가리봉동' 사라지면 '카이브'로 거듭나라고?」, 『흑룡강신문』 2009년 1월 15일자, http://

hljxinwen.dbw.cn/system/2009/01/15/000103817.shtml.

「금발의 꽃뱀, 인터걸 24시」, 『주간한국』 2002년 9월 5일자, http://weekly.hankooki.com/whan/200208/w2002082917093661510.htm.

「다문화 사회를 닮은 동대문」, 『샐러드TV』 2008년 9월 23일자, http://saladtv.kr/?mid=home page_qna&listStyle=gallery&document_srl=37759.

「'다문화'에 젖어드는 글로벌 대한민국」, 『시사저널』 2011년 9월 7일자, http://www.sisapress.com/news/articleView.html?idxno=56026.

「달라도 다함께/함께 사는 법 (1): 2009 다문화 현주소-한국」, 『동아일보』 2009년 2월 2일자, http://news.donga.com/3//20090202/8690820/1.

「달라도 다함께/함께 사는 법 (2): 서울의 '외국인 지도'」, 『동아일보』 2009년 2월 5일자, http://news.donga.com/3//20090205/8692254/1.

「러시아 마피아 "부산의 밤은 내 손안에": 총기·마약 등 각종 밀수품 시장에 풀어…… 수산업·무용수 공급 등 각종 이권에도 개입」, 『주간동아』 2006년 5월 23일자, http://weekly.donga.com/docs/magazine/weekly/2006/05/17/200605170500031/2006051705000 31_1.html.

「서울 구로구 가리봉동 뉴타운 사업 무산 위기—118조 원 빚더미 눌린 LH공사 '전면 재검토' 통보」, 『중앙일보』 2010년 7월 18일자, http://article.joinsmsn.com/news/article/article.asp?ctg=10%20%20%20%20%20%20&Total_ID=4319998.

「서울 속 다양한 외국으로 떠나보세요—왕십리 베트남타운 용산 인도거리 역삼 다국적 타운……」, 『조선일보』 2011년 2월 16일자, http://newsplus.chosun.com/site/data/html_dir/2011/02/16/2011021600921.html.

「서울 속의 다문화 거리 ①: 가리봉동 연변거리」, 『매일경제』 2010년 11월 14일자, http://news.mk.co.kr/newsRead.php?year=2010&no=619607.

「서울 속의 다문화 거리 ②: 왕산로」, 『매일경제』 2010년 11월 21일자, http://news.mk.co.kr/newsRead.php?year=2010&no=636472.

「서울 외국인타운 6곳 공식 지정」, 『중앙일보』 2008년 1월 25일자, http://article.joinsmsn.com/news/article/article.asp?Total_Id=3022212.

「'서울의 밤' 점령한 하바로프스크 미녀군단 5,000명」, 『신동아』 2000년 3월, http://shindonga.donga.com/docs/magazine/shin/2006/12/06/200612060500018/200612 060500018_1.html.

「여공 자리에 조선족…… '가리봉 쪽방촌 현대사'」, 『한겨레』 2011년 8월 25일자, http://www.hani.co.kr/arti/society/media/493373.html.

「50만 조선족, 일자리가 진화하고 있다」, 『조선일보』 2011년 9월 17일자, http://weekly.hankooki.com/whan/200208/w2002082917093661510.htm.

「전태일의 시간·공간·생각」, 『한겨레21』 834, 2010년 11월, http://h21.hani.co.kr/arti/special/special_general/28419.html.

「조선족 '귀한 몸'······ 서비스업 인력난—조선족 '富의 양극화' 심화」, 『파이낸셜뉴스』 2011년 11월 9일자, http://www.fnnews.com/view?ra=Sent0701m_View&corp=fnnews&arcid=0922462267&cDateYear=2011&cDateMonth=11&cDateDay=09.

「화려해진 옛 구로공단······ 노동자 삶은 되레 후퇴」, 『한겨레』 2012년 1월 8일자, http://www.hani.co.kr/arti/society/society_general/513839.html.

「활개치는 외국인조폭 ①: 명태·게 들여와 '검은 돈' 챙기기」, 『조선일보』 2003년 4월 28일자, http://www.chosun.com/national/news/200304/200304270254.html.

찾아보기

필자소개(논문 수록 순)

신현준 _ 성공회대학교 동아시아연구소 HK교수
윤영도 _ 성공회대학교 동아시아연구소 HK연구교수
이정은 _ 성공회대학교 동아시아연구소 HK연구교수
조경희 _ 성공회대학교 동아시아연구소 HK연구교수

수록논문 초출 서지사항

1장 _ 동포와 이주자 사이의 공간, 혹은 민족과 국가에 대한 상이한 성원권 _ 신현준
　→ 초출.

2장 _ 조선족·고려인 초국적 역/이주와 포스트국민국가적 규제 국가장치 _ 윤영도
　→ 「조선족 초국적 역/이주와 포스트국민국가적 규제 국가장치에 관한 연구」, 『중어
　　중문학』 50, 2011.

3장 _ 한국 내 조선족동포 커뮤니티의 구성과 교류 _ 이정은
　→ 「재중동포 사회의 차이와 소통의 문화정치—한국내 조선족 커뮤니티의 구성과
　　교류」, 『민주주의와 인권』 11(3), 2011.

4장 _ 포스트소비에트 공간에서 재한고려인들의 월경 이동과 과문화적 실천들 _ 신현준
　→ 「포스트소비에트 공간에서 고려인들의 과국적 이동과 과문화적 실천들—재한고
　　려인들의 생활세계와 문화적 교섭」, 『사이』 12, 2012.

5장 _ 이동하는 '귀환자'들: '탈냉전'기 재일조선인의 한국 이동과 경계의 재구성 _ 조경희
　→ 「'탈냉전'기 재일조선인의 한국 이동과 경계 정치」, 『사회와역사』 91, 2011.

6장 _ 동포의 권리로부터 재한의 권리로? 혹은 성원권으로부터 장소권으로? _ 신현준
　→ 초출.